von Reibnitz · Szenario-Technik

Ute von Reibnitz

Szenario-Technik

Instrumente für die unternehmerische
und persönliche Erfolgsplanung

2. Auflage

GABLER

Die Deutsche Bibliothek – CIP-Einheitsaufnahme

Reibnitz, Ute von:
Szenario-Technik : Instrumente für die unternehmerische und persönliche Erfolgsplanung / Ute von Reibnitz. – 2. Aufl. – Wiesbaden : Gabler, 1992
ISBN 3-409-23431-4

1. Auflage 1991
2. Auflage 1992

Der Gabler Verlag ist ein Unternehmen der Verlagsgruppe Bertelsmann International.

© Betriebswirtschaftlicher Verlag Dr. Th. Gabler GmbH, Wiesbaden 1992
Lektorat: Ulrike M. Vetter

Das Werk einschließlich aller seiner Teile ist urheberrechtlich geschützt. Jede Verwertung außerhalb der engen Grenzen des Urheberrechtsgesetzes ist ohne Zustimmung des Verlages unzulässig und strafbar. Das gilt insbesondere für Vervielfältigungen, Übersetzungen, Mikroverfilmungen und die Einspeicherung und Verarbeitung in elektronischen Systemen.

Höchste inhaltliche und technische Qualität unserer Produkte ist unser Ziel. Bei der Produktion und Verbreitung unserer Bücher wollen wir die Umwelt schonen: Dieses Buch ist auf säurefreiem und chlorarm gebleichtem Papier gedruckt. Die Einschweißfolie besteht aus Polyäthylen und damit aus organischen Grundstoffen, die weder bei der Herstellung noch bei der Verbrennung Schadstoffe freisetzen.

Die Wiedergabe von Gebrauchsnamen, Handelsnamen, Warenbezeichnungen usw. in diesem Werk berechtigt auch ohne besondere Kennzeichnung nicht zu der Annahme, daß solche Namen im Sinne der Warenzeichen- und Markenschutz-Gesetzgebung als frei zu betrachten wären und daher von jedermann benutzt werden dürften.

Umschlaggestaltung: Schrimpf und Partner, Wiesbaden
Satz: Lichtsatz Michael Glaese GmbH, Hemsbach
Druck: Druckerei Winter, Heidelberg
Buchbinder: Wilh. Osswald & Co., Neustadt/Weinstraße
Printed in Germany

ISBN 3-409-23431-4

Inhaltsverzeichnis

1. Entstehungsgeschichte der Zukunftsplanung und Zukunftsvorausschau ... 9
   1.1 Warum will der Mensch wissen, wie seine Zukunft aussieht? ... 9
   1.2 Wie ist die Szenario-Technik entstanden? ... 11
   1.3 Wie kann man die Szenario-Methode mit anderen Planungsansätzen vergleichen? ... 14
      1.3.1 Konventionelle Prognose ... 15
      1.3.2 Portfolio-Analyse ... 16
      1.3.3 Simulationsmodelle ... 17

2. Gründe für eine neue Art der Planung ... 19

3. Aufbau der Szenario-Methode ... 23
   3.1 Das Szenario-Modell ... 23
      3.1.1 Wie sieht der Informationsbedarf eines Unternehmens aus? ... 23
      3.1.2 Wie sieht das Szenario-Denkmodell aus und wie kann man es verstehen? ... 26
   3.2 Die acht Stufen des Szenario-Prozesses ... 30
      Schritt 1: Aufgabenanalyse ... 30
      Schritt 2: Einflußanalyse ... 33
      Schritt 3: Trendprojektionen ... 45
      Schritt 4: Alternativenbündelung ... 49
      Schritt 5: Szenario-Interpretation ... 53
      Schritt 6: Konsequenzanalyse ... 56
      Schritt 7: Störereignisanalyse ... 59
      Schritt 8: Szenario-Transfer ... 65

4. Fallbeispiele ... 71
   Fallbeispiel 1: Bank der Zukunft ... 71
   Fallbeispiel 2: Biokost-Unternehmen ... 114
   Fallbeispiel 3: Persönliche Karriereplanung ... 170

5. Umsetzung der Szenario-Methode in der Planung ... 187
5.1 Wie kann die Szenario-Methode in der strategischen Planung eingesetzt werden? ... 187
5.1.1 Entwicklung und Überprüfung von Leitbildern ... 187
5.1.2 Entwicklung von Zielen und Strategien ... 190
5.1.3 Überprüfung vorhandener Ziele und Strategien ... 192
5.1.4 Bewertung von strategischen Entscheidungen ... 195
5.1.5 Überprüfung der kurz- bis mittelfristigen operativen Planung ... 200
5.2 Wie kann die Szenario-Methode für die externe Beobachtung eingesetzt werden? (Umfeldbeobachtung) ... 201
5.2.1 Aufbau und Organisation eines Umfeldbeobachtungssystems ... 201
5.2.2 Umfeldbeobachtung zum Überprüfen und Angleichen der Leitstrategie ... 207
5.2.3 Erfassung neuer Entwicklungen mit Hilfe des Umfeldbeobachtungssystems ... 212
5.2.4 Überarbeitung der Szenarien mit Hilfe des Umfeldbeobachtungssystems ... 214
5.3 Die Szenario-Methode als Grundlage für Teilthemen ... 216
5.3.1 Szenarien für die Innovations- und Produktplanung ... 216
5.3.2 Szenarien für die Diversifikationsplanung ... 217
5.3.3 Szenarien für die Produktionsplanung ... 219
5.3.4 Szenarien für die Marketingplanung ... 222
5.3.5 Szenarien für die Personalplanung ... 223
5.3.6 Szenarien für die persönliche Planung ... 225

6. Erstellung von Szenarien ... 235
6.1 Auswahl des Untersuchungsthemas ... 235
6.1.1 Szenarien für eine strategische Geschäftseinheit (SGE) ... 235
6.1.2 Szenarien für ein Gesamtunternehmen ... 236
6.1.3 Szenarien für Themen außerhalb des Unternehmens ... 237
6.2 Zeitaufwand für die Szenario-Erstellung ... 238
6.2.1 Öffentliche Szenario-Seminare ... 238
6.2.2 Firmeninterne Szenario-Seminare ... 238
6.2.3 Firmenspezifische Szenario-Workshops ... 239
6.2.4 Szenario-Mini-Projekte ... 239

  6.2.5 Szenario-Projekte 241
 6.3 Organisatorisches.................................. 248
  6.3.1 Team-Zusammensetzung........................ 248
  6.3.2 Szenario-Projektplanung 252
  6.3.3 Szenario-Projektverfolgung und organisatorische
     Verankerung................................. 253

7. Arbeitstechniken in der Szenario-Methode 255
 7.1 Gruppenarbeitstechniken 255
 7.2 Rechnergestützte Methoden in der Szenario-Technik 256

8. Verbreitung der Szenario-Technik in der deutschen Wirtschaft . 263

Literaturverzeichnis...................................... 277

> „Wir werden nicht klüger durch die Erinnerungen an die Vergangenheit, sondern durch unsere Verantwortung für die Zukunft."
>
> (George Bernard Shaw)

1. Entstehungsgeschichte der Zukunftsplanung und Zukunftsvorausschau

1.1 Warum will der Mensch wissen, wie seine Zukunft aussieht?

Der Wunsch zu wissen, wie die Zukunft aussieht, ist so alt wie die Menschheit selbst. Obwohl wir auf den Mond fliegen können oder Geisterfabriken entwerfen und gerade in diesem Jahrhundert die Menschheit in ihrem Fortschrittsdrang einen gewaltigen Schritt nach vorn getan hat, gibt es immer noch kein Verfahren, welches in der Lage wäre, eine exakte Vorhersage der Zukunft zu liefern. Trotz aller Fortschritte gibt es weiterhin einen blinden Fleck in der Wissenschaft: die Zukunft. Vielleicht ist es gerade deshalb für viele Menschen so reizvoll, faszinierend und spannend herauszufinden, was die Zukunft für ihn persönlich, für sein Unternehmen, für sein Land und für die ganze Menschheit bereithält. Weil diese Neugierde auf die Zukunft im Menschen steckt, hat er versucht, die vielfältigsten Methoden zu entwickeln, um in irgendeiner Form Licht in das Dunkel zu bringen und hieraus auch Planungs- und Entscheidungshilfen zu erhalten. Die Methoden, die die Menschheit zur Zukunftserforschung erarbeitet hat, sind ausgesprochen vielfältig. Aber alle haben eines gemeinsam: Keine kann auf eine 100 %ige Erfolgs- oder Trefferquote verweisen.

Von Naturvölkern wissen wir, daß sie aus Pflanzen, Tieren, deren Verhalten sowie Wettererscheinungen versucht haben zu erfahren, was die kurzfristige Zukunft bringt. Das reicht bis zu künstlich erzeugten Trancezuständen, in denen Medizinmänner aus einer Art erweiterten Bewußtseins heraus versuchten, Informationen über die Zukunft abzuleiten. Im alten Griechenland befragte man das Orakel in Delphi, und in Rom versuchte man, aus der Beschaffenheit der Eingeweide von Opfertieren zu erfahren, wie beispielsweise ein bevorstehender Feldzug ausgehen könnte.

Und dann gab es noch die Propheten des Altertums, die man in zwei Kategorien einteilen kann: Solche, die positive Weissagungen machten und solche, die man als ‚Kassandras' bezeichnete. Die erste Gruppe der Propheten erfreute sich besonders großer Beliebtheit bei Fürsten und Königen ihrer Zeit; denn wer hört es nicht gerne, daß seine Zukunft rosig ist. Die neuzeitliche Ausführung dieser Propheten findet man häufig in USA, wo Bücher über eine positive Konjunktur (z. B. H. Kahn: „The coming boom" und viele andere) Millionenbestseller wurden und immer noch werden.

Die zweite Gruppe waren die sogenannten ‚Kassandras', also Propheten, die düstere Prognosen abgeben für den Fall, daß die Menschen ihr Verhalten nicht ändern wie z. B. die biblischen Propheten „wenn Ihr nicht Buße tut, dann wird Gott Euch strafen und Euer Volk untergehen lassen". Als neuzeitliche Version der Kassandra fungierte der Club of Rome, der düstere Bilder der Zukunft aufzeichnete unter der Prämisse, daß Staat, Industrie und Individuen ihr Verhalten im Hinblick auf Umwelt- und Ressourcenzerstörung nicht ändern.

Was sich bis in unsere Zeit erhalten hat, sind verschiedene Wahrsagermethoden wie Astrologie, Kartenlegen, aus der Hand Lesen bis hin zur ominösen Kristallkugel. An dieser Stelle soll keine kritische Wertung dieser Verfahren vorgenommen werden. Welcher Methode sich der einzelne anvertraut, das soll jeder für sich selbst entscheiden.

Womit sich dieses Buch beschäftigt, das sind die neuzeitlicheren Varianten des Orakels zu Delphi, die aus einem Bedürfnis der Unternehmen entstanden sind, ihre Planungen besser und erfolgreicher auf die Zukunft auszurichten.

„Über das, was vorbei ist, streitet man nicht mehr. Das, was der Vergangenheit angehört, richtet man nicht mehr. Aber das, was das Leben morgen von uns fordert, das muß bereits heute unsere Aufgabe sein". (Konfuzius)

Diese Aussage beinhaltet nicht nur, sich auf die Zukunft hin zu orientieren, sondern auch Handlungen und Aktionen für die Zukunft zu setzen. Ein Verfahren, das dem bereits damals hohen Anspruch von Konfuzius entspricht, ist die Szenario-Methode, die allerdings erst in der zweiten Hälfte dieses Jahrhunderts entwickelt und zur Reife gebracht wurde.

1.2 Wie ist die Szenario-Technik entstanden?

Die ersten Ansätze für Szenarien und strategische Planung finden sich bei Moltke und Clausewitz. Hier ein Zitat aus Claus von Clausewitz „Vom Kriege":

„Die Strategie ist der Gebrauch des Gefechts zum Zwecke des Krieges; sie muß also dem ganzen kriegerischen Akt ein Ziel setzen, welches dem Zweck desselben entspricht, d. h. sie entwirft den Kriegsplan und an dieses Ziel knüpft sie die Reihe der Handlungen an, welche zu demselben führen sollen, d. h., sie macht die Entwürfe zu den einzelnen Feldzügen und ordnet in diesen die einzelnen Gefechte an. Da sich alle diese Dinge meistens nur nach Voraussetzungen bestimmen lassen, die nicht alle zutreffen, eine Menge anderer, mehr ins einzelne gehende Bestimmungen sich aber gar nicht vorher geben lassen, so folgt von selbst, daß die Strategie mit ins Feld ziehen muß, um das Einzelne an Ort und Stelle anzuordnen und für das Ganze die Modifikationen zu treffen, die unaufhörlich erforderlich werden. Sie kann also ihre Hand in keinem Augenblick von dem Werke abziehen."

Übertragen auf die heutige Unternehmenssituation oder auf die Lebens- und Karriereplanung eines einzelnen gilt immer noch was Clausewitz über die Kriegsstrategie geäußert hat. Das Ziel ist die politische oder militärische Überlegenheit, der Zweck dazu der Krieg und die Strategie der Gebrauch des Gefechtes. Bei einem Unternehmen würde man heute sagen, das Ziel ist die starke Marktposition, die Strategie könnte sein eine Erweiterung der Kundengruppen und/oder die Erweiterung des Produkt- und Dienstleistungsangebotes, und das Gefecht wären die operativen Maßnahmen. Z. B. welche Produkte über welche Kanäle an welche Zielgruppen vertrieben werden.

Die heutige strategische Planung beruft sich stark auf Moltke und Clausewitz, da diese als erste die Prinzipien einer echten strategischen Planung formuliert haben, z. B.:

– den Gegner dort angreifen, wo er die größten Schwächen zeigt,
– die Strategie auf eigenen Stärken aufbauen,
– das langfristige Ziel des Feldzuges nicht aus dem Auge verlieren (also nicht nur die Schlacht, sondern vor allem den Krieg gewinnen).

Das Wort „Szenario" tauchte zum ersten Mal auf, als Herman Kahn im Rahmen der strategischen Planung der USA Anfang der 50er Jahre militärstrategische Planspiele entwickelte, die er Szenarien nannte. Diese Szenarien waren überwiegend Beschreibungen von militärischen Situationen (Gefechtsfeldsituationen), und die Aufgabe der Militärplaner bestand darin, innerhalb dieser vorgegebenen Rahmenbedingungen so erfolgreich und so gut wie möglich zu operieren, um den Sieg sicherzustellen.

Auch bei einer Theaterinszenierung oder einer Filmproduktion spricht man von einem Szenario. Ein Szenario bildet dann die äußeren Rahmenbedingungen, die den Schauplatz der Handlung oder des Stückes bestimmen.

Die militärischen Szenarien hatten überwiegend visionären Charakter. Es blieb unklar oder interessierte niemanden, wie diese Rahmenbedingungen zustande kamen und wie sie sich aus der Gegenwart heraus entwickelten. Diese Frage, die für die Militär-Szenarien völlig belanglos ist, spielt jedoch bei den Unternehmens-Szenarien eine entscheidende Rolle.

Und damit kämen wir zur wirtschaftlichen Entstehungsgeschichte der Szenarien:

Bis Anfang der 70er Jahre war es üblich und ausreichend, mit klassischen Prognosen zu arbeiten. In Zeiten eines ungebrochenen Wachstums mit lediglich geringfügigen Veränderungen der Unternehmensumwelt, die absehbar waren, reichten Prognosen für die Planung aus. Erst als Anfang der 70er Jahre, ausgelöst durch die Ölkrise, Turbulenzen in der westlichen Welt auftraten, wurde die Szenario-Technik neu entdeckt und auf die spezifischen Belange der Unternehmen ausgerichtet. Pionier der Szenario-Entwicklung war die Shell-Gruppe, die aus einem Unbehagen bei quantitativ orientierten Planungsmethoden heraus versuchte, qualitative Aspekte und Alternativen in die Planung einzubeziehen.

Bekannt wurden auch in den 70er Jahren die Studien des Club of Rome „Die Grenzen des Wachstums" (Meadows 1972) und „Menschheit am Wendepunkt" (Pestel 1974). Diese Studien, die oft als Szenarien bezeichnet wurden, waren jedoch *quantitativ* orientiert. Ihre Neuheit bestand darin, daß sie komplexe Zusammenhänge und Wechselwirkungen erstmals in einer deutlichen Konsequenz aufzeigten. Glaubt man den Autoren dieser Szenarien, dann war ihr Ziel nicht, mit ihren Aussagen recht zu behalten, sondern die Verantwortlichen aufzurütteln, damit diese alles tun, um das Eintreten solcher Szenarien zu verhindern.

Nach der Ölkrise wurde es populär, Szenarien zu erstellen. Die ersten Anwender waren logischerweise die von der Ölkrise am stärksten betroffenen Branchen: die Mineralölkonzerne, die Chemie und die Automobilindustrie. Trotz der zunehmenden Unsicherheiten in den 70er Jahren, den Veränderungen in Wirtschaft, Politik und Gesellschaft mit ihren Rückwirkungen auf die Märkte dauerte es einige Jahre, bis die Szenario-Technik sich als wichtiges und unverzichtbares Planungsinstrument in den Unternehmen in USA und Europa etablieren konnte.

Warum dauerte dieser Prozeß so lange? Die Antwort liegt sicherlich in der Trägheit und der Vergangenheitsorientierung der Organisationen sowie in der Angst des Menschen vor Neuem und vor Veränderungen. Gemäß dem bekannten psychologischen Grundsatz „Erst wenn der Leidensdruck unerträglich wird, ändert sich der Mensch" entschlossen sich die meisten Unternehmen erst, dieses neue Planungsinstrument zu nutzen, als sie merkten, daß sie mit ihren konventionellen Planungsverfahren nicht mehr weiterkamen und parallel dazu die externen Anforderungen und Einflüsse immer vielfältiger und schwieriger wurden.

Als Antwort auf die Unsicherheiten der Zukunft kam Anfang bis Mitte der 70er Jahre die strategische Planung als wichtiges Instrument der Unternehmensführung von USA nach Europa. Die strategische Planung, die nach anfänglicher Euphorie und den darauf folgenden Enttäuschungen schließlich ihre Kinderkrankheiten überwand, ist heute zu einem unverzichtbaren Bestandteil der Unternehmensführung geworden.

Die Szenario-Technik konnte auf der Welle der strategischen Planung in den Unternehmen Eingang finden. Heute ist es in vielen Unternehmen üblich, daß strategische Planung und Szenario-Technik eng miteinander verknüpft sind.

Obwohl sich die spöttischen Sprüche über die Planung wie „Planung ist der Ersatz des Zufalls durch den Irrtum" oder „Je mehr man plant, um so härter trifft einen der Zufall" weiterhin halten, gibt jede Unternehmensleitung zu, daß ohne vernünftig durchgeführte strategische Planung die Zukunft des Unternehmens zu einem Glücksspiel werden kann.

1.3 Wie kann man die Szenario-Methode mit anderen Planungsansätzen vergleichen?

Definition der Szenario-Methode:

Unter einem *Szenario* versteht man die Beschreibung einer zukünftigen Situation und die Entwicklung bzw. Darstellung des Weges, der aus dem Heute in die Zukunft hineinführt. Unter Szenario-Methode versteht man eine Planungstechnik, die in der Regel zwei sich deutlich unterscheidende, aber in sich konsistente Szenarien (Zukunftsbilder) entwickelt und hieraus Konsequenzen für das Unternehmen, einen Bereich oder eine Einzelperson ableitet (Abb. 1).

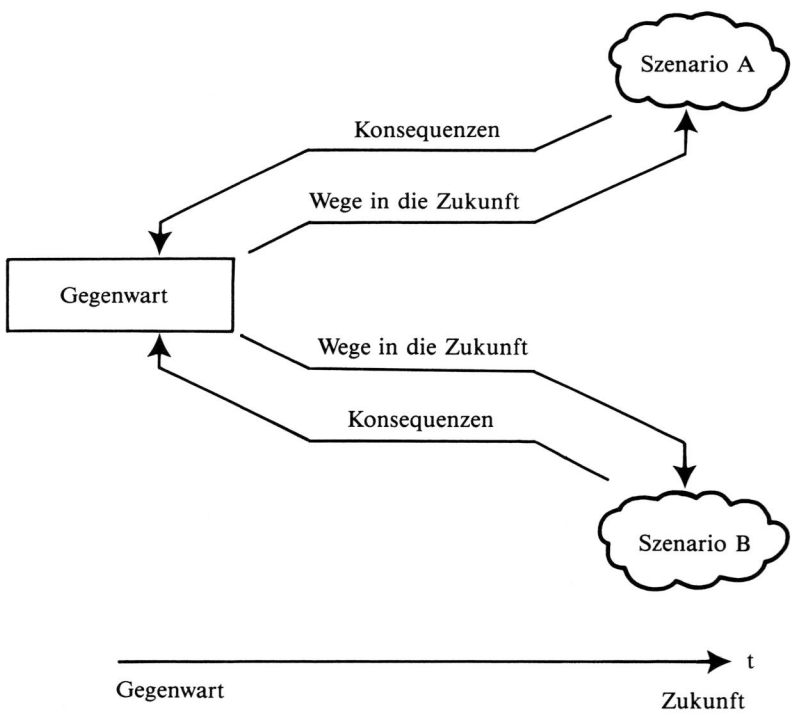

Abbildung 1: Wege in die Zukunft

Zwei Szenario-Möglichkeiten sind weitverbreitet: Global-Szenarien und firmenspezifische Szenarien.

Global-Szenarien werden zu bestimmten, generell interessanten Themen für mehrere Branchen oder übergeordnete Bereiche erstellt (z. B. Auswirkungen des EG-Binnenmarktes, die Zukunft Europas, die Zukunft der Mikroelektronik, die Zukunft der Automobilbranche, die Zukunft der Biotechnik etc). Da diese Global-Szenarien einen allgemeingültigen Charakter haben, werden sie im wesentlichen auf der Basis von globalen, sehr weit abstrahierten Daten entwickelt.

Vorteil: Sie liefern ein Rahmengerüst für eine bestimmte Branche.

Nachteil: Die firmenspezifische Umsetzung muß in einem separaten zweiten Schritt erfolgen, da die Global-Szenarien nur generelle Aussagen liefern und keine Strategie für ein bestimmtes Unternehmen anbieten.

Firmenspezifische Szenarien sind der maßgeschneiderte Anzug für ein Unternehmen. Hierbei wird vor allem die unternehmensspezifische Ausgangssituation berücksichtigt, und die Einflußfaktoren aus der Unternehmensumwelt werden ebenfalls unter dem Blickwinkel des Unternehmens erarbeitet. Der Vorteil eines firmenspezifischen Szenario-Maßanzuges liegt darin, daß alle externen Faktoren einen direkten oder indirekten Bezug zum Unternehmen haben und keine Faktoren darin enthalten sind, die für das Unternehmen nicht relevant sind. So kann auch dann eine maßgeschneiderte firmenspezifische Leitstrategie für die Zukunft erarbeitet werden.

1.3.1 Vergleich mit konventionellen Prognosen

Was ist das Charakteristikum einer konventionellen Prognose? Eine konventionelle Prognose erfaßt quantitativ einen Ist-Zustand und rechnet mit Hilfe einer Formel den Zukunfts-Zustand aus.

Vorteil: Das Ganze kann mit wenig Aufwand betrieben werden (es sei denn, die Erhebung des Ist-Zustandes wäre recht aufwendig), und man kommt relativ schnell zu einem Ergebnis.

Nachteil: Lediglich Berücksichtigung der quantitativen Faktoren und gefährliche Vernachlässigung von qualitativen Faktoren, die sich nicht quantifizieren lassen. Externe Einflüsse, die das Zustandekommen bzw.

das Ergebnis der Prognose in irgendeiner Weise verändern, können ebenfalls nicht berücksichtigt werden.

Die Mängel der Prognosen wurden erstmals in den 70er Jahren, als die Unternehmensumwelt sich gravierend veränderte, deutlich sichtbar und hätten fast zum Aus für dieses Planungsinstrument geführt. Clevere Prognostiker haben es jedoch verstanden, das Manko der klassischen Prognose zu beheben, indem sie szenario-ähnliche Aspekte, wie die Berücksichtigung von qualitativen Informationen, Alternativenbetrachtung etc. mit einbeziehen. Prognosen in der konventionellen oder klassischen Form werden heute nur noch in sehr eingeschränkten Bereichen eingesetzt und zur Absicherung mit weiteren Planungs- und Prognoseansätzen ergänzt.

1.3.2 Vergleich mit der Portfolio-Analyse

Die Portfolio-Analyse betrachtet in den meisten Fällen Marktattraktivität und Marktwachstum und überträgt dies mit Hilfe verschiedener Charakterisierungsmerkmale auf eine X- und eine Y-Achse. Die Portfolio-Analyse kam gemeinsam mit der strategischen Planung in den 70er Jahren in Mode und hat bei vielen Unternehmen einen festen Platz im Methodenbaukasten der strategischen Planung.

Vorteil: Die Portfolio-Methode ist ein hervorragendes Instrument, um die derzeitige Situation eines Unternehmens mit seinen verschiedenen strategischen Geschäftseinheiten in Relation zum Wettbewerb darzustellen.

Nachteil: Das Zukunfts- oder Soll-Portfolio wird lediglich aus dem Ist-Portfolio abgeleitet. Beispiel: Man hat auf der Basis des Ist-Portfolios erkannt, daß man mit einigen strategischen Geschäftseinheiten in ungünstigen Feldern des Portfolios positioniert ist. Was kann man dann tun? Um der Geschäftsleitung ein gutes Soll-Portfolio zu präsentieren, werden vielfach nach dem Prinzip Hoffnung die ungünstig positionierten strategischen Geschäftseinheiten in die hoffnungsvolle „Star-Ecke" geschoben. Die Basis für diese Positionierung war aber keine ausgefeilte Zukunftsstrategie, sondern lediglich Wunschdenken, und es bleibt nach wie vor die Frage offen: Welche Strategie muß ich verfolgen, um in einigen Jahren tatsächlich in der „Star-Position" zu sein?

Ein weiteres Problem besteht darin, daß man versucht, aus der Portfolio-Analyse sogenannte Normstrategien, wie z. B. Investitions- oder Desinvestitionsstrategien abzuleiten. Um zu entscheiden, ob man in einen Bereich investiert oder desinvestiert, müßten jedoch weit fundiertere Zukunftsinformationen vorliegen, als dies ein Ist- und Soll-Portfolio bieten können.

1.3.3 Vergleich mit Simulationsmodellen

Simulationsmodelle sind auf den ersten Blick eine phantastische Sache, da sie alle denkbaren Entwicklungen und Zukunftssituationen systematisch berechnen und abbilden können. Hat man das Ergebnis einer solchen Simulation vorliegen, dann fängt das eigentliche Problem aber erst an. Der entscheidende Nachteil des Simulationsmodells liegt nämlich nicht im Modell selbst, sondern im menschlichen Computer „Gehirn", der

Kriterien des Vergleichs \ Methoden	Szenario	Portfolio	Prognosen	Simulation
Art der Informationen a) quantitativ	ja	ja	ja	ja
b) qualitativ	ja	qualitative Informationen müssen quantifiziert werden	qualitative Informationen müssen quantifiziert werden	qualitative Informationen müssen quantifiziert werden
Erfassung von Vernetzung und Systemdynamik	ja wesentliches Merkmal	nein	nein	ja (aber mit hohem Aufwand)
Störfaktoren	ja wesentliches Merkmal	nein	nein	ja (aber mit hohem Aufwand)
Erarbeitung einer Leitstrategie auf der Basis von Alternativen	ja wesentliches Merkmal	nein	nein	ja, bedingt

Abbildung 2: Vergleich der Planungsansätze

bei aller Intelligenz nicht in der Lage ist, so viele komplexe und vielschichtige Situationen zu verarbeiten, zu bewerten und diese als Entscheidungs- und Planungsgrundlage zu nutzen.

Trotzdem haben Simulationsmodelle ihre Berechtigung, denn sie zeigen in ihrer Komplexität Vernetzungen und Wechselwirkungen auf, die wir vielleicht sonst nicht richtig oder überhaupt nicht erkannt hätten. Typische Beispiele für solche Simulationsmodelle sind Umweltsimulationen, das Modell „Hilfe für ein Entwicklungsland" und andere.

Auch innerhalb der Szenario-Methode können Simulationen eingesetzt werden, nämlich dann, wenn es um die Simulation von Störereignissen geht, so daß man also hier von einer Verschmelzung der beiden verschiedenen Methoden sprechen kann (siehe auch Kapitel 7.1.2 „Rechnergestützte Methoden in der Szenario-Technik").

> „Es kommt nicht darauf an, die Zukunft vorherzusagen, sondern auf die Zukunft vorbereitet zu sein."
>
> (Perikles)

2. Gründe für eine neue Art der Planung

Aussagen wie „Nichts ist beständiger als der Wandel" oder, wie es die alten Griechen ausdrückten, „panta rhei" – „alles fließt", deuten darauf hin, daß jeder Mensch, jedes Unternehmen, auch jede staatliche Organisation oder Institution es immer wieder mit Veränderungen sowohl in seiner Umwelt als auch bei sich selbst zu tun hat. Wie bereits erwähnt, ist man in der Vergangenheit recht gut mit klassischen Prognosen zurechtgekommen. Die Unternehmensumwelt war eher von Kontinuität und Berechenbarkeit gekennzeichnet. Gelegentliche Krisen hatten sektoralen Charakter und konnten relativ leicht in der Stabilität des Gesamtsystems Wirtschaft oder Unternehmen aufgefangen und verkraftet werden.

Seit Mitte der 70er Jahre und verstärkt in den kommenden Dekaden müssen wir damit rechnen, daß erhebliche und schnelle Veränderungen in unserem Leben und in unserer Arbeitswelt auf uns zukommen und bewältigt werden müssen. Das Problem dabei ist gar nicht so sehr die Veränderung selbst, sondern die Tatsache, daß der Mensch Angst davor hat, weil er nicht weiß, was danach sein wird. Selbst ein derzeit unbefriedigender Zustand wird von vielen noch als das kleinere Übel bezeichnet und wird lieber hingenommen als eine Veränderung mit unsicherem Ausgang. Jeder kennt sicher die vielfältigen und teilweise kreativen Methoden und Tricks im Unternehmen, mit denen Neuerungen brilliant abgeschmettert werden. Doch sollte das Motto der Zukunft nicht mehr lauten: Wir müssen Vorhandenes unter allen Umständen bewahren, sondern: Wie kann ich ein Problem als Herausforderung verstehen und eine Krise zum Beginn von etwas Neuem nutzen?

In diesem Zusammenhang hilft es, einmal einen Blick auf sogenannte klassische Planungsfehler zu werfen. Dies sind z. B.:

- der ungebrochene Glaube an die Richtigkeit der Prognosen, die auf Vergangenheitsdaten und der Annahme einer kontinuierlichen Entwicklung basieren sowie einen störungsfreien Verlauf unterstellen,

- Glaube und Hoffnung der Planer, daß die Zukunft analog einem Naturgesetz genauso verlaufen wird, wie die Vergangenheit war; hierbei kommt ein weiterer signifikanter Schwachpunkt der alten Planung zum Tragen: Man nimmt als Informationen für die Zukunftsplanung die Daten aus der Vergangenheit und Gegenwart und nicht, wie es sein sollte, zusätzlich noch Informationen über die Zukunft,
- unzureichende Erfassung und Verarbeitung von Veränderungen im Umfeld (z. B. Politik, Gesetzgebung, Wirtschaft, Gesellschaft, Technologie),
- zu spätes Erkennen und damit verzögertes oder fehlendes Setzen von gezielten Maßnahmen beim Auftreten von Veränderungen auf den Märkten.

Um nicht mehr in die Fehler der Vergangenheit zu verfallen, hilft vielleicht ein Blick über den Tellerrand der westlichen Welt hinaus nach Japan, wo eine andere Planungsphilosophie vorherrscht. Auch hier beschäftigt man sich mit Vergangenheit und Gegenwart und fragt sich, was die Erfolgsfaktoren waren und was warum schiefgelaufen ist. Die nächste Frage lautet: Was können wir aus Fehlern und Erfolgen der Vergangenheit für die Zukunft lernen? Hier liegt bereits ein entscheidender Unterschied zu unserem westlichen Verhalten. Man analysiert zwar gerne Fehler, aber in den wenigsten Fällen, um daraus zu lernen, sondern meistens um den Schuldigen zu finden. Noch seltener wird nach der Ursache für den Erfolg geforscht, weil man der Meinung ist, daß der Erfolg logischerweise eine Konsequenz der eigenen Tüchtigkeit und Intelligenz ist. Interessanterweise hat der Erfolg immer Väter, aber nie Mütter. Würde man analysieren, wieso es zum Erfolg kam, dann müßte man sich gelegentlich eingestehen, daß es nicht die eigene Tüchtigkeit, sondern oft positive externe Rahmenbedingungen wie gute Konjunktur, wachsende Märkte etc. waren. Aber wer gibt das schon gerne zu?

Zurück zur japanischen Planung: Anschließend wird bewußt ein Schnitt zwischen Vergangenheit und Zukunft gemacht. Dann kommt die entscheidende Frage, wie sich die Unternehmensumwelt bzw. die Weltwirtschaft in der Zukunft weiterentwickelt und auf dieser Informationsbasis setzt man sich neue, zukunftsorientierte Ziele (Abb. 3).

Aus Abbildung 3 wird der Unterschied zwischen der klassischen, konventionellen Planung und diesem modernen, zukunftsorientierten Ansatz deutlich, nämlich der Winkel zwischen den Geraden in die Zukunft. Was

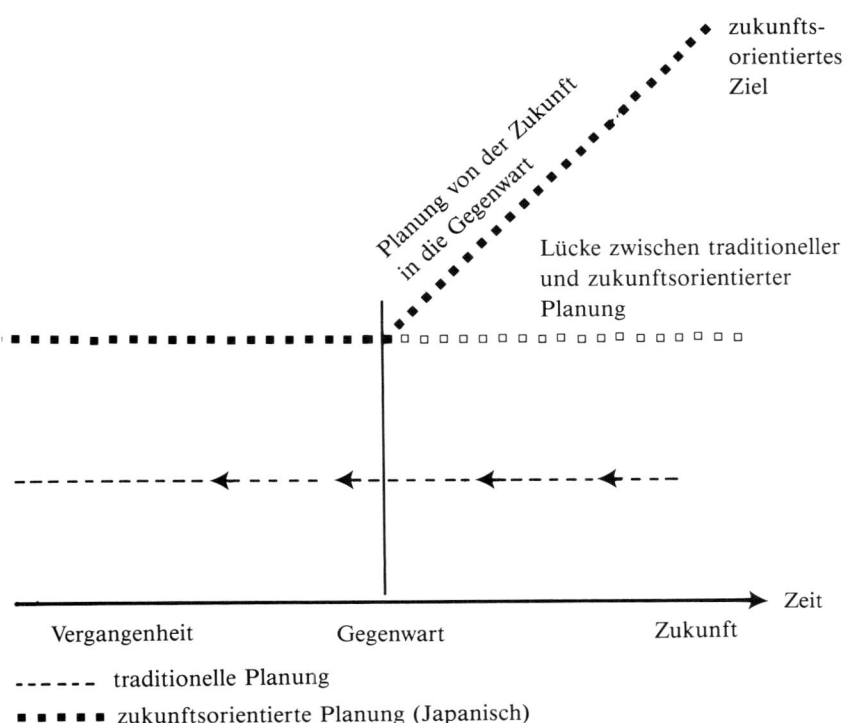

Abbildung 3: Vergleich zwischen traditioneller und zukunftsorientierter Planung

machen die Japaner weiterhin anders? Nachdem sie ein zukunftsorientiertes Ziel festgesteckt haben, planen sie rückwärts, d. h. wenn sie im Jahr 2000 z. B. den Weltmarkt im Halbleiterbereich beherrschen wollen, dann wußten sie bereits 1988, welche Aktionen kurz-, mittel- und langfristig erforderlich sind, um dieses zunächst einmal anspruchsvolle Ziel zu erreichen.

Statt wie in der konventionellen Planung, „rückwärtsblickend in die Zukunft zu marschieren", wäre es sinnvoll, den Blick weiter in die Zukunft zu richten. Diese Weisheit ist gar nicht so neu, denn sie geht bereits auf Seneca zurück, der gesagt hat: „Es ist wichtiger zu wissen, wohin die Dinge sich entwickeln, als zu wissen, woher sie kommen".

Welche Veränderungen kommen auf ein Unternehmen zu, das sich jetzt gezwungen sieht, die alten Planungsansätze über Bord zu werfen und sich neuen Planungsansätzen zuzuwenden? Zunächst einmal wird die Planung auf keinen Fall einfacher, sondern komplexer, vielschichtiger und schwieriger. Hier möchte man natürlich am liebsten die Flinte ins Korn werfen und vor zuviel Komplexität gleich kapitulieren. Aber das hilft nichts! Wir müssen damit fertig werden und uns nicht nur Instrumente erarbeiten, die uns helfen, Unsicherheit und Komplexität zu bewältigen, sondern uns vor allem – und das ist der entscheidende Punkt – in *unserem Denken* umstellen. Vernetztes Denken heißt die Devise. Dies ist nicht nur ein Schlagwort, sondern eine Realität und eine Herausforderung für die Zukunft. Wie wollen wir sonst Veränderungen in unserer Unternehmensumwelt erkennen und verarbeiten? Wie z. B.

— zunehmende Bedeutung und Änderung in politischen und gesellschaftlichen Entwicklungen (siehe Ost-West-Abrüstung, gravierende Veränderungen der politischen, wirtschaftlichen und gesellschaftlichen Systeme in Osteuropa, deutsche Vereinigung, EG-Binnenmarkt, Golfkrise etc.),
— gesetzgeberische Maßnahmen und Eingriffe in die Wirtschaft (z. B. Produkthaftung, Umweltschutzauflagen, Auflagen bzgl. Sicherheit und Gesundheit),
— kürzer werdende Produktlebenszyklen, auf immer mehr segmentierten Märkten bei gleichzeitig steigenden Entwicklungszeiten und -kosten,
— instabiles Nachfrageverhalten in teilweise gesättigten Märkten,

Neue Planungsansätze umsetzen heißt auch, sich mit folgendem zu beschäftigen:

— Statt linearer Prognosen Entwicklung von Alternativen und Bandbreiten,
— statt monokausalem Denken vernetztes Denken,
— statt Nabelschau frühzeitiges Erkennen von Chancen und Risiken in der Unternehmensumwelt,
— statt Beharren auf Althergebrachtem Veränderungen positiv sehen und als Herausforderung annehmen,
— statt der quantitativen eine qualitative Orientierung (die Meinung, daß nur Quantifizierbares wichtig und qualitative Aspekte vernachlässigbar sind, hat schon für manche Unternehmen und Branchen zu gravierenden Problemen geführt).

> „Es kommt nicht darauf an zu wissen,
> woher die Dinge kommen, sondern zu
> wissen, wohin sie sich entwickeln."
> (Seneca)

3. Aufbau der Szenario-Methode

3.1 Das Szenario-Modell

3.1.1 Wie sieht der Informationsbedarf eines Unternehmens aus?

Beim Informationsbedarf eines Unternehmens werden bestimmte Informationshierarchien erkennbar.

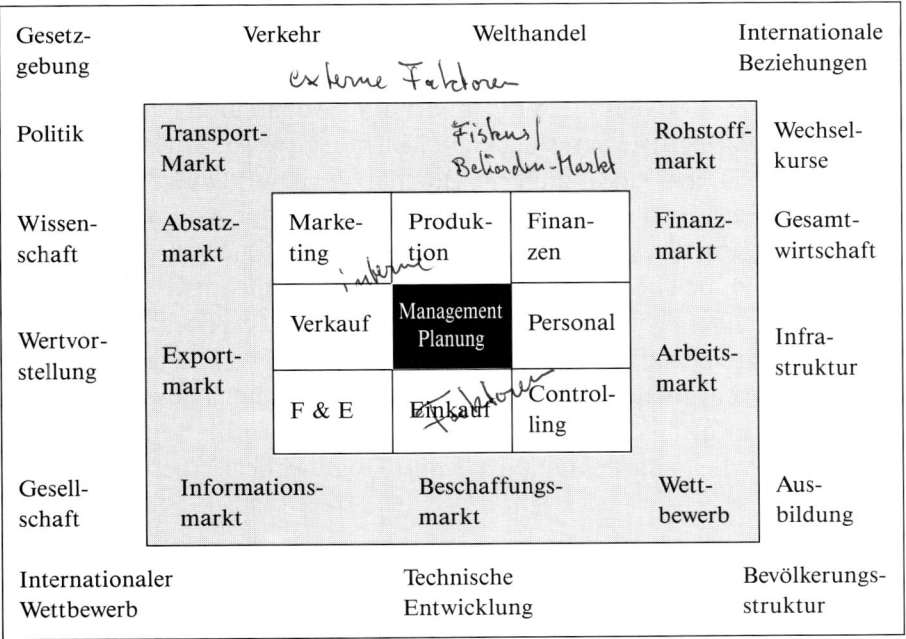

Abbildung 4: Umfeld eines Unternehmens

Es ist die Aufgabe der „obersten Heeresleitung", in diesem Fall Geschäftsführung oder Vorstand, sich um die Zukunft des Unternehmens Gedanken zu machen und langfristige Perspektiven aufzuzeigen. Leider gibt es in vielen Unternehmen noch zu viele „Edelsachbearbeiter" statt „Visionäre" im Vorstand, wie es einmal jemand aus der zweiten Führungsebene ausdrückte. Daher hat es sich in vielen Unternehmen eingebürgert, daß man die strategische Planung an eine zentrale Planungsabteilung oder eine Stabsstelle delegiert. Diese arbeitet üblicherweise zunächst einmal den Ist-Zustand des Unternehmens auf. Hierbei stützt man sich auf die Informationen im Unternehmen selbst, wie z. B. Marktposition, Stärken und Schwächen sowie Ressourcen. Man fragt also die verschiedenen Bereiche nach Informationen ab. Dank Computerisierung sollte dies kein Problem mehr sein. In der Praxis zeigt sich aber oft, daß die vorhandenen Informationen nicht in *der* Form aufbereitet sind, wie man sie für einen Planungsprozeß benötigt (Informationen aus dem inneren Bereich über Verkauf, Marketing, F+E, Einkauf, Personal, Finanzen und Produktion).

In früheren, von Wachstum gekennzeichneten Zeiten war die Planung relativ einfach: Der Unternehmer fragte sich: Was will ich und was kann ich? Daraus hat er abgeleitet, welche Schritte er für die Zukunft unternehmen muß. Heute ist dies nicht mehr so einfach, denn man muß gleichzeitig wissen, wie sich die verschiedenen Märkte entwickeln. Daher werden Informationen über Absatzmärkte, Beschaffungsmärkte und Wettbewerb ermittelt. Ein großer Teil dieser Informationen kann von den internen Bereichen, die in direktem Kontakt mit den Märkten stehen, bereitgestellt werden. So können beispielsweise Daten über den Rohstoffmarkt und den Energiemarkt bei Produktion und Materialwirtschaft erfragt werden. Der Marketingbereich ist in der Regel sehr gut über die Absatz- und Exportmärkte der verschiedenen Produkte des Unternehmens sowie über den Wettbewerb informiert. Das Personalwesen kann Informationen über den regionalen Arbeitsmarkt, Quantität und Qualität der Arbeitskräfte beisteuern.

Bei einer kurz- oder mittelfristigen Planung (Zeitraum zwei bis maximal vier Jahre) ist es oft ausreichend, mit den im Unternehmen verfügbaren Daten zu arbeiten und darüber hinaus Marktanalysen nach bewährten Methoden durchzuführen oder durchführen zu lassen.

Bei einem Planungshorizont von mehr als fünf Jahren reicht es jedoch nicht mehr aus, lediglich die Märkte zu berücksichtigen, mit denen das Unternehmen in direkter oder indirekter Beziehung steht. Dies zeigt sich oft deutlich, wenn man das Verhalten der verschiedenen Marktpartner analysiert. Dabei stellt man fest, daß die Marktpartner oft nicht aus sich selbst heraus agieren, sondern von anderen Kräften oder Faktoren beeinflußt werden.

Und damit kommt man zum äußeren Bereich. Viele Unternehmen erleben, wie Gesetzgebung und Politik ihre Unternehmensstrategie beeinflußen. Ein Beispiel hierzu ist das Gesundheitsreformgesetz, das nicht nur die Pharma-Industrie, sondern gleichzeitig auch Ärzte, Apotheker, Pharma-Großhandel und letztlich den Patienten beeinflußt. Die politische Entwicklung z. B. in Richtung EG-Binnenmarkt mit allen noch zu erwartenden Veränderungen führt dazu, daß die Unternehmen sich mit neuen Standards und Gesetzen, die für den gesamten EG-Raum gelten, auseinandersetzen müssen. Die politischen Veränderungen in Osteuropa sind einerseits zu begrüßen, anderseits erhöhen sie die Unsicherheit für Unternehmen, die sich auf den osteuropäischen Märkten behaupten wollen. Neue Gesetze und Veränderungen dort verlangen auch von den westlichen Partnern eine Änderung ihrer Strategie und ihres Verhaltens.

Des weiteren ist es für ein Unternehmen entscheidend, wie sich die technische Entwicklung bezüglich seiner eigenen Produkte und Produktionstechnik, aber auch im Umfeld seiner eigenen Produkte entwickelt. Aus der Technologie entstehen oft Chancen, wenn man rechtzeitig neue Technologien aufgreift, um dadurch entweder zu einer Verbesserung der eigenen Produkte oder zu Innovationen zu kommen. Technologie bietet aber nicht nur Chancen, sondern gleichzeitig auch Risiken, wenn die eigenen Produkte durch neue Technologien substituiert werden (Beispiel: Ersatz der Mechanik in vielen Branchen durch Mikroelektronik).

Betrachtet man die Gesellschaft, Bevölkerungsstruktur, gesellschaftliche Wertvorstellungen und Ausbildungsstand, dann zeigt sich, daß verschiedene Einflüsse nicht nur auf die Märkte und die Akzeptanz oder Ablehnung eines Produktes zielen, sondern sich auch bei den Mitarbeitern und Führungskräften in ihrem Verhalten und ihrer Leistungsorientierung niederschlagen (Beispiele hierzu sind: Gesellschaftliche Einstellungen zu Kernkraft, Sicherheit, Umweltschutz, Technik).

Eine weitere wichtige Rolle spielt die Wirtschaft, wobei man hier je nach Geschäftstätigkeit eines Unternehmens nicht nur die nationale, sondern auch die europäische und evtl. die Weltwirtschaft betrachten muß. Hierbei kommen vor allem solche Aspekte zum Tragen, die Zugang zu den Märkten eröffnen oder verschließen sowie die Frage des internationalen Wettbewerbs.

Bei der Analyse dieser eher globalen Faktoren reichen üblicherweise die im Unternehmen vorliegenden Informationen nicht aus, sondern man muß sich entsprechende Analysen und Studien beschaffen. Sie erhalten oft vielfältiges Zahlenmaterial mit verschiedenen Begründungen, das dann jedoch auf die unternehmensspezifischen Belange umgesetzt werden muß. Desweiteren müssen spezielle Faktoren aus den globalen Bereichen ermittelt werden, die genau auf das Unternehmen, das im Mittelpunkt steht, einen Einfluß haben.

Um mit diesem sehr komplexen und vielfältigen System an Umfeldinformationen zurechtzukommen und gleichzeitig hierauf aufbauend Strategien entwickeln zu können, ist die Szenario-Technik *das* geeignete Instrument.

3.1.2 Wie sieht das Szenario-Denkmodell aus und wie kann man es verstehen?

Die Szenario-Methode kann man sich mit Hilfe des sogenannten Szenario-Trichters verdeutlichen (Abb. 5). Die Gegenwart beginnt immer am engsten Punkt des Trichters, da der Trichter Komplexität und Unsicherheit, bezogen auf die Zukunft, symbolisiert: Je weiter man also von der heutigen Situation in die Zukunft geht, desto größer wird die Unsicherheit und desto umfassender und vielfältiger wird die Komplexität. Wenn man die gegenwärtige Situation betrachtet, dann kann man sagen, daß eine Reihe von Faktoren, die auf das Unternehmen einwirken, wie Märkte, Wettbewerb, Gesetze, Normen, Verträge, wirtschaftliche Situation etc. festgeschrieben sind. Diese Faktoren haben eine bestimmte Struktur, die erfaßbar ist und deren Einflüsse man im Augenblick für die gegenwärtigen Aktivitäten nutzt.

Versucht man jetzt, diese Faktoren auf die nähere Zukunft zu projizieren, so zeigt sich in den meisten Fällen, daß sie sich teilweise, aber nicht so signifikant verändern; dies gilt für einen kurzen Zeitraum von etwa zwei bis drei Jahren. Versucht man jedoch, und dies ist in der Regel für die strategische Planung erforderlich, diese externe Umfeldsituation weiter in die Zukunft zu projizieren, dann kommt man sehr schnell an den Punkt, wo man nicht mehr genau weiß, wie sich die Situation weiterentwickelt, welche neuen Faktoren auftreten und welche Auswirkungen sie haben.

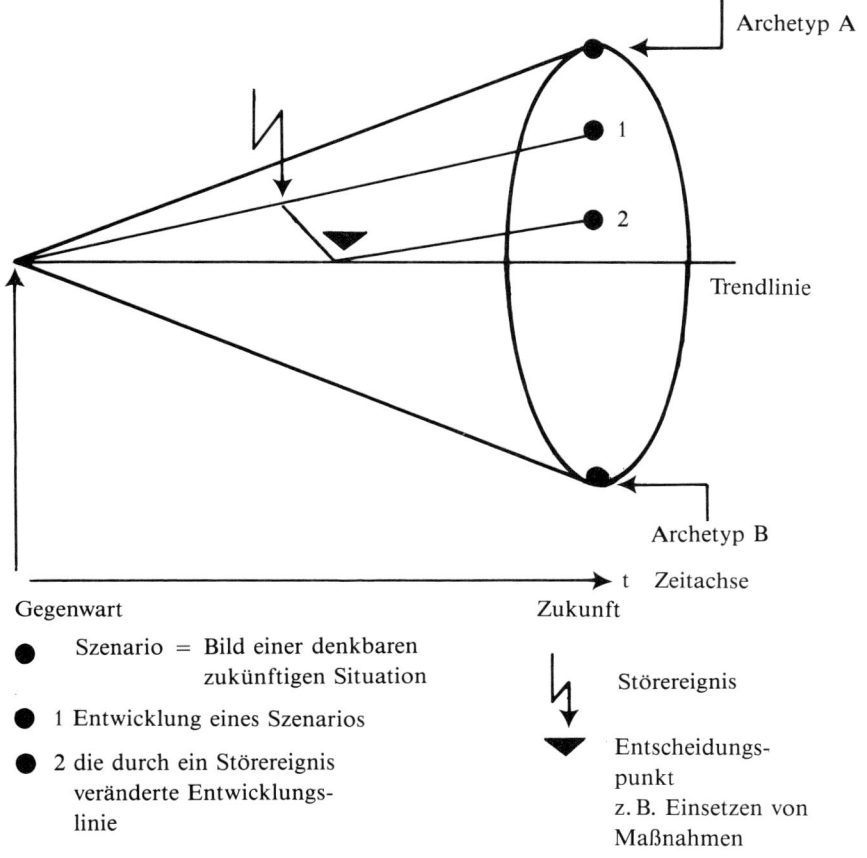

Abbildung 5: Denkmodell zur Darstellung von Szenarien

Zieht man nun einen Schnitt durch den Trichter an einem beliebigen Zeitpunkt der Zukunft (zur Zeit sind die Jahre 2000 und 2010 sehr beliebt), dann liegen alle denkbaren, theoretisch möglichen Zukunftssituationen (Szenarien) auf der Schnittfläche des Trichters. Aber wieviele der hundert oder tausend verschiedenen Szenarien muß der Planer berücksichtigen? Hier gibt es zwei ganz typische Verhaltensweisen von Planern: Entweder man resigniert aufgrund der Unsicherheiten und bleibt bei den bisherigen vertrauten Extrapolationen, die trotz bekannter Unzulänglichkeiten eine Pseudosicherheit bieten, oder aber man stellt sich ganz bewußt den Unsicherheiten der Zukunft und erarbeitet für alle Entwicklungen, die aus heutiger Sicht unsicher sind, verschiedene alternative Wege.

Shell als Pionier der Szenario-Entwicklung hat bereits früh (Anfang der 70er Jahre) erkannt, daß es für die Unternehmensplanung völlig ausreicht, zwei Szenarien zu entwerfen, die jedoch folgenden Kriterien entsprechen müssen:

1. Größtmögliche Stimmigkeit, Konsistenz und Widerspruchsfreiheit innerhalb eines Szenarios (die einzelnen Entwicklungen innerhalb eines Szenarios dürfen sich nicht gegenseitig aufheben).
2. Jedes Szenario sollte eine größtmögliche Stabilität besitzen. Stabilität heißt, daß das Szenario nicht bei kleineren Erschütterungen oder Veränderungen wie ein Kartenhaus zusammenbricht, sondern, ähnlich wie bei den erdbebensicheren Häusern in Kalifornien, gewisse Schwingungen aushalten kann.
3. Zwischen den beiden letztlich ausgewählten Szenarien sollte eine möglichst große Unterschiedlichkeit bestehen. Dies bedeutet, daß man in den beiden Szenarien möglichst an die „Ränder" des Trichters herankommt.

Die so generierten Szenarien kann man auch als Szenario-Archetypen bezeichnen.

Einige Unternehmen arbeiten dagegen mit drei Szenarien, wobei es zwei Alternativ-Szenarien gibt und ein sogenanntes Trend-Szenario. Das Trend-Szenario ist, wie die Wortwahl bereits sagt, eine Fortschreibung der heutigen Situation in die Zukunft. Was glauben Sie, was anschließend in der Umsetzung der Planung passiert? Man wird sich mit Begeisterung und Vehemenz auf das sogenannte Trend-Szenario stürzen, weil man sich ja unter dessen Rahmenbedingungen nicht entscheidend verändern muß und alles so bleiben kann wie es ist. Aber was passiert, wenn die tatsächliche Entwicklung eben nicht in Richtung Trend-Szenario verläuft? In einem solchen Fall gibt es nicht nur lange Gesichter bei den verantwortlichen Planern, sondern auch schnell einen Sündenbock wie z. B. die Politik, die Gesetze, der Wettbewerb oder die letzte Umorganisation etc. Das eigentliche Problem ist dann aber noch nicht gelöst, nämlich die Kurskorrektur so schnell, so effizient und so glaubwürdig wie möglich zu realisieren.

Daher meine Empfehlung, keine Trend-Szenarien, sprich Trend-Extrapolationen, aus der Gegenwart in die Zukunft zu entwickeln, sondern sich auf zwei Szenarien zu konzentrieren, die in sich konsistent und stabil sind und sich gleichzeitig deutlich voneinander unterscheiden.

Eine weitere Besonderheit der Szenario-Technik liegt darin, daß sie sogenannte abrupt auftretende Ereignisse (Störereignisse) in den Planungsprozeß von vornherein mit einbeziehen kann. Man überlegt also: Welche Störereignisse könnten auftreten? Welche Auswirkungen haben sie auf die Szenario-Entwicklung und natürlich auf das Unternehmen und wie kann sich das Unternehmen präventiv und reaktiv darauf einstellen?

Einen besonders hohen Stellenwert haben hier die Präventivmaßnahmen, die man in zweierlei Hinsicht verstehen kann: Zum einen heißt es, das Störereignis zu verhindern, und zum anderen heißt es, sich auf das Störereignis vorzubereiten, indem man das Unternehmen absichert oder „immunisiert". Hierzu vielleicht ein Vergleich: Wenn Sie planen, in einem tropischen Land Ihren Urlaub zu verbringen, dann können Sie zwar nicht verhindern, daß es dort Malaria und ähnliche typische Tropenkrankheiten gibt, aber Sie können eines tun: Vor Antritt Ihrer Reise sich durch eine Schutzimpfung soweit absichern, daß Sie sich nicht anstecken können. In gleicher Form wirken Präventivmaßnahmen für ein Unternehmen.

So interessant, spannend, faszinierend, manchmal aber auch erschreckend oder aufrüttelnd der Blick in verschiedene Zukunftssituationen sein kann, so darf die Entwicklung der Szenarien nicht Selbstzweck sein. Der entscheidende Punkt in einer Szenario-Betrachtung ist die Konsequenzanalyse aus der Zukunft für die Gegenwart. Also nicht das traditionelle Planungsverhalten, daß man aus der Vergangenheit her die Zukunft extrapoliert, sondern hier bewußt aus den Informationen und Kombinationen zukünftiger Entwicklungen Chancen und Risiken ableitet und Aktivitäten hierfür entwickelt, um besser für die Unsicherheiten und Veränderungen der Zukunft gerüstet zu sein.

Die Aktivitäten, die für beide unterschiedliche Szenarien entwickelt werden, müssen dann in eine sogenannte Leitstrategie integriert werden. Eine Leitstrategie ist die robuste, flexible Strategie, die Sie in jedem Fall unter den Rahmenbedingungen beider Szenarien erfolgreich realisieren können. Eine typische Reaktion auf eine solche Aussage lautet: a) Das geht doch gar nicht bei zwei unterschiedlichen Szenarien, oder b) Das kann doch nur eine mittelmäßige Strategie, nämlich die des kleinsten gemeinsamen Nenners sein. Daß dies nicht so ist, beweisen die Beispiele in Kapitel 4.

3.2 Die acht Stufen des Szenario-Prozesses

Um durch den Trichter hindurch in die Zukunft und wieder zur Gegenwart zurückzukommen, muß ein Prozeß von acht Stufen durchlaufen werden.

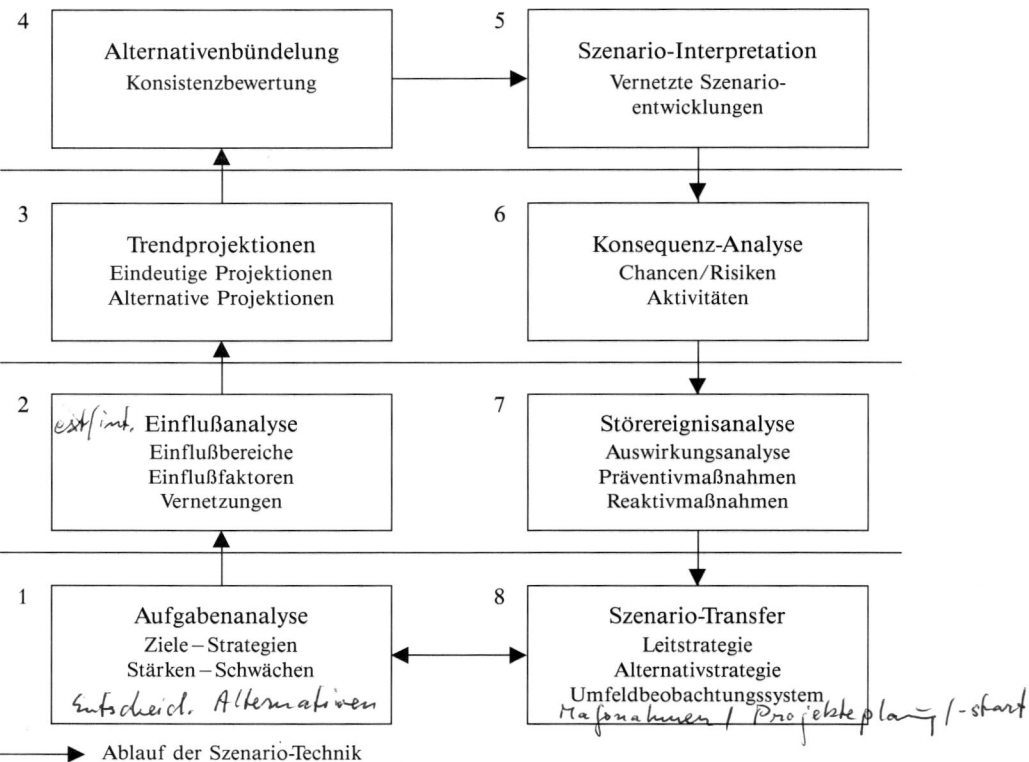

Abbildung 6: Die acht Schritte der Szenario-Technik

Schritt 1: Aufgabenanalyse

> Ziel dieses Schrittes ist es, den Untersuchungsgegenstand (ein Unternehmen, eine strategische Geschäftseinheit, eine Produktgruppe etc.) in der gegenwärtigen Situation zu analysieren.

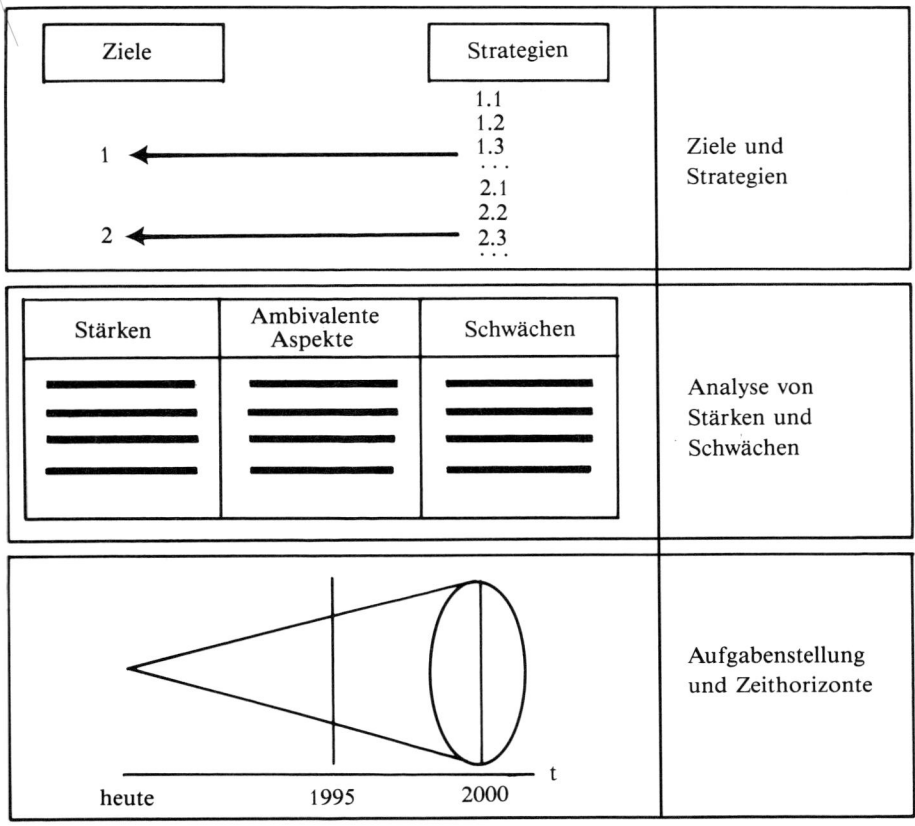

Abbildung 7: Schritt 1: Aufgabenanalyse

Nach welchen Kriterien wird die Aufgabenanalyse durchgeführt? Der vollständige Katalog, der in den einzelnen Projekten abgefragt werden kann, sieht folgendermaßen aus:

1. Gegenwärtiges Leistungsspektrum des Unternehmens: Dies umfaßt Produkte und Dienstleistungen sowie sonstige Services, die dem Kunden bzw. dem Markt angeboten werden.
2. Leitbild des Unternehmens bzw. Leitbild eines Unternehmens-Teilbereiches.
3. Derzeitig existierende und verfolgte Ziele und Strategien. Diese kann man zusätzlich noch nach kurz-, mittel- und langfristig aufteilen. Typische Unterteilungen dabei sind:

- bis zwei Jahre: kurzfristig
- bis fünf Jahre: mittelfristig
- über fünf Jahre hinausgehend: langfristig

4. Eine Stärken-/Schwächen-Analyse des Unternehmens oder der strategischen Geschäftseinheit
5. Erfassen der unternehmensinternen Rahmenbedingungen: Dies sind Spielregeln, die ein Unternehmen sich selbst gibt. Man nennt dies auch Company Policies (typische interne Rahmenbedingungen können z. B. sein: Vorgabe für den Return on Investment für bestimmte Unternehmenseinheiten, Bestimmung des Geschäftszwecks, was ein Unternehmensbereich tun darf und was nicht).

Nachdem ein Szenario-Team, bestehend aus ca. 10 bis 16 Führungskräften des Unternehmens sowie einem methodisch geschulten Moderator, diese Teilschritte der Aufgabenanalyse durchlaufen hat, prüft man abschließend, ob das ursprünglich definierte Thema so übernommen werden kann oder ob es aufgrund der Analyse modifiziert werden sollte.

Im Anschluß daran legt man die Zeithorizonte für die Szenario-Betrachtung fest. Als Faustregel dafür gilt z. B. der Zeitraum, den ein Unternehmen benötigt, um Innovationen zu entwickeln und auf den Markt zu bringen bzw. langfristige Investitionsvorhaben, Diversifikationen und Akquisitionen zu realisieren.

Hieraus wird ersichtlich, daß es keine allgemein gültigen Zeithorizonte gibt, sondern daß dies je nach Branche und Unternehmen sehr unterschiedlich sein kann. Je länger die Entwicklung eines Produktes oder der Aufbau einer neuen Geschäftsaktivität dauert, desto länger muß natürlich auch der Szenario-Zeithorizont sein. Dabei rechnet man vom Zeithorizont für die Realisierung der vorgenannten Aufgaben noch einmal fünf bis sieben Jahre dazu, um zu erkennen, wie das neue Produkt sich beispielsweise mittel- bis langfristig auf den Märkten behaupten kann.

Unternehmen, die bereits mit der Portfolio-Analyse arbeiten, können hier sehr gut das Ist-Portfolio zur Abschätzung der gegenwärtigen Unternehmenssituation im Vergleich zu den Wettbewerbern nutzen.

Bei der Stärken- und Schwächenanalyse stößt man des öfteren auf solche Aspekte, bei denen die Gruppe heftig darüber diskutiert, ob dies eine Stärke oder eine Schwäche ist. Solche Dinge werden als ambivalente Aspekte eingeordnet, da sie sowohl Stärken als auch Schwächen beinhalten (typische ambivalente Aspekte sind: Organisationsform oder Monoproduktstruktur eines Unternehmens).

Für den Moderator eines solchen Projektes ist es ebenfalls wichtig, sich darüber klar zu werden, wie die Mentalität der Gruppe ist, da sich dies in der Stärken- und Schwächen-Analyse niederschlägt. Typische Verhaltensweisen von Mitteleuropäern gehen dahin, daß, unabhängig davon, wie erfolgreich das Unternehmen bisher war, die Schwächenliste erheblich länger ausfällt als die Stärkenliste. Dies liegt in der sehr kritischen Mentalität der Europäer und sollte auf keinen Fall überbewertet werden.

Führt man die gleiche Analyse mit einem amerikanischen Unternehmen durch, dann stellt man fest, daß die Stärkenliste beeindruckend groß ist, während es kaum Aspekte auf der Schwächenseite gibt.

Dies liegt in der amerikanischen Mentalität des „Think positive", daß man Dinge eher positiv als negativ ausdrückt und Aspekte, die z. B. ein deutsches Unternehmen als Schwäche einordnet, von den Amerikanern als Stärke angesehen wird, die aber noch optimiert werden kann.

Schritt 2: Einflußanalyse   *internen?*

> Ziel dieses Schrittes ist es, die externen Einflußbereiche, die auf ein Unternehmen oder eine strategische Geschäftseinheit einwirken, festzulegen. Anschließend ermittelt man die externen Einflußfaktoren innerhalb der Einflußbereiche, bewertet diese und vernetzt sie, um hierdurch Aussagen über die Systemdynamik des Umfeldes zu erhalten.

Typische Einflußbereiche, wie sie in fast allen Unternehmen vorkommen sind:

— Absatzmarkt (Abnehmer oder Kunden)
— Beschaffungsmarkt
— Wettbewerb
— Politik und Gesetzgebung
— Technologie
— Wirtschaft
— Gesellschaft

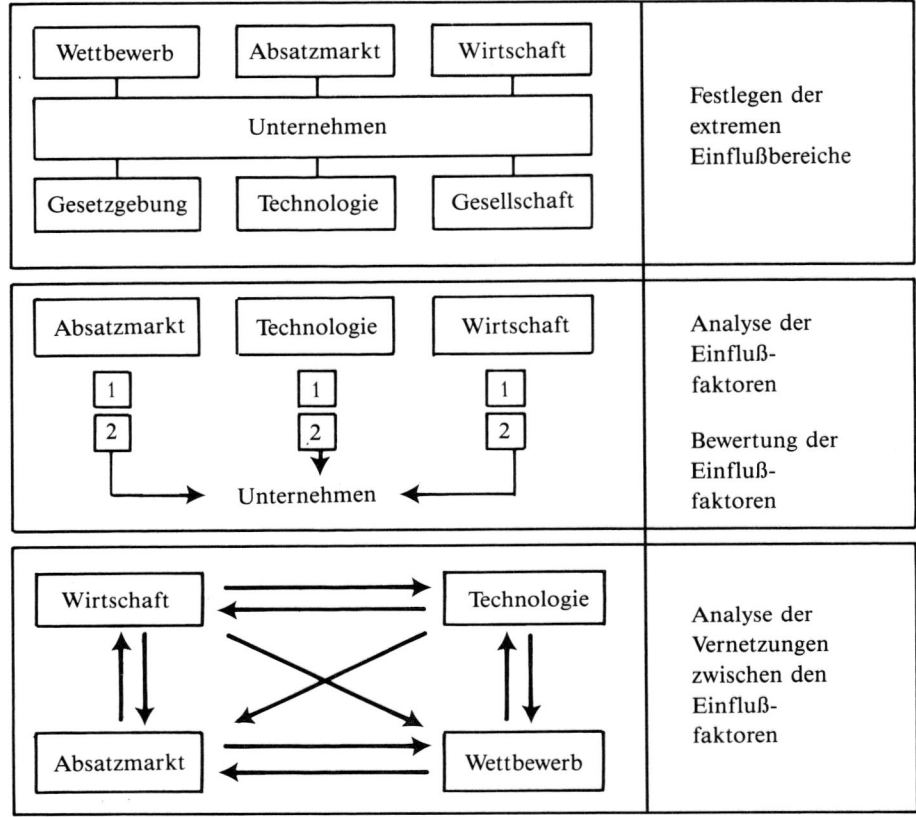

Abbildung 8: Schritt 2: Einflußanalyse

Diese Bezeichnungen sagen jedoch noch überhaupt nichts darüber aus, wie die verschiedenen Einflußbereiche in sich strukturiert sind. Man kann sich z. B. vorstellen, daß die Technologie völlig unterschiedliche Einflußfaktoren haben kann, je nachdem, ob das im Mittelpunkt stehende Unternehmen eine Bank, ein Chemie- oder Pharma-Unternehmen, ein Handelshaus oder ein Elektronikunternehmen ist.

Daher muß man in den jeweiligen Einflußbereichen die für das Unternehmen relevanten Einflußfaktoren ermitteln und in ihrer Bedeutung für das Unternehmen heute bewerten. Die Bewertung erfolgt üblicherweise durch eine sogenannte relative Rangfolge. Bei einer sehr komplexen Umfeldsituation empfiehlt es sich, die Einflußbereiche in weitere Untergruppen zu zergliedern, z. B.: Gesellschaft in Demographie, globale gesellschaftliche

Trends und Verhaltensweisen. Technologie könnte man in Basistechnologien und angewandte Technik, den Absatzmarkt in Abnehmerstruktur, Abnehmeransprüche und -verhaltensweisen aufteilen. In der Praxis arbeitet man mit Checklisten, die eine solche Strukturierung branchenspezifisch vorschlagen, aber unternehmensspezifisch bearbeitet und evtl. abgewandelt werden.

Erst wenn alle Einflußbereiche durch die entsprechenden Einflußfaktoren ausreichend beschrieben und deren Rangfolge festgelegt worden ist, kann man in die Vernetzung gehen. Vernetzung bedeutet: Wie stark beeinflußt jeder Bereich, charakterisiert durch seine wichtigsten Einflußfaktoren, jeweils alle anderen Bereiche? Dies führt man üblicherweise systematisch mit Hilfe einer Vernetzungsmatrix durch. Die Vernetzungsmatrix ergibt eine Aktivsumme, die für den jeweiligen Bereich ausdrückt, wie stark er alle anderen Bereiche beeinflußt, sowie eine Passivsumme, die aussagt, wie stark jeder Bereich von jedem anderen beeinflußt wird.

Zur Analyse eines Systems müssen zunächst alle Einflußbereiche, die im folgenden Systemelemente (A bis G) genannt werden, identifiziert und in ihrer Struktur und Funktion voneinander abgegrenzt werden. Nachdem

Systemelemente	A	B	C	D	E	F	G	Aktivsumme
A	X	2	2	2	2	1	2	11
B	1	X	1	1	0	0	0	3
C	0	2	X	2	2	1	2	9
D	0	2	2	X	2	1	1	8
E	0	2	0	1	X	0	0	3
F	0	1	0	0	2	X	0	3
G	1	1	1	0	0	0	X	3
Passivsumme	2	10	6	6	8	3	5	40 : 7 = 5,7

0 = kein Einfluß; 1 = schwacher oder indirekter Einfluß; 2 = starker Einfluß

Abbildung 9: Vernetzungsmatrix

die Analyse der einzelnen Systemelemente fertiggestellt ist (es dürfen keine Überschneidungen bezüglich Funktion und Struktur zwischen den Systemelementen bestehen), können mit Hilfe einer Vernetzungs- oder Beziehungsmatrix die Einflüsse der einzelnen Systemelemente untereinander ermittelt werden. Die Vernetzungsmatrix (siehe Abb. 9) wird wie folgt ausgewertet: Man ermittelt von links nach rechts, wie stark jedes Systemelement auf jedes andere Systemelement einwirkt. Die Einflußstärken werden in der Regel mit folgender Bewertungsskala gemessen:

0 = kein Einfluß
1 = schwacher oder indirekter Einfluß
2 = starker Einfluß

Die Skala ist bewußt sehr klein gewählt worden, da es sich um qualitative Elemente handelt. Würde man die Skala z. B. bis 10 erweitern, dann wäre die Unsicherheit besonders groß und würde zu aussagelosen Mittelwerten führen. Trotzdem geht die Neigung vieler Workshop-Teilnehmer dahin, die Skala zu verfeinern, um besser und exakter „messen" zu können. Läßt man die Gruppe dann einmal qualitative Aspekte „exakt messen", dann kehren die meisten freiwillig zur kleinen, aussagefähigeren Skala zurück.

Addiert man die Zeilensumme eines jeden Elementes, dann erhält man die sogenannte Aktivsumme (die Stärke, mit der ein Element insgesamt auf alle anderen Systemelemente einwirkt).

Addiert man die Spaltensumme, so erhält man für jedes Systemelement die sogenannte Passivsumme (sie gibt an, wie stark jedes Element von allen anderen Elementen beeinflußt wird).

Bei der Ermittlung der Einflußstärke ist es ebenfalls wichtig festzuhalten, welche Art des Einflusses von Element A auf B usw. ausgeht, und die Begründung für die Einflußstärke auf einem gesonderten Blatt festzuhalten, damit man später die Analyse nachvollziehen kann.

Zur besseren Übersichtlichkeit kann man die Zahlen aus der Vernetzungsmatrix dann in ein sogenanntes System-Grid übertragen (Abb. 10 und 11).

Wie aus Abbildung 11 ersichtlich ist, entstehen in einem System-Grid durch die Unterteilung in Aktiv- und Passivachsen vier Felder.

Feld I ist der Bereich der aktiven Systemelemente. Systemelemente, die in diesem Feld positioniert sind, zeichnen sich durch sehr hohe Aktivität aus (diese Elemente beeinflussen alle anderen im System relativ stark) und

```
     Aktiv-Wert
        ▲
        │
        │
        │
        │
        │
        │
        │
        │
        │
        │
        │
        │
        │
        │
        │
        └──────────────────────────▶ Passiv-Wert
```

1. Die Begrenzung der Aktiv- und Passivachsen ergibt sich aus der Anzahl der Elemente $(x - 1) \times 2/$höchster Beeinflussungswert).
2. Die Addition der Aktivsumme aller Elemente, geteilt durch die Anzahl der Elemente, ergibt den Schnittpunkt der Aktiv-Achse.
3. Die Addition der Passivsumme aller Elemente, geteilt durch die Anzahl der Elemente, ergibt den Schnittpunkt der Passiv-Achse.
4. Von den Schnittpunkten werden Geraden gezogen, so daß vier Felder entstehen.
5. Die Aktiv- und Passivsummen der Elemente werden in das Grid eingetragen; hierdurch wird die Merkmalsbestimmung der Elemente sichtbar.

Abbildung 10: System-Grid ohne Werte

relativ niedrige Passivität (Elemente in diesem Feld werden relativ wenig von allen anderen Elementen beeinflußt).

Feld II ist das Feld der sogenannten ambivalenten Systemelemente. Elemente, die in diesem Feld positioniert sind, zeichnen sich durch relativ hohe Aktivität und hohe Passivität aus (in vielen Fällen sind Aktivität und Passivität fast ausgewogen; Elemente in diesem Bereich beeinflussen das System genauso stark, wie sie von dem System beeinflußt werden).

Feld III ist das Feld der sogenannten puffernden oder niedrig ambivalenten Systemelemente. Elemente in diesem Bereich sind dadurch charakterisiert, daß sie relativ gering das System beeinflussen und relativ wenig vom

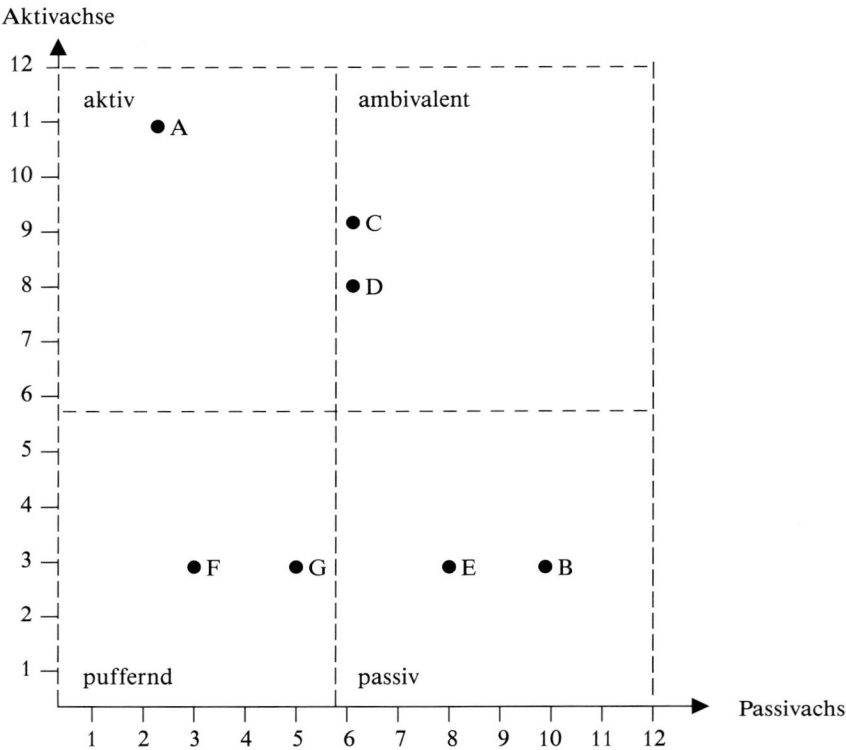

Abbildung 11: System-Grid mit eingetragenen Werten

System beeinflußt werden (geringe Aktivität und Passivität). Hierbei hilft vielleicht der Vergleich mit einem Gummipuffer zwischen zwei Metallteilen, der verhindert, daß Reibung entsteht. Elemente des puffernden Bereiches kann man auch mit Motoröl vergleichen. Das Öl treibt den Motor nicht an, aber wenn es fehlt, läuft der Motor heiß und es kommt zum sogenannten Kolbenfraß.

Feld IV ist der Bereich der passiven Systemelemente. Sie zeichnen sich dadurch aus, daß sie sich von allen anderen Systemelementen sehr stark beeinflussen lassen (hohe Passivität) und relativ wenig das System beeinflussen (geringe Aktivität).

Entsprechend der Bedeutung der einzelnen Felder kann man jetzt den Systemelementen A–G eine Rangfolge zuordnen.

Rang 1   A
Rang 2   C
Rang 3   D
Rang 4   F
Rang 5   G
Rang 6   E
Rang 7   B

An dieser Stelle ist eine Erläuterung von Systemanalyse und Systemdynamik erforderlich:

Welche Grundregeln kann man aus der Analyse eines Systems mit Hilfe des System-Grids und der Vernetzungsmatrix ableiten?

Nachdem die Analyse eines Systems durchgeführt worden ist, geht es jetzt darum, die spezielle Systemdynamik nicht nur zu erkennen, sondern sie für konkrete Aktivitäten, Strategien und Maßnahmen usw. zu nutzen.

Die größte Verstärkerwirkung im System (Synergie-Effekt) erreicht man, wenn man versucht, die Verhaltensweisen und Beeinflussungsarten der Elemente im aktiven Bereich so zu nutzen, daß sie den eigenen Zielen und Strategien entsprechen. In einigen Fällen heißt dies für ein Unternehmen: Wie kann ich bestimmte Elemente im aktiven Bereich als Motor für meine eigene Strategie einsetzen, damit sie wiederum andere Elemente im ambivalenten und passiven Bereich (Schneeballsystem, Kettenreaktion) beeinflussen?

- Grundregel 1 der Systemdynamik lautet daher: Den Hebel im System dort ansetzen, wo die größte Verstärkerwirkung erzielt werden kann. Dies sind in der Regel aktive Elemente oder ambivalente Elemente mit einer deutlichen Aktivdominanz.
- Grundregel 2 der Systemdynamik lautet: Nach Möglichkeit passive oder puffernde Elemente nicht nur direkt, sondern auch indirekt über die aktiven Elemente beeinflussen, da sie von allen anderen im System abhängig sind.

Hierzu ein Beispiel: In vielen Analysen von firmenspezifischen Umfeldsystemen hat sich gezeigt, daß globale Systemelemente/Einflußbereiche (wie z. B. Wirtschaft, Gesellschaft, Gesetzgebung, Technologie) einen entscheidenden, d. h. aktiven bzw. ambivalenten Charakter haben, während Systemelemente/Einflußbereiche, die vom Unternehmen selbst direkt beeinflußt werden können, eher eine passive Position einnehmen (z. B. Absatzmärkte, Wettbewerb, Beschaffungsmärkte). Die Tatsache, daß die Märkte in den meisen Fällen passiv, evtl. ambivalent sind, ruft bei vielen Marketingverantwortlichen Skepsis oder sogar Ablehnung hervor, da doch der Markt in einer Marktwirtschaft das wichtigste ist. Die Tatsache, daß ein Einflußbereich passiv ist, bedeutet noch lange nicht, daß dieser Bereich unwichtig ist. Passiv bedeutet lediglich, daß er sich im Zusammenspiel mit anderen Systemelementen anders verhält und mehr Einflüsse absorbiert als er selber beeinflussen kann. Am besten zieht in einer solchen Situation das Argument: Was wäre, wenn der Markt aktiv wäre? Dies würde zwar bedeuten, daß er eine dominierende Position hat, aber gleichzeitig auch, daß er nicht oder kaum beeinflußt werden kann. Und dies würde in der Konsequenz heißen, daß alle Marketingmaßnahmen nicht greifen würden. Insofern ist es logisch, daß der Markt und der Wettbewerb eine Passivposition einnehmen, da anderenfalls alle Marketingbemühungen ohne Erfolg wären.

In den meisten Firmen-Analysen hat sich gezeigt, daß ein Unternehmen nur in geringem Ausmaß solche globalen Systemelemente wie Technologie, Wirtschaft und Gesellschaft selbst aktiv beeinflussen kann.

Man kann also nur die in diesen Bereichen vorhandenen Entwicklungen einschließlich ihrer Einflüsse auf andere Bereiche sehr sorgfältig analysieren (nicht nur quantitativ, sondern vor allem qualitativ), um daraus zu erkennen, wie man die Verhaltensweisen der Systemelemente untereinander für die Durchsetzung der eigenen Strategien nutzen kann.

Hierzu ein Beispiel: Für ein Unternehmen, das erkannt hat, daß das Systemelement Gesellschaft eine zentrale Bedeutung hat (dies gilt in der Regel für Konsumgüterhersteller, Handelsunternehmen und auch für die Chemie) stellt sich die Frage: Wie kann man die Entwicklungen und Trends der Gesellschaft in verschiedener Form nutzen? Zum Beispiel könnte das gesellschaftliche Umweltbewußtsein und -verhalten zum einen für die Entwicklung umweltfreundlicher Produkte, für deren Recyclingfähigkeit oder Wiederverwendbarkeit, aber auch für die Umstellung der eigenen Produktion auf geringere Umweltbelastung genutzt werden. Wenn ein Unternehmen sich so verhält, dann fungiert das gesellschaftliche Umweltbewußtsein und -verhalten als Motor der Strategie, denn der Markt ist von der Gesellschaft beeinflußt und daher bereits für solche Produkte vorbereitet.

Selbstverständlich müssen hierzu natürlich noch begleitende Marketing- und Wettbewerbsstrategien entwickelt und umgesetzt werden. Der zentrale Punkt bleibt jedoch weiterhin das gesellschaftliche Umweltbewußtsein und -verhalten.

Beim Umgang mit vernetzten Systemen muß also zunächst das System in seiner Struktur und seinen Wechselwirkungen erkannt werden, und man muß sich dann auf die Elemente mit der größten Hebelwirkung bzw. Verstärkereffekt im System konzentrieren, um eine möglichst große Wirkung zu erzielen.

Weiterhin empfehlenswert ist das Erarbeiten und Testen eines Maßnahmen-Mix zur Steuerung und Verstärkung der für das Unternehmen wichtigen Elemente des Systems. Dies bedeutet, daß man parallel zum Ankoppeln der eigenen Strategie an die dynamischsten Elemente im System gleichzeitig flankierende Maßnahmen einleiten muß (wie im oben genannten Beispiel Marketingaktivitäten), die als Unterstützung für die Hebelwirkung wichtig sind.

In welchen Fällen ist es daher sinnvoll, eine solche Systemanalyse und eine ganzheitliche, gesteuerte Systemnutzung durchzuführen? Diese Vorgehensweise bietet sich in allen Fällen an, wo man es mit einem zunächst nicht klar durchschaubaren komplexen System zu tun hat. Dies kann z. B. sein: Ein Unternehmen in seiner Gesamtstruktur, sein Konzern mit seinen Tochtergesellschaften, die Umfeldstruktur eines Unternehmens, ein System von F&E-Vorhaben, von Marketingaktivitäten, von Weiterbildungsmaßnahmen, eine Entscheidungssituation in einem Unternehmen. Hierbei sollten die Kriterien für die unternehmerische Entscheidung als Systemelemente analysiert und betrachtet werden, so daß man zu einer richtigen Gewichtung der Kriterien und damit zu einer besseren Auswahl der Entscheidung kommen kann.

Welche Fehler werden typischerweise beim Umgang mit vernetzten Systemen gemacht?

Fehler Nr. 1:

Aus Angst vor der Komplexität und Intransparenz und der Befürchtung, daß die Probleme danach größer sind als sie vorher waren, neigt man dazu, sich dem System zu „verweigern". Dies bedeutet, daß man gar nicht erst versucht, das System zu analysieren, sondern wieder einmal auf altbewährte Methoden von gestern zurückgreift, und hofft, daß das ganze gut geht.

Fehler Nr. 2:

Da Komplexität und Intransparenz eines Systems, das man noch nicht kennt, zu Verunsicherungen führen, neigt man dazu, das System auf das vordergründig sichtbare Problem zu reduzieren. Dies bedeutet, daß man das vermeintliche Kernproblem analysiert, isoliert behandelt und diese unvernetzte Lösung in ein hierfür nicht vorbereitetes System implantiert. Die Folge davon: Es treten im System ungewollte Veränderungen und Störungen auf. Hierzu ein Beispiel: Wenn man bei einer komplexen Maschine, die ca. 10 Jahre alt ist, ein defektes Ersatzteil gegen ein neues Ersatzteil aus der dritten Folgegeneration dieser Maschine austauscht, dann kann es sein, daß die Kompatibilität nicht mehr gewahrt ist und es zum schlechteren Funktionieren als vorher führt, oder im schlimmsten Fall sogar zum Stillstand der Maschine. Ein anderes Beispiel hierzu aus der Familientherapie: Wenn ein Kind auffällige Verhaltensstörungen zeigt, dann genügt es nicht, die Ursache allein bei diesem Kind zu suchen und nur das Kind zu therapieren, sondern es muß auch die Familiensituation analysiert werden. Erst eine Therapie der gesamten Familie führt dann zum Erfolg.

Fehler Nr. 3:

Wenn ein System in seiner Komplexität, Struktur und internen sowie externen Verhaltensweisen analysiert ist, werden – bezogen auf den Systemzweck – bestimmte Strategien festgelegt, die die aktivsten Elemente im System nutzen. Man führt also die verabschiedeten Strategien durch und erwartet gleichzeitig eine schnelle Reaktion des Systems bzw. eine erste Erfolgsrückmeldung auf die eingeleiteten Strategien. In vielen Fällen zeigt es sich, daß ein System relativ lange Zeit benötigt, um sich auf die veränderte Situation einzustellen und entsprechend der Systemdynamik zu reagieren. Der Fehler, der hierbei oft gemacht wird, entsteht aus der Ungeduld bezüglich des langsamen Systemreagierens; man versucht also, weitere Aktivitäten und Strategien einzuleiten, die dann, ohne daß man es beabsichtigt hat, zu einer Übersteuerung des Systems führen. Eine Übersteuerung bedeutet jedoch gleichzeitig, daß das System nicht in der ursprünglich erwarteten Weise reagiert, sondern daß sich hieraus Wechselwirkungen ergeben, die die ursprüngliche Absicht der eingeleiteten Strategien behindern bzw. zunichte machen können.

An einem einfachen Beispiel verdeutlicht: Jemand, der das Autofahren erlernt, neigt dazu, das System Auto zu übersteuern, indem er z. B. auf einer geraden Straße zu stark nach links oder rechts korrigiert. Ein erfahrender Autofahrer weiß, daß man auf einer geraden Strecke ein Auto sozusagen mit dem kleinen Finger steuern kann. Sehr schön wird das eigene Übersteuern eines Systems deutlich, wenn man sich an Simulationsspielen, wie Tanaland und Ökolopoly versucht. Das System zeigt oft sehr deutlich, daß die von unserem Verhalten präferierten Einzelmaßnahmen zu gefährlichen Gegenreaktionen bis hin zu Krisen und zum Zusammenbruch des Systems führen können.

Fehler Nr. 4:

Die oben beschriebenen Strategien zeigen in der erwarteten Zeit nicht den gewünschten Erfolg, und man kehrt aus Enttäuschung wieder zu den tradierten Verhaltensweisen zurück, d.h. Isolierung von Problemen und isolierte Behandlung von Teilproblemen.

Was zeichnet erfolgreiche Systeme aus?

Die Fähigkeit, interne Synergie-Effekte zu nutzen und auszubauen, z. B. in Unternehmen: Nutzung des Mitarbeiter-Know-hows nicht nur in Linien- oder Stabsfunktionen, sondern auch in fachübergreifenden Planungs- und Projektteams; Nutzung der vorhandenen Informationen über Kundenreklamationen nicht nur für die Serviceabteilung, sondern auch als Impuls für mögliche Produktverbesserungen und Innovationen. Externe Störungen als Chance zur Weiterentwicklung und nicht als Bedrohung zu sehen und zu verarbeiten, z. B. staatliche Auflagen und Restriktionen bezüglich Umweltschutz können als Chance zur Entwicklung neuer ökologisch und ökonomisch verbesserter Produktionsverfahren und Produkte wahrgenommen werden.

Sensibilität und daraus resultierend ein hohes Maß an Flexibilität gegenüber internen und externen Einflüssen und Veränderungen, z. B. Umsatzstagnation oder -rückgang bei einer Produktgruppe oder einem Marktsegment als Chance zur Programmbereinigung oder Programmerneuerung bis zur Diversifikation nutzen.

Systemgleichgewicht durch Systemvielfalt und Dezentralisation zu erhalten, z. B. unterschiedliche Unternehmensfunktionen mit verschiedenen Absatz- und Beschaffungsmärkten zu erhalten statt reiner Produktions- oder Vertriebsorganisation mit Abhängigkeit von wenigen Lieferanten und Kunden. Bei Rückgang oder Ausfall wichtiger Abnehmer besteht in den sogenannten „Monokultur"-Unternehmen die Gefahr einer existenzbedrohenden Krise. Dezentralisation bietet die Möglichkeit der schnellen Regulierung von Abweichungen am Ort des Auftretens. Diversifikation stabilisiert das Gesamtsystem Unternehmen und sichert die Existenz des Unternehmens bei Umsatzeinbrüchen in einzelnen Geschäftseinheiten.

Rückkopplungsvorgänge im System zu erhalten, statt problematische Einzelbereiche herauszulösen und isoliert zu behandeln, z. B. das Zusammenfassen von verschiedenen Produkten bzw. Produktgruppen in Produkt-Markt-Bereiche, wie beispielsweise Gesundheitswesen, Kommunikation, Energie. Innerhalb dieser Bereiche finden Rückkopplungsvorgänge statt, die dann gegebenenfalls zu einer Produkterneuerung oder Programmbereinigung führen können. Der Bereich als System bleibt erhalten, während sich innerhalb der Systemelemente, also der Produkte, aufgrund der Marktresonanz bedarfsorientierte Anpassungen ergeben können, die das Gesamtsystem wiederum stabilisieren.

Klare Ziele für ein Gesamtsystem statt detaillierter Programme für einzelne Bereiche, z. B. strategische Ziele für das Gesamtunternehmen festlegen und die Ausgestaltung der Wege zur Zielerreichung (Strategien) durch die Funktionsbereiche erarbeiten lassen mit der Möglichkeit der dezentralen Korrektur bei Abweichungen. Lediglich die Maßnahmenstoßrichtungen der Bereiche sollten wieder mit der strategischen Gesamtplanung rückgekoppelt werden.

Vorteil: Die Bereiche übernehmen mehr Verantwortungs- und Steuerungsmöglichkeiten, was zur stärkeren Motivation und unternehmerischen Einstellung der Beteiligten führt. Die Unternehmensleitung kann sich um die Gesamtziele und -strategien kümmern und muß sich nicht in Detailfragen verzetteln, die ohnehin von den Bereichen mit größerem Sachverstand gelöst werden können.

Fazit: Die konsequente Umsetzung der Grundregeln der Systemanalyse und Systemdynamik in der Unternehmenspraxis kann zum besseren Überleben des Unternehmens heute und in Zukunft beitragen. Ökologische Systeme, die nicht durch massive Einzeleingriffe des Menschen manipuliert wurden, haben es seit Bestehen der Erde verstanden, durch Anwendung dieser Regeln zu überleben und sich weiterzuentwickeln. Die Zielsetzung lautete beispielsweise, das Überleben einer Art sicherzustellen. Das System einer bestimmten Art hat dies durch eine hohe Stabilität und Flexibilität (z. B. Anpassung an veränderte Umweltbedingungen) erreicht.

Ein Beispiel: Einige Tierarten, wie z. B. Echsen, die es in unterschiedlichen Regionen gibt, haben sich erfolgreich an verschiedene Temperaturen, Nahrungsangebote und sonstige Umweltbedingungen angepaßt und so das Überleben der Art über Millionen von Jahren gesichert.

An dieser Stelle eine Anmerkung zum Thema Größe. Heute herrscht vielfach in den Unternehmen die Meinung vor, daß Größe das Allheilmittel für Überleben und langfristigen Erfolg auf den Märkten ist. Wenn Größe wirklich so entscheidend für das Überleben wäre, dann müßte es heute noch Dinosaurier geben, die ja bekanntlich die größten Tiere seinerzeit auf der Erde waren. Fazit: Nicht Größe allein, sondern Vielfalt, größtmögliche Flexibilität und das Stehen auf mehreren gesunden Beinen scheinen heute eher ein Garant für Erfolg zu sein.

Schritt 3: Trendprojektionen

> Ziel dieses Schrittes ist es, auf der Basis der in Schritt 2 ermittelten Einflußfaktoren, neutrale, beschreibende Kenngrößen (Deskriptoren) zu ermitteln, die den jetzigen und zukünftigen Zustand der jeweiligen Entwicklungen beschreiben.

Hierbei kommt es vor allem darauf an, daß die Deskriptoren wertneutral formuliert werden (Einflußfaktoren können in eine Richtung definiert werden, müssen also nicht automatisch neutral sein). Bei einer Formulierung der Deskriptoren, die in eine Richtung zeigt, besteht die Gefahr, daß für die Zukunftsprojektionen nicht in Alternativen, sondern lediglich in *eine* Richtung weitergedacht wird.

Zur Verdeutlichung hierzu zwei Beispiele:
- Statt Ablehnung oder Akzeptanz von neuen Technologien muß es heißen: Einstellung zu neuen Technologien.

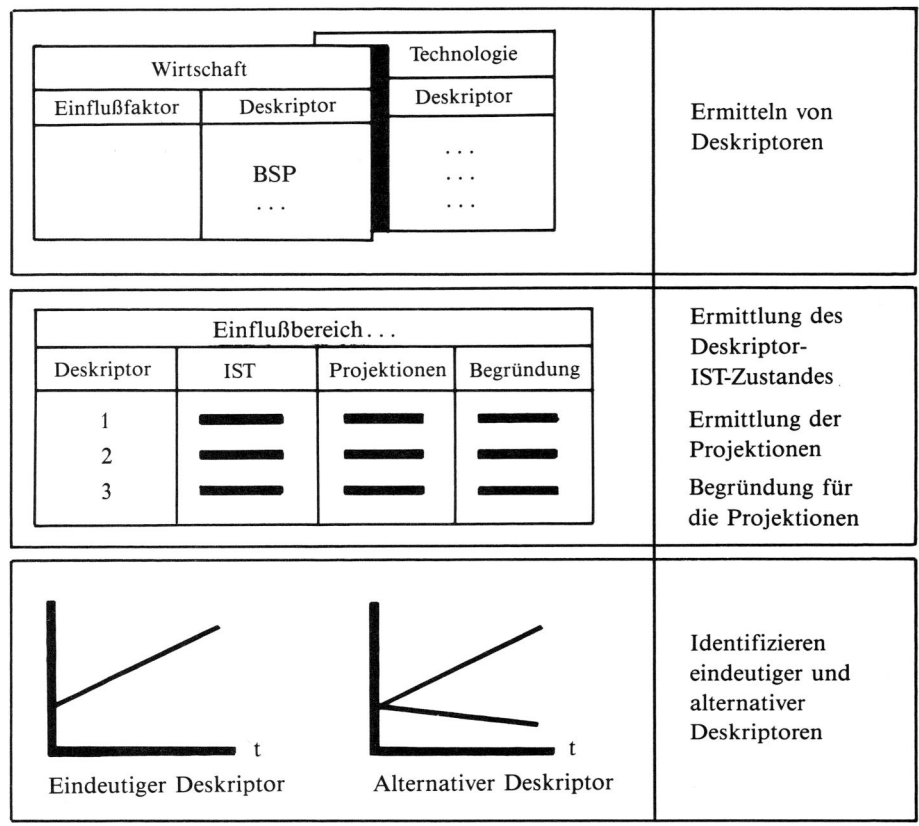

Abbildung 12: Schritt 3: Trendprojektionen

— Statt Marktwachstum oder Wirtschaftswachstum muß es heißen: Marktentwicklung und Wirtschaftsentwicklung.

Projiziert man beispielsweise Marktwachstum (also die nicht neutrale Formulierung) in die Zukunft, dann besteht die Gefahr, daß die Teilnehmer an etwas mehr oder etwas weniger Marktwachstum denken. Aber keiner käme auf die Idee, daß die Marktentwicklung sich auch rückläufig verhalten könnte. Experimente mit verschiedenen Teilnehmergruppen haben ergeben, daß die Gruppen um so besser in Alternativen für die Zukunft denken können, wenn der Deskriptor wertneutral formuliert ist. An dieser Stelle wird wieder einmal deutlich, wie sehr Sprache und sprachliche Formulierung das Denken des Menschen prägt. Es scheint fast so wie bei einem Zug, der auf einem bestimmten Gleis anfährt und nicht mehr die Richtung wechseln kann. In ähnlicher Weise scheinen wir uns auf bestimmten Denktrassen oder -straßen zu bewegen.

Gehen wir also davon aus, daß die Gruppe die Deskriptoren neutral formuliert hat und jetzt mit der weiteren Bearbeitung für die Zukunft beginnt. Dies sieht folgendermaßen aus: Als erstes wird der Deskriptor in seinem Ist-Zustand beschrieben, sofern dies in Schritt 2 noch nicht geschehen ist.

Hier kann man natürlich die im Unternehmen vorhandenen Informationen oder Marktanalysen zu Rate ziehen. Nach der Beschreibung des Ist-Zustandes projiziert man den Deskriptor in den nächsten Zeithorizont und fragt sich, ob man aus heutiger Sicht eine eindeutige Entwicklung bestimmen kann oder ob Unsicherheiten bezüglich der Zukunftsentwicklung bestehen. Im zweiten Fall ist es natürlich wichtig, Alternativen aufzuzeigen und zu begründen. Kann man für den ersten Zeithorizont eine eindeutige Entwicklung festlegen, dann muß auch diese fundiert begründet werden. Erst dann folgt der Sprung in den zweiten Zeithorizont. Auch hier wieder wichtig: Überall dort, wo Unsicherheiten bestehen, müssen Alternativen erarbeitet und fundiert begründet werden. Man erkennt also hier, ob es sich um einen Alternativdeskriptor oder einen eindeutigen Deskriptor handelt (Abb. 13 und 14).

Deskriptor + Ist-Zustand	Projektion 2000	Begründung für die Pro- jektion 2000	Projektion 2010	Begründung für die Pro- jektion 2010

Abbildung 13: Muster für die Projektion

Eindeutige Deskriptoren, z. B.:

Alternative Deskriptoren, z. B.:

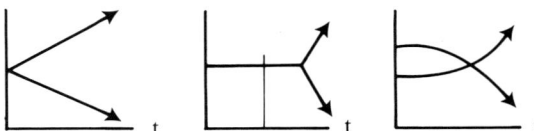

Abbildung 14: Verlauf eindeutiger und alternativer Deskriptoren

Anmerkung:

Ein eindeutiger Deskriptor muß nicht unbedingt einen geradlinigen, aufwärtssteigenden Verlauf in die Zukunft haben. Er kann sich auch nach unten entwickeln oder in Wellenbewegungen in die Zukunft (siehe Abb. 14). Entscheidend ist jedoch, daß es hierzu keine Alternativentwicklung („entweder oder"-Entwicklung) gibt.

Die Alternativdeskriptoren können sich bereits beim ersten Zeithorizont verzweigen oder erst beim zweiten Zeithorizont. Dies muß je nach Einzelfall genau analysiert werden. Des weiteren ist es möglich, daß eine Linie zunächst aufsteigt, dann aber sich nach unten entwickelt, eine andere zunächst nach unten geht und später sich nach oben entwickelt. Entscheidend für den Alternativdeskriptor im am weitesten entfernten Zeithorizont ist jedoch, daß es zwei deutlich unterschiedliche Entwicklungen geben könnte.

Wie kann man erkennen, ob es sich um einen eindeutigen oder einen alternativen Deskriptor handelt?

Ein Indikator dafür ist meistens die Gruppendiskussion: Wenn der Geräuschpegel ansteigt und die Diskussionen kontroverser und vielleicht manchmal auch emotionaler werden, dann liegt meistens eine Alternativentwicklung in der Luft. Hierbei sollte man eines berücksichtigen: Auch Minderheitenvoten für eine Alternative sollten nicht unterdrückt, sondern in die Szenario-Projektion mit eingearbeitet werden. Die Tatsache, daß der Boss der Meinung ist, es muß in eine ganz bestimmte Richtung gehen, ist noch kein Indikator für eine eindeutige Entwicklung. Hier ist sorgfältig zu prüfen, ob nicht eine andere Möglichkeit unter bestimmten Voraussetzungen entstehen kann. Ein Vorteil für die Gruppendiskussion ist, daß man sich hier nicht einigen muß, welche Entwicklung in der Zukunft kommt bzw. die wahrscheinlichste ist. Abgesehen davon, kann keiner von uns heute sagen, was für die Zukunft richtig oder wahrscheinlich ist, weil wir heute die Bewertungskriterien für die Zukunft noch nicht haben.

Wir sollten also hier von Wahrscheinlichkeitsbewertungen Abstand nehmen und uns einfach darüber klar werden, welche Möglichkeiten und Alternativen die Zukunft für uns bereithält.

Eine Hilfe bei der Erarbeitung von Projektionen sind alle Arten von Marktinformationen, Technologieinformationen, Prognosen etc., die oft eine gute Hilfe für die Begründung geben. Die Empfehlung lautet jedoch: Auf keinen Fall nur *eine* Prognose eines Institutes verwenden, sondern am besten gleich mehrere zum gleichen Thema; dadurch erhält man automatisch Alternativprojektionen, da nicht alle Institute von der gleichen Ausgangsvoraussetzung und der gleichen Entwicklungsgeschwindigkeit bzw. Veränderungsrate ausgehen.

Schritt 4: Alternativenbündelung

> Ziel dieses Schrittes ist es, die verschiedenen Alternativentwicklungen, die in Schritt 3 identifiziert wurden, untereinander auf ihre Konsistenz bzw. Verträglichkeit und Logik zu überprüfen.

Dies kann auf zweierlei Arten erfolgen. In Seminaren wird man die verschiedenen Alternativen gegenüberstellen und ganzheitlich intuitiv in sich konsistente Bündel herauskristallisieren. Bei komplexen Problemen (mehr als 12 bis 15 Deskriptoren) empfiehlt es sich, eine detaillierte Analyse mit Hilfe einer sogenannten Konsistenzmatrix durchzuführen (Abb. 16).

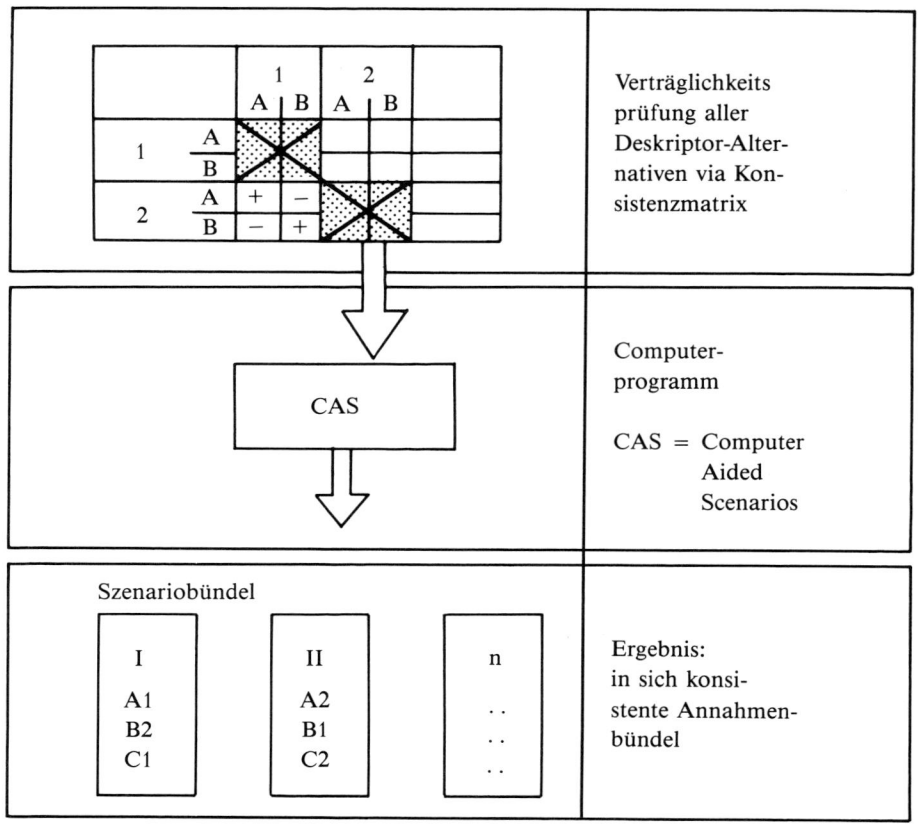

Abbildung 15: Schritt 4: Alternativenbündelung

Bei einer detaillierten Konsistenzanalyse, die in einer sogenannten Konsistenzmatrix mündet, sollte sich die Gruppe folgende Fragen stellen:

1. Haben die beiden in einem Feld zusammentreffenden alternativen Ausprägungen eines Deskriptors eine direkte Korrelation? Wenn nein, bedeutet dies die Bewertung 0 = neutral, keine direkte Beziehung. Wenn eine Beziehung zwischen zwei Alternativ-Ausprägungen besteht, dann lauten die nächsten Fragen:
2. Ist diese Beziehung konsistent, widerspruchsfrei, oder widerspricht sie sich? Wenn die Beziehung konsistent ist, dann bedeutet dies eine Bewertung im Plus-Bereich.

Konsistenzmatrix			1 a	1 b	2 a	2 b	3 a	3 b	4 a	4 b	5 a	5 b	6 a	6 b	7 a	7 b	8 a	8 b	9 a	9 b	10 a	10 b	11 a	11 b
1) Neue Technologien	a)	Erfolg	x																					
	b)	Flop																						
2) Wirtschaftsent- wicklung	a)	Wachstum	2	0		x																		
	b)	Rückgang	0	1																				
3) Strukturwandel	a)	Erfolg	2 −1	2	2	0		x																
	b)	Flop	−1	2	0	2																		
4) Arbeitslosen- quote	a)	höher	0	1	2	0	2	0	1					x										
	b)	niedriger	1	0	2	−1	−1	1	0															
5) Einstellung der Gesellschaft zur Technik	a)	Akzeptanz	2	0	1	0	2	0	−1	1		x												
	b)	Ablehnung	−1	1	−1	1	−1	2	1	0														
6) Gesetzgebung	a)	liberal	1	0	0	0	0	0	0	0	0	0		x										
	b)	verschärft	0	1	1	1	0	0	0	0	0	0												
7)	a)															x								
	b)																							
8)	a)																	x						
	b)																							
9)	a)																			x				
	b)																							

Abbildung 16: Beispiel einer Konsistenzmatrix

3. Ist diese Beziehung konsistent und widerspruchsfrei mit Verstärkung oder ohne Verstärkung?

Ist sie konsistent ohne Verstärkung, vergibt man den Wert + 1; ist sie konsistent mit wechselseitiger Verstärkung, dann wird der Wert + 2 eingesetzt.

Ist eine Beziehung inkonsistent, dann lautet die Frage:

4. Ist sie teilweise oder absolut inkonsistent/widersprüchlich? Bei teilweiser Inkonsistenz vergibt man die Wertung − 1; bei absoluter Inkonsistenz − 2.

Hierbei ist zu berücksichtigen, daß es relativ leicht ist, aus heutiger Sicht zukünftige Synergie-Effekte zu ermitteln. (+ 2-Bewertung), jedoch relativ schwierig für die Zukunft bereits heute festzulegen, welche Korrelationen sich absolut ausschließen. Daher werden in der Realität die Bewertungen − 1 öfter vergeben als − 2.

Nach Ausfüllen der Konsistenzmatrix, was mit Hilfe eines Formularbogens und detaillierter Begründungen erfolgt, werden die Daten der Konsistenzanalyse in ein Rechnerprogramm eingegeben (Details siehe Kapitel 7), das folgende Aufgaben erfüllt:

1. Berechnung aller Szenario-Bündel, die theoretisch möglich sind.
2. Auswahl von solchen Szenarien, die eine größtmögliche Konsistenz besitzen.
3. Auswahl von solchen Szenarien aus den konsistentesten, die eine interne Stabilität besitzen.

   Interne Stabilität bedeutet, daß diese Szenarien sich unter Einfluß von Störungen nicht in Richtung einer größeren Konsistenz verbessern und damit über einen längeren Zeitraum Gültigkeit haben. Instabilität des Szenarios bedeutet, daß es sich unter Einfluß von Störgrößen in Richtung einer höheren Konsistenz verändert.

   Der Zweck der Planung besteht darin, Szenarien zu generieren, die eine größtmögliche Stabilität besitzen, damit man sich auf solche Szenarien in der Planung einstellt, die für einen längeren Zeitraum Gültigkeit haben, und sich nicht auf Szenarien konzentriert, die nur eine kurze Beleuchtung einer Augenblickssituation in der Zukunft sein könnten (instabile Szenarien).

4. Auswahl von zwei Szenarien, die möglichst unterschiedlich sind. Nach den vorherigen Analysen selektiert man die übriggebliebenen Szenarien nach dem Kriterium der Unterschiedlichkeit, dann bleiben oft nur

sehr wenige Szenario-Paare übrig, die in einem Optimum den Kriterien Konsistenz, Stabilität und Unterschiedlichkeit entsprechen; in vielen Fällen sind es oft nur zwei Szenarien, die diesen Kriterien optimal genügen.

Durch diese Art der Analyse wird noch einmal die bereits von der Shell in den 70er Jahren getroffene Aussage, daß zwei Szenarien genügen, unterstützt.

Eine weitere Möglichkeit, die Konsistenz- und Stabilitätsanalyse zu überprüfen, ist eine sogenannte Cluster-Analyse. An dieser Stelle sollte jedoch nicht der Eindruck entstehen, daß Szenarien nur dann sinnvoll und richtig entwickelt werden können, wenn man ein solches Computerprogramm zur Verfügung hat. Die Praxis zeigt, daß die meisten Szenarien *intuitivganzheitlich* gebündelt werden und zu erfolgversprechenden Strategien führen.

Schritt 5: Szenario-Interpretation

> Ziel dieses Schrittes ist es, auf der Basis der in Schritt 4 erfolgten Konsistenzanalyse (Ergebnis: in sich konsistente, stabile, aber sehr unterschiedliche Szenarien) unter Hinzuziehung der in Schritt 3 ermittelten eindeutigen Deskriptoren und unter Berücksichtigung der Ergebnisse aus der Vernetzungsanalyse die Szenarien auszugestalten und zu interpretieren.

Die rechnergestützten Methoden erlauben auch eine Bewertung der eindeutigen Deskriptoren im Hinblick auf die Alternativ-Deskriptoren und ihre Verträglichkeit. Es ist eine Frage des Aufwandes, den ein Unternehmen in eine solche Szenario-Erarbeitung hineinstecken will, ob man die Bewertung der eindeutigen Deskriptoren per Rechnerprogramm durchführt, oder ob man sie manuell hinzuschaltet, qualitativ interpretiert und an die strukturprägenden Alternativdeskriptoren anpaßt.

Die Schwierigkeit der Szenario-Interpretation liegt darin, daß die Szenarien sich nicht statisch in die Zukunft hineinentwickeln, sondern eine gewisse Eigendynamik haben. Z. B. kann es sein, daß aufgrund einer bestimmten Szenario-Konstellation Reaktionen (z.B. Aktivitäten des Gesetzgebers, einiger Wettbewerber oder Abnehmer bzw. gesellschaft-

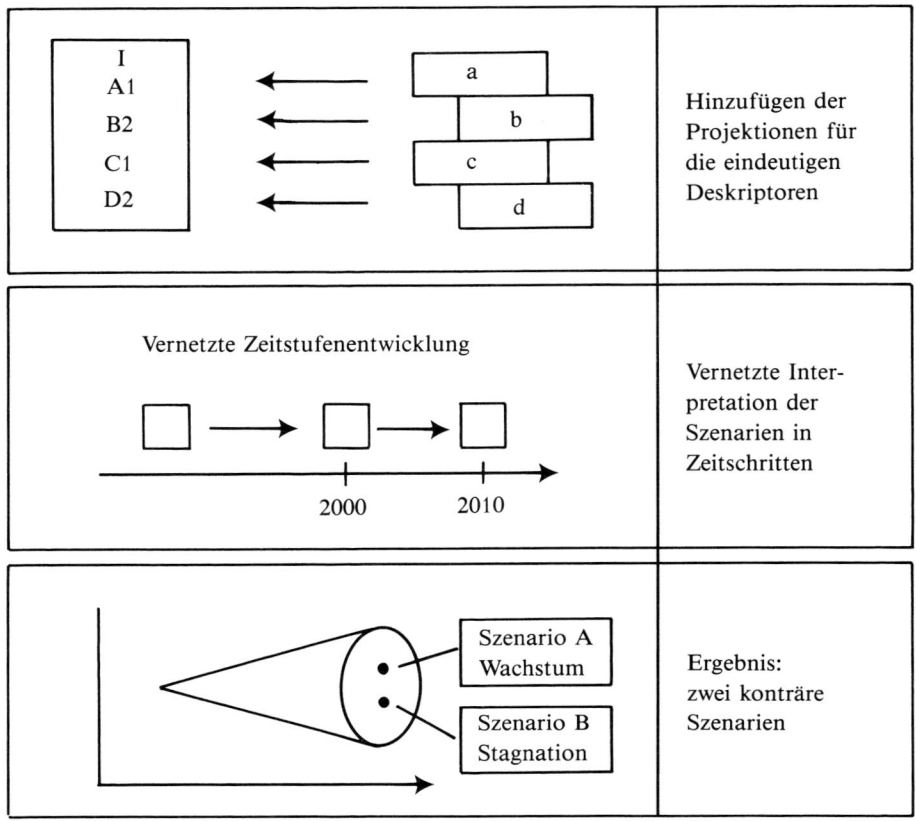

Abbildung 17: Schritt 5: Szenario-Interpretation

licher Gruppierungen) hervorgerufen werden, die zu neuen Entwicklungen im jeweiligen Szenario führen können. Diese Veränderungen müssen bei der Szenario-Interpretation mit berücksichtigt und verarbeitet werden. Auf der anderen Seite führt eine solche dynamische Betrachtungsweise zu mehr Plausibilität und erhöht die Identifikationsbereitschaft der Planer mit den Szenarien.

Ergebnis dieses Schrittes sind zwei konträre, aber in sich sehr logisch-stimmige und plausible Szenarien bzw. Zukunftsbilder. Die Szenario-Paare können zur besseren Charakterisierung mit Titeln oder Überschriften versehen werden, z. B.:

- progressives und konservatives Szenario
- optimistisches und pessimistisches Szenario
- Haben- und Sein-Szenario
- Kontinuitäts- und Diskontinuitäts-Szenario
- Harmonie- und Disharmonie-Szenario
- Ökologie- und Ökonomie-Szenario
- Friedens- und Krisen-Szenario

Die Liste solcher konträrer Szenario-Überschriften kann beliebig fortgesetzt werden; sie spiegelt in der Regel den Tenor der Szenarien wider und entspricht den für das betroffene Unternehmen wichtigsten Planungsaspekten.

An dieser Stelle empfiehlt es sich, noch einmal eine Systemanalyse analog Schritt 2 durchzuführen, also eine Vernetzungsanalyse und ein System-Grid für die jeweiligen unterschiedlichen Szenarien zu erstellen. Während in Schritt 2 die Einflußfaktoren mit ihrer *gegenwärtigen* Ausprägung die Basis für die Vernetzungsanalyse gebildet haben, sind im Schritt 5 die Szenarien in ihrer unterschiedlichen Zukunftsprägung der inhaltliche Bezugspunkt für die Analyse. Hierdurch läßt sich folgendes ermitteln:

1. Unterschied der Szenarien zur gegenwärtigen Situation und die Dynamik der Weiterentwicklung von der Gegenwart in eine Zukunft A oder B.
2. Unterschied zwischen den beiden Zukunftsszenarien und ihrer Systemdynamik.

Die Ergebnisse dieser Systemanalyse werden noch einmal in Schritt 8 (Szenario-Transfer) zu den Parametern der Leitstrategie rückgekoppelt, um sicherzustellen, daß die Leitstrategie hauptsächlich auf dem Systemverhalten der aktiven Einflußbereiche aufbaut und diese für das Unternehmen optimal genutzt werden.

Empfehlung für die Praxis:

Versuchen Sie bitte nie, mit einem Szenario-Team gemeinsam die Szenarien zu formulieren, denn es gibt nichts Frustrierenderes und Effizienzloseres, als eine Gruppe für Formulierungsarbeiten einzusetzen. Dies dauert überproportional lange und bringt relativ wenig gute Ergebnisse. Daher die Empfehlung, daß der Szenario-Moderator, evtl. in Zusammenarbeit mit einem Teammitglied aus der Gruppe, die Szenarien vorformuliert, das Ganze schriftlich festhält und der Gruppe die Szenarien vorstellt.

Das Team hat dann Gelegenheit, die Szenarien entsprechend zu redigieren, d. h. Formulierungen zu ändern, Aspekte zu streichen oder hinzuzufügen. Wichtig beim Redigieren ist jedoch, daß die berechnete Szenario-Grundstruktur nicht verändert wird.

Hierzu ein Beispiel: Wenn ein Szenario von der Prämisse einer ungünstigen Wirtschaftssituation ausgeht, dann kann das Team nicht diese ungünstige Wirtschaftssituation in eine positive ändern, denn dann würde der Rest des gesamten Szenarios nicht mehr zu dieser Wirtschaftsaussage passen.

Schritt 6: Konsequenzanalyse

> Ziel dieses Schrittes ist es, auf der Basis der Szenarien, mögliche Chancen und Risiken für ein Unternehmen abzuleiten, diese zu bewerten und sie mit geeigneten Maßnahmen/Aktivitäten zu versehen.

Die Abbildungen 19 und 20 zeigen, wie man sich diese Vorgehensweise vorstellen kann.

Chancen und Risiken bilden die Brücke zwischen den beiden Szenario-Aussagen und dem Unternehmen. Die Aktivitäten beinhalten, daß Chancen so früh und so gut wie möglich genutzt werden und Risiken soweit wie möglich vermindert oder in Chancen umgemünzt werden. Darüber hinaus ist zu beachten, ob diese Chancen und Risiken kurz- bis mittelfristig oder mittel- bis langfristig relevant sein können bei Szenarien mit mehreren Zeithorizonten wie z. B. 2000 und 2010. Des weiteren wird bewertet, wie wichtig Chancen/Risiken für das Unternehmen sind.

Der Schritt 6 (Konsequenzanalyse) ist der wichtigste der gesamten Szenario-Bearbeitung für die Planung, da in diesem Schritt eine zukunftsorientierte Stoffsammlung entwickelt werden muß, auf deren Basis später die Leitstrategie erarbeitet wird. Ein Problem hierbei ist das Handikap von Erfahrungen und Vergangenheitswissen sowie Verhaltensweisen in einem Unternehmen. Daher ist es oft erforderlich, eine kleine kreative Zwischenübung an dieser Stelle einzuschieben, um die Teilnehmer des Workshops geistig zu lockern. Dies kann man vergleichen mit einem Sportler vor einem Wettkampf, der erst eine Reihe von Muskellockerungsübungen macht, ehe er an den Start geht.

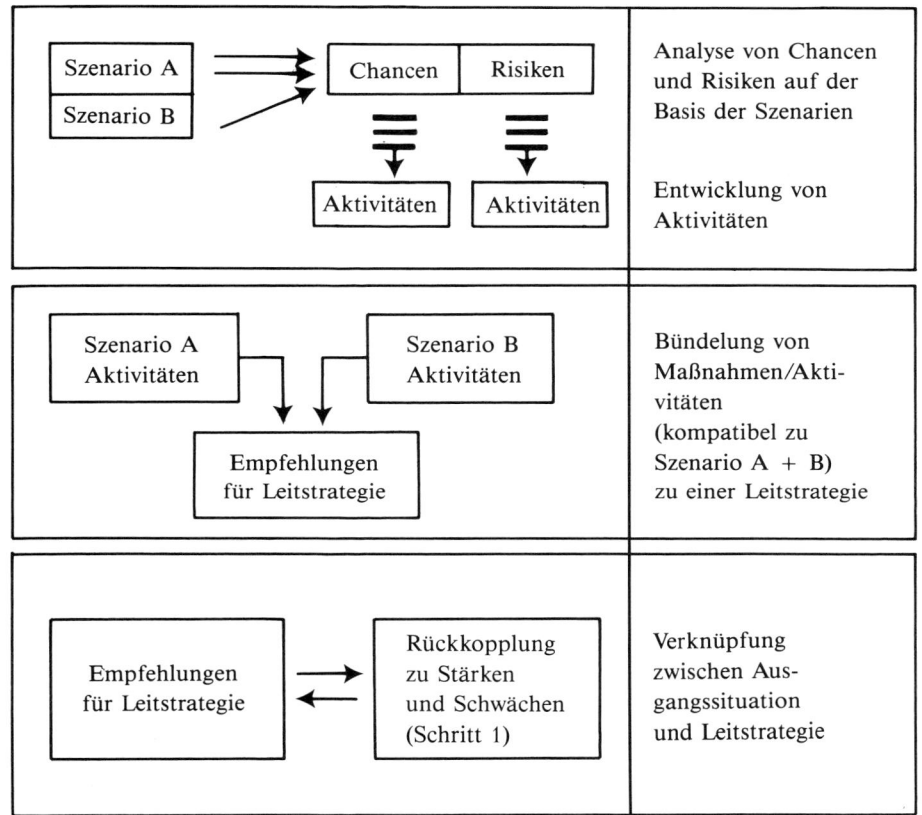

Abbildung 18: Schritt 6: Konsequenzanalyse

Trotzdem passiert es immer wieder, daß Aussagen wie: „das haben wir noch nie gemacht", „das geht nicht in unserem Unternehmen", „das kostet zuviel", „was sagt der Vorstand" etc. zu hören sind. Hierbei muß man die Teilnehmer immer wieder darauf hinweisen, daß es darum geht, kreativ aus möglichen Zukunftsentwicklungen innovative Ansätze für das Unternehmen abzuleiten, ungeachtet der Tatsache, was sie letztendlich kosten, und wie die Meinung des Vorstandes dazu ist. Ganz wichtig ist also hierbei die klare Trennung zwischen kreativer Aktivitätenentwicklungen und der späteren Bewertung. Versucht man beides zu mischen, dann kommt weder eine gute Ideenentwicklung, noch eine gute Bewertung heraus. Dies muß den Teilnehmern vor Beginn dieser Arbeit und zum großen Teil auch während der Arbeit immer wieder deutlich gemacht werden. Wenn eine

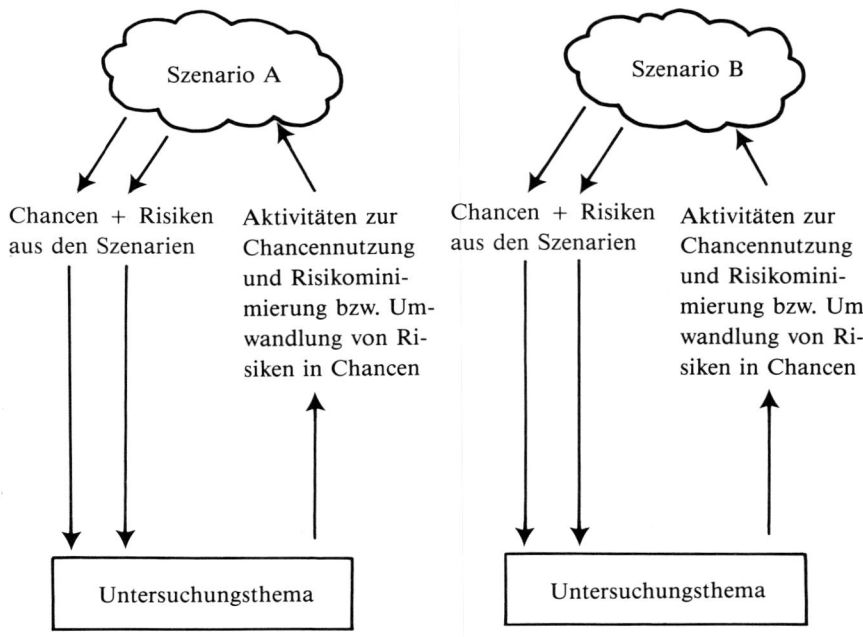

Abbildung 19: Verknüpfung zwischen Szenarien und Untersuchungsthema

Szenario ...

Deskriptor	Chancen (C) Risiken (R)	Zeit *	Priorität **	Aktivitäten zur Chancennutzung, Risikominimierung oder -eingrenzung bzw. Umwandlung von Risiken in Chancen

* C/R kurzfristig   ** 1 = entscheidend
* C/R mittelfristig   2 = wichtig
   C/R langfristig   3 = weniger wichtig

Abbildung 20: Vorgehensraster zur Konsequenzanalyse

Gruppe zu sehr gedanklich an der Vergangenheit „klebt", dann sollte man mit den sogenannten Provokationstechniken des lateralen Denkens (Edward de Bono) arbeiten, die erfahrungsgemäß alteingefahrene Denktrassen aufbrechen.

Weiterhin wichtig ist, daß die Aktivitäten nicht aus Allgemeinplätzen wie z. B. „Marketing", „Strategie", „mehr Budget", „mehr Personal" etc. bestehen, sondern *konkrete, detaillierte* Aktivitäten aufzeigen.

Da hierdurch Grundlagen für die zukünftige Leitstrategie entwickelt werden, sollte man auch einen größeren Zeitbedarf für diese Arbeiten vorsehen.

Aus den unterschiedlichsten Ergebnissen der Konsequenzanalyse (einmal auf der Basis von Szenario A und einmal auf der Basis von Szenario B) versucht man in einer Zwischenphase (dies geschieht ohne Mitwirkung des Gesamt-Szenario-Teams), eine vorläufige Leitstrategie zu generieren (Details zur Leitstrategie siehe Schritt 8 – Szenario-Transfer).

Schritt 7: Störereignisanalyse

> Ziel dieses Schrittes ist es, mögliche externe und interne, abrupt auftretende Ereignisse, die Unternehmen erheblich beeinflussen oder verändern können (im positiven wie im negativen Sinn) zu sammeln, ihre Signifikanz (Bedeutung) zu bewerten und mit entsprechenden Präventiv- (vorbeugenden) und Reaktivmaßnahmen (Krisenplänen) zu versehen.

Eine Wahrscheinlichkeitsbewertung der gesammelten Störereignisse sollte nicht vorgenommen werden, da die Erfahrung zeigt, daß Störereignisse, die für ein Unternehmen besonders gefährlich sein können, vom Szenario-Team in der Regel als relativ unwahrscheinlich eingestuft werden.

Um die Gefährlichkeit von solchen Wahrscheinlichkeitsbewertungen zu verdeutlichen, einige Beispiele.

Ein Nuklear-GAU wie Tschernobyl hatte nach Aussagen der Experten eine Wahrscheinlichkeit von unter einem Prozent und war – wie man glaubte – daher für die relevanten Unternehmen vernachlässigbar. Der Fall Tschernobyl ist tatsächlich eingetreten und hat bei einigen, aber nicht bei allen Unternehmen zu einem Umdenken bezüglich Wahrscheinlich-

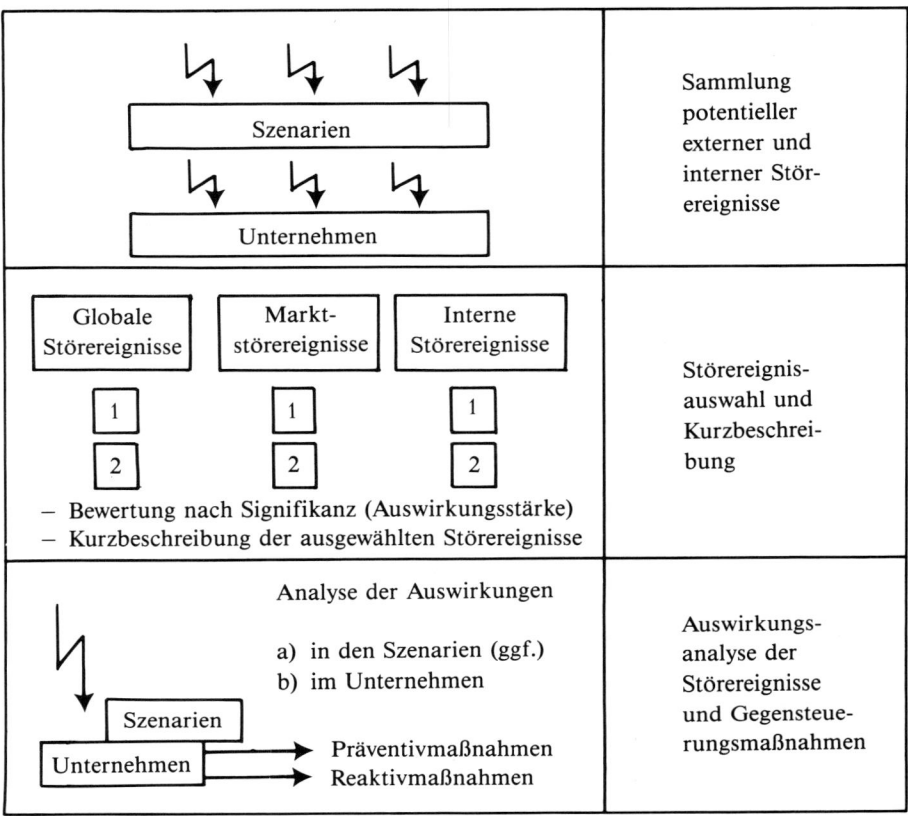

Abbildung 21: Schritt 7: Störereignisanalyse

keitsberechnungen geführt. Dies zeigt sehr deutlich, daß nicht die *Wahrscheinlichkeit*, sondern die *Auswirkungsstärke* das Kriterium für die Berücksichtigung von Störereignissen sein muß.

Wenn jemand zu Beginn des Jahres 1989 die These aufgestellt hat, daß am Ende dieses Jahres sich die politischen Systeme in Osteuropa deutlich in Richtung Demokratisierung und Marktwirtschaft verändert hätten, und daß Deutschland 1990 vereint wird, dann wäre derjenige sicher als politischer Phantast und Spinner von den anderen abgetan worden. Das, was jeder von uns für absolut unwahrscheinlich hielt, ist aber in überraschend kurzer Zeit eingetroffen.

Daher genügt es für die Auswahl von Störereignissen, sich auf die *Signifikanz*bewertung zu beschränken, d. h. im Klartext, daß man solche Störereignisse betrachtet, die einen *entscheidenden* Einfluß auf das Unternehmen haben könnten bzw. das Unternehmen in schwerwiegende Probleme bringen könnten.

Eine Beobachtung aus der Praxis hat gezeigt, daß Unternehmen solche Störereignisse, die für sie eine sehr unangenehme oder existenzgefährdende Auswirkung hätten, als sehr unwahrscheinlich eingestuft haben, so daß diese nicht mehr in die nähere Detailanalyse mit einbezogen wurden. Dies entspricht einer typischen menschlichen Schwäche nach dem Motto: Weil nicht sein kann, was nicht sein darf.

Nachdem die Frage der Auswirkungsstärke geklärt ist und man die wichtigsten Störereignisse für die weitere Bearbeitung ausgewählt hat (es empfiehlt sich, möglichst Störereignisse aus verschiedenen Bereichen, z. B. Wirtschaft, Technologie, Gesellschaft, Gesetzgebung, Politik, Absatzmarkt, Beschaffungsmarkt, Wettbewerb und unternehmensinterne Ereignisse zu analysieren), werden die ausgewählten Ereignisse kurz definiert. Diese Definition ist wichtig, damit man die Auswirkungen erkennt; falls die Definition entfällt, kommt es oft zu Mißverständnissen in der Analyse der Auswirkungen. Hierbei sollte man jedoch nicht den Fehler begehen, besonders unangenehme Störereignisse in der Definition zu verharmlosen.

An dieser Stelle wird oft gefragt, ob man auch katastrophenartige Ereignisse wie Krieg in Europa, 3. Weltkrieg oder ähnliches, berücksichtigen sollte. Meine Empfehlung geht dahin, solche Ereignisse aus der Betrachtung auszuschließen, (diese sollten den militärischen und politischen Szenarien vorbehalten werden), da ein Unternehmen oder eine Organisation hierfür kaum Präventiv- oder Reaktivmaßnahmen erarbeiten kann. Außerdem würde dies nur zu einer fatalistischen Haltung führen und die Bearbeitung von für das Unternehmen relevanten Ereignissen negativ beeinflussen. Neben solchen Globalkatastrophen, an die man bei dem Wort Störereignis als erstes denkt, gibt es jedoch eine Vielzahl von ernst zu nehmenden, weniger spektakulären Störereignissen, mit denen sich ein Unternehmen auseinandersetzen sollte.

Die Auswirkungsanalyse der Störereignisse wird wie folgt durchgeführt. Wenn ein Störereignis die Szenarien betrifft und verändert (dies ist in der

Regel bei Ereignissen aus Wirtschaft, Technologie, Gesellschaft, Politik und Gesetzgebung der Fall), dann werden sowohl die Auswirkungen in den Szenarien als auch im Unternehmen betrachtet. Bei solchen Ereignissen können sich die Szenarien in eine andere Richtung entwickeln (gestörte Szenarien). Störereignisse aus dem marktnahen Bereich verändern in der Regel lediglich den Szenarioteil Absatzmarkt, Beschaffungsmarkt und Wettbewerb und haben Auswirkungen auf das Unternehmen. Bei der Auswirkungsanalyse für das Unternehmen gilt es, sowohl die Auswirkungen der Szenario-Änderungen (indirekte Auswirkungen) als auch die direkten Störereignisauswirkungen auf das Unternehmen zu berücksichtigen.

Darüber hinaus kann ein solches Beschäftigen mit Störereignissen auch zu einer Sensibilisierung des Managements in Richtung Störereignisse führen und als eine Art Krisentraining genutzt werden: Wie kann man mit solchen Störungen umgehen? Und die entscheidende Frage: Was kann man noch für das Unternehmen an entsprechenden Vorteilen aus Störereignissen herausholen. Bereits Seneca hat gesagt: „Wenn man will, daß die Soldaten in der Schlacht nicht zittern, dann soll man sie vor der Gefahr entsprechend trainieren." Diese alte Weisheit läßt sich auf Unternehmen übertragen, und es wäre eine Minimum-Anforderung an die Unternehmen, ihre Führungskräfte im Umgang mit solchen Störereignissen rechtzeitig und *vor* dem Eintreten zu trainieren.

Ein weiterer Vorteil der Störereignisanalyse ist, daß man hierbei deutlich die Schwachstellen eines Unternehmens erkennt (Verwundbarkeitsanalyse in der klassischen strategischen Planung). In vielen Fällen zeigen unterschiedliche Störereignisse und deren Analyse, daß ganz bestimmte Bereiche eines Unternehmens immer wieder betroffen werden. Die Konsequenz für das Unternehmen heißt dann, so schnell wie möglich gezielt an der Beseitigung dieser Schwachstellen zu arbeiten.

Präventivmaßnahmen bedeuten in erster Linie: Wie kann man ein Unternehmen oder einen Bereich oder ein Produkt gegenüber möglichen Störungen stabiler machen und immunisieren? Gerade bei globalen Störereignissen haben die meisten Unternehmen erkannt, daß es nicht möglich ist, diese zu verhindern. Doch dann sollte man nicht resignieren, sondern sich überlegen: Kann man das eigene Unternehmen, eine Unternehmensgruppe oder eine Produktgruppe gegenüber solchen Störereignissen immun machen? Dies bedeutet, daß ein Unternehmen intern alle Maß-

Störereignis und Störereignis-Definition	Störereignis-auswirkungen im Szenario	Störereignis-auswirkungen auf das Untersuchungsthema (direkt und indirekt)	Präventivmaßnahmen (absichernd und/oder verhindernd)	Reaktiv-maßnahmen (Krisenpläne)

Abbildung 22: Vorgehensraster zur Störereignisanalyse

nahmen trifft, um beim Eintritt solcher Störereignisse nicht in eine gravierende Krise zu kommen. Dabei kann man oft feststellen, daß das Beschäftigen mit Störereignissen beim Szenario-Team zu neuen Ideen führt, die gleichzeitig auch eine Chance für das Unternehmen bedeuten können.

Typische Präventivmaßnahmen zu Störereignissen sind z. B. Risikostreuung in der Kundengruppe (sich nicht abhängig machen von wenigen Abnehmern, sondern versuchen, eine breitere Abnehmergruppe zu erreichen) und Diversifikationsideen verschiedenster Art, die den Geschäftszweck des Unternehmens auf eine breitere Basis stellen, so daß durch den Wegfall eines Standbeins nicht das gesamte Unternehmen gefährdet wird. Weitere typische Störereignis-Maßnahmen sind: Suche nach Alternativ-Lieferanten-, Alternativ-Substanzen und -Produkten.

Präventivmaßnahmen zu internen Störereignissen des Unternehmens bedeuten in den meisten Fällen: Wie kann man ein solches Störereignis verhindern oder vermeiden, daß es überhaupt eintritt oder es zu einer durch das Störereignis ausgelösten Krise kommt? Durch eine solche Überlegung können Schwachstellen des Unternehmens sehr deutlich werden. Die Erfahrung zeigt, daß die Unternehmen oft ihre Störereignisse, die durch externe Ereignisse verstärkt werden, selbst produzieren. In vielen Fällen heißt das für die Unternehmen, jetzt einmal die sogenannten „Leichen im Keller" herauszuholen, d. h. also: Wo haben wir die Weichen für mögliche Störereignisse gestellt, die uns sehr hart treffen könnten? Z. B. Qualitätsmängel bei bestimmten Produkten, die später zu einem Produktskandal, erhöhter Produkthaftpflicht und Zurücknehmen des Produktes vom Markt führen können. Oder das Einlassen auf sehr lukrative, aber moralisch bedenkliche Geschäfte wie Giftgas und Waffen für Krisengebiete oder unberechenbare Diktatoren. Dabei läuft man Gefahr, daß clevere Journalisten dahinterkommen und das ganze medienwirksam an die Öffentlichkeit bringen.

Als generelle Präventivmaßnahme werden außerdem Notfallprogramme für bestimmte Ereignisse im Unternehmen vorbereitet, die dann beim Eintritt des Störereignisses aktiviert und umgesetzt werden. Hierzu gehören auch PR-Notprogramme, die man nicht erst dann verfaßt, wenn das Störereignis eingetreten ist, sondern vorher.

Die Präventivmaßnahmen werden später in die Leitstrategie integriert, damit sie auch tatsächlich umgesetzt werden können. Hierbei geht man so vor, daß man zunächst alle Präventivmaßnahmen vergleicht. Dabei stellt sich heraus, daß es Präventivmaßnahmen gibt, die bei einer Reihe von Störereignissen helfen können. Diese werden mit größter Priorität in die Leitstrategie integriert. Relativ außergewöhnliche bzw. „exotische" Präventivmaßnahmen, die z. B. nur zu einem Störereignis passen, werden evtl. mit einer geringeren Priorität in der Leitstrategie berücksichtigt. Die Erfahrung zeigt, daß viele Unternehmen Präventivmaßnahmen nur dann sinnvoll umsetzen, wenn diese auch in der Leitstrategie, die sie ohnehin umsetzen müssen, integriert sind. Wenn man nicht so vorgeht, dann besteht die Gefahr, daß diese Präventivmaßnahmen vergessen oder vernachlässigt werden, nach dem Motto: „Wir können uns doch nicht vorstellen, daß so etwas passiert" oder „Das halten wir für absolut unwahrscheinlich".

Reaktivmaßnahmen auf Störereignisse kann man auch als Krisenpläne bezeichnen. In vielen Unternehmen herrscht heute die Meinung, daß man solche Krisenpläne auch immer noch bei Eintreten des Ereignisses abfassen kann. Die Erfahrung zeigt jedoch, daß es wesentlich sinnvoller ist, sich einmal über mögliche Krisen *vorher* Gedanken zu machen und bereits im Konzept eine entsprechende PR-Mitteilung an die Medien zu verfassen, die dann, falls ein solches Ereignis eintreten sollte, weitergeleitet wird. Die im vorhinein abgefaßten PR-Mitteilungen sind in der Regel deutlich besser als die, die unter dem Druck der Ereignisse abgegeben werden und oft eher zur Schädigung des Unternehmens-Images als zu einer Verbesserung der Reputation beitragen.

Schritt 8: Szenario-Transfer

> Ziel dieses Schrittes ist es, auf der Basis der in Schritt 6 erarbeiteten Aktivitäten zu Chancen und Risiken eine Leitstrategie zu formulieren, eventuell Alternativstrategien festzulegen und ein Umfeldbeobachtungssystem zu etablieren.

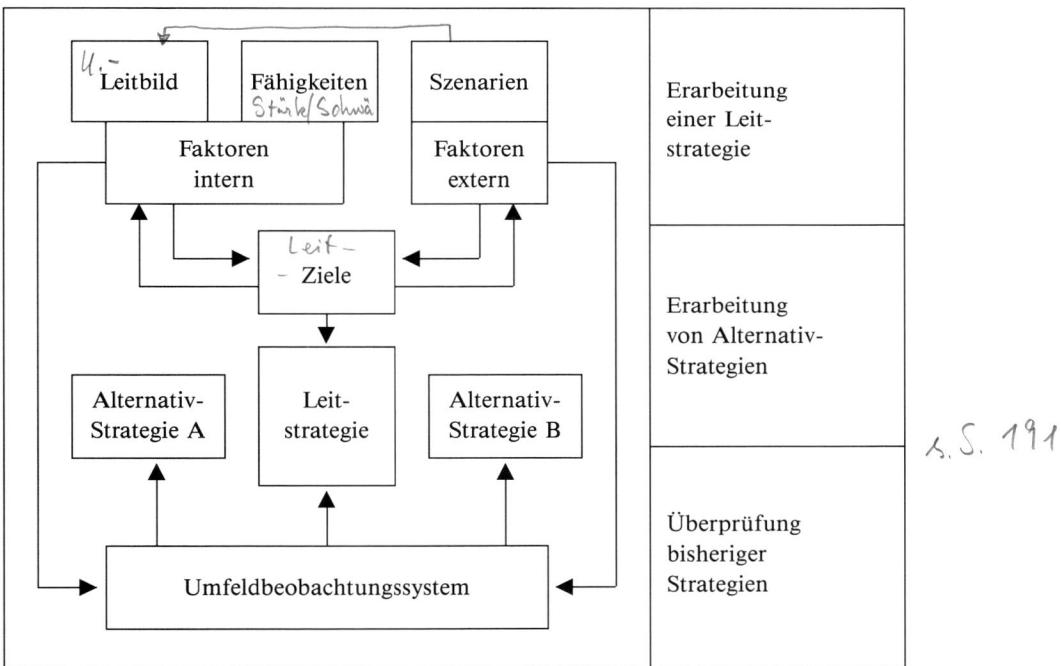

Abbildung 23: Schritt 8 – Szenario-Transfer

Hierbei muß noch einmal zu den Ergebnissen des Schrittes 6 (Konsequenzanalyse) rückgekoppelt werden. Auf der Basis gleichartiger und innovativer Aktivitäten wird jetzt eine Leitstrategie formuliert.

Gleichartige Aktivitäten (kleinster gemeinsamer Nenner) zu beiden Szenarien sind jedoch noch zu wenig, um eine fundierte Leitstrategie zu ent-

65

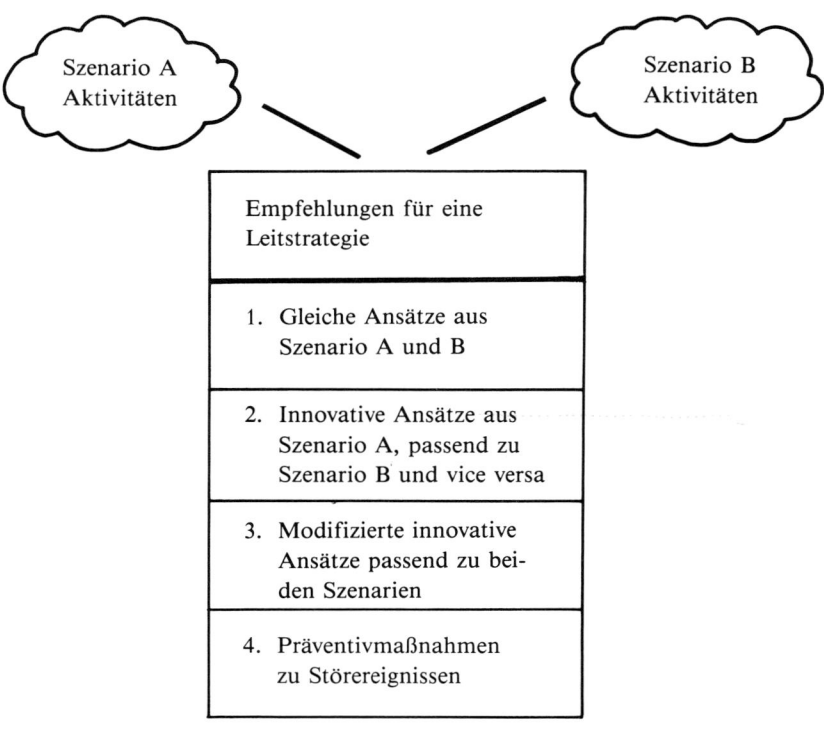

Abbildung 24: Entwicklung einer Leitstrategie

wickeln. Man analysiert also jetzt weiterhin Aktivitäten, die besonders attraktiv und innovativ sind, und prüft, ob eine Idee, die beispielsweise von der Gruppe Szenario A erarbeitet wurde, auch unter den Rahmenbedingungen von Szenario B und umgekehrt wirksam wäre. Auf diese Weise lassen sich etwa zwei Drittel der Aktivitäten aus Schritt 6 in eine Leitstrategie integrieren. Gegebenenfalls ist eine Umformulierung der Aktivitäten vorzunehmen, um sie zu beiden Szenarien kompatibel zu machen. Hierbei muß man darauf achten, daß der Innovationsgehalt einer Idee oder Aktivität beim Umformulieren nicht verloren geht. Die Aktivitäten, die jetzt als Rest zu den beiden Szenarien A und B übrigbleiben, bilden die Basis für die Alternativstrategien A und B. Die Alternativstrategien A und B sind eine Ergänzung bzw. Präzisierung zur Leitstrategie, falls Szenario A oder B Realität wird.

In vielen Fällen hat sich gezeigt, daß Alternativ-Strategien, die maßgeschneidert sind für Szenario A und B nur dann relevant sind, wenn die

Szenarien einen relativ langen Zeithorizont (z. B. 15 Jahre, 20 Jahre und darüber hinaus) haben. In diesem Fall ist es immer sinnvoll, geeignete Alternativstrategien A und B zu erarbeiten. Bei Szenarien, die z. B. einen Zeithorizont von 10 Jahren abdecken, erübrigt sich in den meisten Fällen das Entwickeln von Alternativstrategien zu den Szenarien A und B.

Zur weiteren Absicherung der Leitstrategie gegen mögliche externe und interne Störereignisse werden die in Schritt 7 erarbeiteten Präventivmaßnahmen zu den Störereignissen in die Leitstrategie integriert.

Die Leitstrategie wird dann untergliedert nach den verschiedenen Aufgaben und Funktionsbereichen des Unternehmens, so daß jeder Bereich konkrete Handlungsanweisungen bezüglich der Leitstrategie enthält, z. B.:

Allgemeine Untergliederung einer Leitstrategie:

1. Generelle Ausrichtung des Unternehmens
2. Corporate Identity, Corporate Design und Corporate Culture
3. Diversifikation
4. Kooperationen, Joint Ventures, Akquisitionen
5. Forschung und Entwicklung
6. Marketing
   6 a Produktpolitik
   6 b Kundenstrategie
   6 c Vertrieb
   6 d Kommunikationsstrategie (PR und Werbung)
7. Lobby
8. Interne Voraussetzungen
   8 a Mitarbeiter und Management
   8 b Organisation
   8 c Beschaffung
   8 d Fertigung

Neben dieser inhaltlichen Gliederung der Leitstrategie, gibt es noch eine methodische Gliederung, die wie folgt aussieht: Innerhalb jedes inhaltlichen Gliederungspunktes gibt es ein Ziel, Strategien und die dazugehörigen Maßnahmen. Darüber hinaus wird eine Untergliederung der Leitstrategie nach Prioritäten und Fristigkeitsaspekten vorgenommen. Hierzu kann man auf das zurückgreifen, was in Schritt 6 – Konsequenzanalyse an Prioritäten und Zeitunterteilungen vorgegeben worden ist. Dies bedeutet, daß letztlich innerhalb jedes inhaltlichen Gliederungspunktes der Leitstrategie:

- Strategien und Maßnahmen kurzfristig mit Priorität 1
- Strategien und Maßnahmen kurzfristig mit Priorität 2
- Strategien und Maßnahmen mittelfristig mit Priorität 1
- Strategien und Maßnahmen mittelfristig mit Priorität 2
- Strategien und Maßnahmen langfristig mit Priorität 1
- Strategien und Maßnahmen langfristig mit Priorität 2

aufgelistet werden.

Diese Untergliederung der Leitstrategie hilft den Unternehmen, die Vielzahl von Leitstrategie-Aspekten in eine geeignete zeitliche und prioritätsmäßige Struktur zu bringen. Falls man dies nicht tut, entsteht der Eindruck, daß innerhalb der Leitstrategie zu viele Dinge ungewichtet nebeneinanderstehen und man nicht weiß, was mit welcher Priorität in welcher Reihenfolge bearbeitet werden sollte. Wenn die Leitstrategie dann mit Zielen, Strategien und Maßnahmen sowie Prioritäten versehen, entwickelt worden ist, dann prüft man noch einmal, ob die Leitstrategie in sich konsistent ist. Dies bedeutet, daß die verschiedensten Leitstragie-Aspekte nicht isoliert nebeneinander stehen, sondern aufeinander aufbauen, damit möglichst große Synergie-Effekte erzielt werden können.

Darüber hinaus ist es erforderlich, die Leitstrategie zurückzukoppeln zu den System-Grids, die auf der Basis der Szenarien erarbeitet wurden. Hierbei ist besonders zu berücksichtigen, daß die Leitstrategie-Aspekte mit Priorität 1 vor allem die Kräfte der aktiven Bereiche nutzen und nicht nur auf die passiven Bereiche zielen. Dieser Überprüfungsschritt kann ggf. eine neue Gewichtung oder Verschiebung in der Akzentsetzung bewirken.

Die so ermittelte Leitstrategie wird dann noch einmal rückgekoppelt zur Ausgangssituation des Unternehmens in Schritt 1. Man prüft, inwieweit die in Schritt 1 aufgelisteten Ziele und Strategien mit der jetzt konzipierten Leitstrategie übereinstimmen bzw. ob es Schwächen gibt, die beispielsweise die Erreichung bestimmter Ziele verhindern, oder ob es Stärken gibt, die bei der Umsetzung der Leitstrategie behilflich sein können.

Hierbei lassen sich zwei grundsätzliche Verhaltensweisen von Unternehmen herauskristallisieren:

Unternehmen, die sich eher konservativ verhalten, konzentrieren sich auf solche Aspekte der Leitstrategie, die auf Stärken entsprechend der Ausgangssituation basieren. Sie werden jedoch weniger solche Aspekte favorisieren, die zu einer stärkeren Veränderung des Unternehmens (Stärken, Schwächen und interne Organisation) führen.

Unternehmen, die eher progressiv ausgerichetet sind, nutzen nicht nur die Aspekte der Leitstrategie, die auf Stärken aufbauen, sondern versuchen gleichzeitig, die interne Ausgangssituation (Stärken, Schwächen und interne Organisation) zu ändern, um neue, attraktive Ziele, die sich aus dem Szenario-Prozeß ergeben, zu erreichen.

An dieser Stelle wird auch deutlich, daß, selbst bei einem Branchen-Szenario-Projekt die einzelnen Unternehmen dieser Branche unterschiedliche Umsetzungsstrategien bevorzugen, je nach ihrer unternehmensinternen Struktur (z. B. unterschiedliche Ressourcen, Organisationsformen, Stärken und Schwächen) und nach ihrer Unternehmensphilosophie (eher vorsichtig/konservativ oder eher progressiv).

Als nächstes wird ein Umfeldbeobachtungssystem aufgebaut, das die für das Unternehmen wichtigsten externen Entwicklungen (Deskriptoren in ihrer Alternativ-Entwicklung und eindeutigen Entwicklung) mit den Leitstrategie-Aspekten verknüpft und die daraus resultierenden einflußstärksten Deskriptoren in ein Beobachtungssystem überführt. Hierbei muß man noch einmal zurückgreifen auf die (wenn mit Rechnerunterstützung gearbeitet worden ist) Sensitivitätsanalyse aus Schritt 4. Die Sensitivitätsanalyse zeigt deutlich, welche Faktoren im externen Umfeldsystem eines Unternehmens sozusagen die treibenden Kräfte sind, durch deren Veränderung die meisten anderen Deskriptoren des Szenarios sich mitverändern. Aus der direkten Korrelation, welche Faktoren für das Unternehmen unmittelbar wichtig sind, und aus der Analyse, welche externen Einflußfaktoren die größte Dynamik im System haben, ergibt sich eine Konzentration der Beobachtung auf die für das Unternehmen wichtigsten externen Faktoren. Darüber hinaus ist es Aufgabe der Beobachter, mögliche Störereignisse ca. „zehn vor zwölf" zu erkennen.

Das Beobachtungssystem hat die Aufgabe, die aktuelle, tatsächliche Entwicklung der externen Faktoren mit der Leitstrategie zu verknüpfen und gegebenenfalls bei Abweichungen die Leitstrategie vorsichtig anzupassen. Das bedeutet, daß etwa nach einem bestimmten Beobachtungszeitpunkt, wenn sich gewisse Veränderungen manifestieren, die Leitstrategie vorsichtig angepaßt werden muß. Die Betonung liegt auf „vorsichtig anpassen"! d. h. wenn der Steuerkurs Nordost ist, dann sollte aufgrund der Beobachtung, der Steuerkurs nicht nach Südwest gehen, sondern evtl. 36 Grad heißen.

Ein Fehler, der leider sehr verbreitet ist: Wenn Unternehmen bei der Beobachtung plötzlich erkennen, daß Dinge sich in eine andere Richtung entwickeln, als von den Szenarien projiziert, verlassen sie ihre Leitstrategie völlig und setzen auf neue Strategien, die jedoch nur das Ziel haben, kurzfristig beispielsweise am Markt etwas zu verändern. Nach weiteren Beobachtungen sieht man dann, daß die Entwicklung sich wieder dort einpendelt, wo sie ursprünglich gewesen ist, so daß die hektischen Aktivitäten ad absurdum geführt sind. Daher ist die Empfehlung für alle Unternehmen, die ein Beobachtungssystem etablieren, zunächst einmal ruhig und ohne Hektik die externen Entwicklungen zu beobachten und erst wenn sich eine Veränderung nach mehrmaligen Beobachtungszeitpunkten bestätigt, die Leitstrategie vorsichtig anzupassen, ohne sie jedoch grundsätzlich zu verlassen. Diese Vorgehensweise wird auch dadurch begründet, daß man relativ viel Zeit hat, bevor man die anvisierten Szenario-Zeithorizonte erreicht. Man beobachtet, plant und arbeitet auf die Entscheidungen von *morgen* hin. Daher sind kurzfristige, zur Leitstrategie konträre Aktivitäten zu vermeiden.

An dieser Stelle kann z. B. auf der Basis der Leitstrategie ein sogenanntes Soll-Portfolio erstellt werden. Man weiß also, welche Ziele man mit welchen Strategien erreichen will, und kann dies jetzt in ein entsprechendes Portfolio umsetzen. Hierbei ist jetzt interessant, den Vergleich des Ist- und des Soll-Portfolios herzustellen. Auf keinen Fall ist es empfehlenswert, das Soll-Portfolio lediglich auf der Basis des Ist-Portfolios zu erstellen, sondern die Szenario-Entwicklung abzuwarten, die Leitstrategie zu entwickeln und diese dann in ein Soll-Portfolio umzusetzen. Bei dieser Art des Soll-Portfolios sind alle externen Entwicklungen in ihren Alternativen, Möglichkeiten, Chancen und Risiken berücksichtigt worden. Das Soll-Portfolio hat jetzt einen realistischen Hintergrund und basiert nicht auf Wunschvorstellungen, wie es häufig bei den vom Ist-Portfolio hochgerechneten Soll-Portfolio der Fall ist (weitere Einzelheiten zur Umsetzung sind in Kapitel 5 beschrieben).

„Wenn man die Wahl zwischen verschiedenen Alternativen hat, dann soll man immer die Mutigere wählen." (Franklin D. Roosevelt)

4. Fallbeispiele

Anmerkung:

Die folgenden Fallbeispiele sind keine realen Fälle, sondern so weit verfremdet, daß die Vertraulichkeit gegenüber den Auftraggebern gewahrt ist.

Fallbeispiel 1: Bank der Zukunft

Ausgangssituation des Unternehmens

Eine Regionalbank sieht sich mit einem zunehmenden Wettbewerb von großen Bankunternehmen, Versicherungsunternehmen, Kreditkartenorganisationen sowie Handelsunternehmen konfrontiert. Die bevorstehende Binnenmarkterweiterung für Europa nach 1992 wird eine zusätzliche Wettbewerbsverschärfung durch ausländische Konkurrenten bringen. Die Wettbewerber haben einen signifikanten Marktanteil gewinnen können, indem sie durch straffen Vertrieb und größere Kundenorientierung wirksamer operieren. Einige dieser Bankdienstleistungen sind Mischprodukte, kombiniert mit Versicherungen, Kreditkartenangeboten und anderen Dienstleistungen.

Die Bank ist ein eher konservatives Unternehmen, das in den letzten zehn Jahren erfolgreich war. Die Zielsetzung der Bank ist, Bankdienstleistungen anzubieten, die maßgeschneidert sind für die privaten und gewerblichen Kunden. Die fehlende flächendeckende Präsenz wird über Kooperationspartner ausgeglichen. Die Kundenstruktur der Bank enthält keine besonderen Schwerpunkte.

Problemstellung

Das Hauptproblem ist eine angespannte rückläufige Ertragssituation und das Fehlen von zielgruppen- und produktspezifischen Strategien zur Gewinnung neuer Kunden. Die Problematik liegt weniger in einer nicht ausreichenden Produktpalette als im fehlenden kunden/verkaufsorientierten Denken und Handeln.

Die Bank ist bei dem Einsatz neuer elektronischer Systeme eher zurückhaltend und abwartend. Diese Systeme sind in der Lage, wechselseitige Informationen, den cash-flow und die innerbetrieblichen Leistungsverrechnungen zu verbessern und bieten fundierte Informationen zur strategischen Ausrichtung der erforderlichen Aktivitäten. Halbherzig verabschiedete Konzepte zum Einsatz von Elektronic Banking Produkten und unzureichende Zielgruppenorientierung behindern die Marktdurchsetzung.

Einige der Führungskräfte sind strategieorientiert und schlagen ein Szenario-Projekt vor, um die Zukunft des Unternehmens zu analysieren und entsprechende Maßnahmen zu entwickeln.

Schritt 1 – Aufgabenanalyse

Ziel dieses Schrittes ist es, die interne Ausgangssituation zu analysieren und dies bedeutet, Leitbild, Ziele und Strategien sowie Stärken und Schwächen zu analysieren.

1.1 Unternehmensleitbild

Die Bank sieht sich als Problemlöser im Finanzdienstleistungsbereich. Sie profiliert sich mit besonderer regionaler Kompetenz. Flexibilität in der Beratungsleistung und schnelle Entscheidungswege sichern einen guten Service für den Kunden.

1.2 Ziele

– Starke Marktposition im Finanzdienstleistungsbereich für den Kunden
– Attraktive Bank- und Finanzdienstleistungen
– Kostenreduzierung innerhalb der Organisation

1.3 Strategien

– Schlüsselkundenkonzept, um langfristige Kundenbeziehungen zu halten und auszubauen

- Entwicklung von neuen Dienstleistungen nach einer Marktstudie und einer Kundenbefragung
- Gemeinkostenwertanalyse und Ausdehnung der EDV-Aktivitäten

1.4 Stärken und Schwächen

Stärken

- Gute Kundenbeziehungen im langfristigen Geschäft
- Etablierte Bandbreite von Produkten

Schwächen

- Fehlende Strategie, um neue Zielgruppen zu gewinnen
- Fehlen von Kombinationsangeboten (z. B. Kombination von Finanz- und Versicherungsdienstleistungen)
- Fehlen von Ideen für neue Dienstleistungen
- Fehlen von unternehmerischem und kundenorientiertem Denken
- Management neigt zu Reaktion statt Aktion

Thema:

Die Zukunftsentwicklungen der Bank unter unterschiedlichen externen Rahmenbedingungen

Zeithorizont

2000

Schritt 2 – Einflußanalyse

Ziel dieses Schrittes ist es, die externen Einflußbereiche der Bank zu definieren, ihre jeweiligen Einflußfaktoren zu erfassen und in eine relative Rangfolge zu bringen.

2.1 Festlegung der Einflußbereiche

Folgende Einflußbereiche wurden identifiziert:

A Kunden
B Wettbewerb

C Gesetzgebung
D Technik
E Wirtschaft
F Gesellschaft

2.2 Festlegung der Einflußfaktoren

2.3 Erstellen einer relativen Rangfolge der Einflußfaktoren pro Einflußbereich

Einflußbereich A – Kunden

- Kundenstruktur (privat, gewerblich, groß, klein, Zukunftspotential etc.)
- Kundenbedürfnisse und -ansprüche wie z. B. Ansprüche an Produkte (risikolos, flexibel, rentabel)
- Kundenverhalten (Bequemlichkeitsverhalten etc.)

Einflußbereich B – Wettbewerb

- Wettbewerberstruktur
- Neue Produkte des Wettbewerbs
- Vertriebsnetze des Wettbewerbs

Einflußbereich C – Gesetzgebung

- Bankenaufsichtsrecht
- Steuergesetzgebung
- Arbeits- und Sozialgesetze
- Verbraucherschutzgesetze

Einflußbereich D – Technik

- Entwicklung der EDV-Hardware
- Entwicklung des Electronic Bankings
- Entwicklung von Netzen und Diensten

Einflußbereich E – Wirtschaft

- Wirtschaftsentwicklung Deutschland und EG
- Branchenentwicklung

- Einkommens- und Vermögensentwicklung
- privater Verbrauch

Einflußbereich F — Gesellschaft

- Leistungsbereitschaft der Gesellschaft
- Einstellung der Gesellschaft zu Banken
- Einstellung der Gesellschaft zu Technik
- Demographische Entwicklung

2.4 Analyse der Vernetzungen

Um die wechselseitigen Einflüsse zwischen den jeweiligen Einflußbereichen (charakterisiert durch ihre Faktoren) zu erfassen, wird in einer Vernetzungsmatrix ermittelt, wie stark jeder Einflußbereich jeden anderen beeinflußt und umgekehrt von jedem beeinflußt wird.

Hierzu nutzt man folgende Skala:

0 = kein Einfluß
1 = schwacher, indirekter Einfluß
2 = starker Einfluß

	A	B	C	D	E	F	Aktivsumme	Bank →	Bank ←
A Kunden	X	2	0	1	0	1	4	2	1
B Wettbewerb	2	X	0	1	1	0	4	2	1
C Gesetzgebung	1	2	X	0	2	0	5	2	0
D Technik	2	2	0	X	1	2	7	2	0
E Wirtschaft	2	2	1	1	X	1	7	2	0
F Gesellschaft	2	2	1	1	1	X	7	2	0
Passivsumme	9	10	2	4	5	4	34 : 6 = 5,6		

Abbildung 25: Vernetzungsmatrix

Erläuterungen zur Vernetzungsmatrix

Pro Einflußbereich (A–F) ergeben sich zwei Summen:

- Eine Aktivsumme, die Auskunft darüber gibt, wie stark der jeweilige Bereich alle anderen beeinflußt
- Eine Passivsumme, die Auskunft darüber gibt, wie stark jeder Bereich von allen anderen Bereichen beeinflußt wird.

Aus dem Verhältnis von Aktiv- und Passivsumme läßt sich dann die Systemdynamik und das Systemverhalten jedes einzelnen Bereiches ermitteln (siehe auch Interpretation des System-Grids).

In den beiden letzten Spalten wird ermittelt, wie stark die jeweiligen Einflußbereiche auf die Bank einwirken und wie stark umgekehrt der Einfluß der Bank auf die jeweiligen Bereiche ist.

Interpretation des System-Grids

An erster Stelle im aktiven Feld liegen die Bereiche Gesellschaft und Technik, gefolgt von der Wirtschaft. Dies bedeutet, daß gesellschaftliche Trends bezüglich Banken- und Technikeinstellung der Gesellschaft sowie technische Entwicklungen und wirtschaftliche Rahmenbedingungen einen entscheidenden Einfluß auf das Umfeldsystem der Bank haben. Die Bank muß einerseits gesellschaftliche Trends bezüglich Einstellung zu Banken, Leistungsorientierung und Technik sorgfältig beobachten und ihre Marketing- und Vertriebsstrategie darauf ausrichten. Die hohe Bedeutung der Technik ergibt sich aus der zunehmenden Technisierung des Bankwesens und ermöglicht einerseits eine Rationalisierung der internen Abläufe und andererseits Verbesserung der Kontakte zum Kunden und Erschließung neuer Vertriebswege. Die gesamtwirtschaftlichen Rahmenbedingungen geben einen Hinweis darauf, ob das Geschäft mehr in Richtung Aktiv- oder Passivgeschäft verläuft.

An dritter Stelle liegt im puffernden Bereich die Gesetzgebung, die hier eine rahmengebende Funktion aufweist und die Spielregeln für das Gesamtumfeld festlegt. Gesetzgeberische Trends national und international sind sehr sorgfältig zu beobachten und im Hinblick auf die Umsetzung der eignen Strategien zu überprüfen und ggf. zu nutzen.

Im passiven Feld liegen die Bereiche Kunden und Wettbewerb, die in hohem Maße abhängig sind von den globalen Faktoren im aktiven Feld.

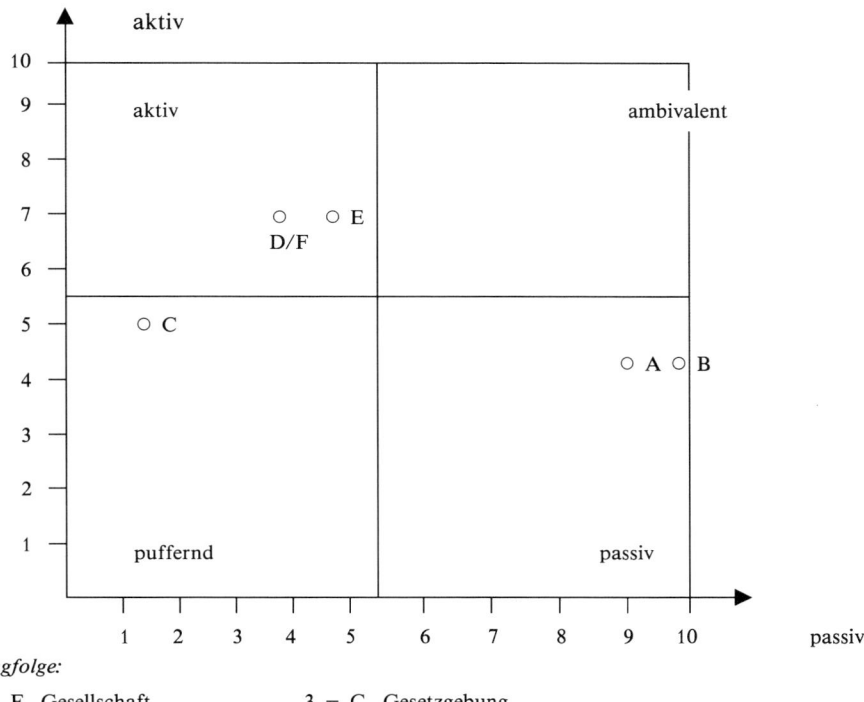

Abbildung 26: System Grid

Diese Analyse zeigt sehr deutlich das Systemverhalten im Umfeld der Bank und sollte bei allen kurzfristigen Aktivitäten als Hintergrundinformation genutzt werden. Bei allen Strategien, die letztlich auf den Markt und damit auf den Kunden zielen, ist immer wieder zu berücksichtigen, wie die Kunden von Gesellschaft, Wirtschaft und Technik beeinflußt werden und wie man sich diese Einflußströme auf den Kunden für die eigene Strategie zunutze machen kann. Dies bedeutet, daß Marketing, PR, Vertrieb und Verkaufsförderung immer im Zusammenhang mit den globalen Einflußbereichen gesehen und umgesetzt werden müssen.

Der besondere Wert einer solchen ganzheitlichen Systembetrachtung liegt darin, daß man sich von der oft zu starken einseitigen monokausalen Orientierung auf den Abnehmer löst und Kunden sowie Wettbewerb in ihrem Umfeldsystem betrachtet. Dies heißt, daß man sich die Kräfte des Gesamtsystems zunutze macht, um damit einen nachhaltigeren, umfassenderen und langfristigeren Effekt auf den Märkten zu erzielen. Bei einem solchen Verhalten ist eine spezielle Wettbewerbsstrategie nicht mehr erforderlich. Evtl. wettbewerbsorientierte Maßnahmen sollten auf jeden Fall in Abstimmung mit den übrigen systemorientierten Maßnahmen gesehen und umgesetzt werden.

Schritt 3 – Trendprojektionen

Ziel dieses Schrittes ist es, auf der Basis der in Schritt 2 ermittelten Einflußfaktoren wertneutrale Deskriptoren oder Kenngrößen zu formulieren, die dann in ihrem Ist-Zustand beschrieben und in ihren Projektionen für das Jahr 2000 einschließlich Begründungen aufgezeigt werden. Dabei ist es wichtig, daß bei allen Projektionen, bei denen man heute unsicher ist über Zukunftsentwicklungen, Alternativen erarbeitet und diese sorgfältig begründet werden.

Einflußbereich Gesellschaft

DESKRIPTOR UND IST-ZUSTAND	PROJEKTION 2000	BEGRÜNDUNG
Einstellung der Gesellschaft zur Leistung:		
Zur Zeit überwiegend leistungsorientiert, aber Entstehen einer schwachen Anti-Gruppe	2 Alternativen: A Geringere Leistungsbereitschaft	Resignation weil mehr Leistung nicht zwangsläufig einen attraktiveren Arbeitsplatz garantiert. Dominanz anderer Werte wie Ethik, Familie und Umwelt.
	B Steigende Leistungsbereitschaft	Zunahme des Unternehmertums und der Eigenverantwortung; Leistung gewinnt an Wert in der Gesellschaft (die neue Leistungselite).

DESKRIPTOR UND IST-ZUSTAND	PROJEKTION 2000	BEGRÜNDUNG
Einstellung der Gesellschaft zur Technik: Derzeit teils euphorisch, teils ablehnend	2 Alternativen: A Positive Einstellung	Jüngere Generation, die mit Technik groß geworden ist, kommt ins Management; positive Erfahrungen im Umgang mit der Technik (Erleichterung der Arbeit).
	B Ablehnung der Technik	Intransparenz und Komplexität der Technik; zunehmende Ängste vor Datentransparenz und Überwachung (Orwell-Syndrom); negative Erfahrungen im Zusammenhang mit Technik bzgl. Rationalisierung und Freisetzung.
Einstellung der Gesellschaft zu Banken: Kritisch bis positiv, man braucht die Banken	2 Alternativen: A Positive Einstellung	Banken sind ein wichtiger Partner in der Gesellschaft; sie konnten durch Kundenorientierung und Verbesserung des Service ihr Image verbessern.
	B Eher negative Einstellung	Banken verlieren das Vertrauen der Gesellschaft, da sie zu sehr Macht anhäufen (Banken als Machtsymbol im Staat); die Gesellschaft sucht sich für ihre Finanzdienstleistungen andere Partner.

DESKRIPTOR UND IST-ZUSTAND	PROJEKTION 2000	BEGRÜNDUNG
Einflußbereich Technik		
Entwicklung der EDV-Hardware: Miniaturisierung der Hardware; Dominanz der Insellösungen und Zunahme von Datenbanken	Dynamische Weiterentwicklung der EDV-HW (64-Mega-Bit-Chip realisiert); Verbesserung bzgl. Schnelligkeit, Packungsdichte, Sicherheit und Schnittstellen	Überproportionale Innovationen der Informations- und Kommunikationsindustrie dank wachsendem Bedarf der Wirtschaft und hoher Investitionen der Halbleiter-Industrie.
Verbreitung von Informations- und Kommunikationstechnik (IKT): In der Wirtschaft hoch; in der Gesellschaft noch schwach	2 Alternativen: A Dynamische Verbreitung der IKT in der Wirtschaft	Hoher Bedarf und hohe Akzeptanz in Wirtschaft und Gesellschaft; die Gesellschaft ist EDV-orientiert und hat gelernt, die IKT auch im privaten Bereich professionell zu nutzen.
	B Hoher Bedarf lediglich in der Wirtschaft; geringer Bedarf in der Gesellschaft	Die Gesellschaft ist technikfeindlich eingestellt (Ängste vor Rationalisierung und Arbeitsplatzverlust; Orwell-Syndrom).

DESKRIPTOR UND IST-ZUSTAND	PROJEKTION 2000	BEGRÜNDUNG
Electronic Banking: Electronic Banking ist in der Pilotphase mit Großkunden	2 Alternativen: A Dynamische Weiterentwicklung quantitativ und qualitativ sowie hohe Nutzung in Wirtschaft und Gesellschaft	Hohe Akzeptanz und Technikorientierung in der Gesellschaft; hoher Bedarf in der Wirtschaft; Homebanking, POS und Kartensysteme sind weit verbreitet, akzeptiert und werden stark genutzt.
	B Weiterentwicklung des Electronic Bankings für Firmenkunden	Die Gesellschaft nimmt die Homebankingdienste nur zögernd an wegen Datenschutzproblemen (Orwell-Syndrom).
Entwicklung von Netzen und Diensten: Techniken sind zwar vorhanden, aber noch nicht installiert; es existieren lediglich LANs, WANs; ISDN nur in der Pilotphase	2 Alternativen: A ISDN ist realisiert und hat sich in Wirtschaft und Gesellschaft durchgesetzt	Hoher Bedarf bezüglich Informationen in Wirtschaft und Gesellschaft sowie hohe Akzeptanz der Gesellschaft.
	B ISDN ist realisiert, jedoch nur im wirtschaftlichen Bereich genutzt	Hoher Bedarf der Wirtschaft, aber geringe Nachfrage der Gesellschaft wegen Datenschutzängsten etc.

DESKRIPTOR UND IST-ZUSTAND	PROJEKTION 2000	BEGRÜNDUNG
Einflußbereich Wirtschaft		
Wirtschaftsentwicklung:		
Relativ gutes Wachstum	2 Alternativen: A Gesundes Wachstum	Der EG-Binnenmarkt und der Nachholbedarf der ehemaligen DDR haben einen Wachstumsschub gebracht; Verbesserung der Wettbewerbsfähigkeit in Deutschland; Verbesserung der Kaufkraft der verschuldeten Länder (Lösung des Verschuldungsproblems).
	B Stagnierende Wirtschaftsentwicklung	Der EG-Binnenmarkt bringt mehr Nachteile als Vorteile; die gesetzlichen Auflagen steigen. Die Sanierung der ehemaligen DDR hat zu hohen finanziellen Belastungen des Staatshaushaltes und zu erheblichen Steuererhöhungen geführt. Verschärft wird die Situation durch internationalen Wettbewerbsdruck, Ölverknappung und Preisanstieg.
Realeinkommen:		
Stabil	2 Alternativen: A Steigende Realeinkommen	Positive Einkommensentwicklung durch positive Wirtschaftssituation und steigende Vererbung von Vermögen.
	B Sinkende Realeinkommen	Ungünstige Wirtschaftsentwicklung mit der Folge sinkender Einkommen.
Sparquote:		
Relativ hoch	2 Alternativen: A Höhere Sparquote	Wirtschaftliche Instabilität und Zukunftsängste führen zum sogenannten Angstsparen.

DESKRIPTOR UND IST-ZUSTAND	PROJEKTION 2000	BEGRÜNDUNG
	B Verringerung der Sparquote	Hohe Konsumfreudigkeit dank positiver Wirtschaftsentwicklung und höherer Einkommen.
Branchenentwicklung: Wachstum im Dienstleistungsbereich sowie in der Informations- und Kommunikationsindustrie; Problembranchen, die subventioniert werden, sind: Werften, Stahl und Landwirtschaft	2 Alternativen: A Ausgeglichenes Wachstum und Subventionsabbau	Erfolgreicher Strukturwandel und Wettbewerbsbereinigung (positive Wirtschaftsentwicklung).
	B Strukturwandel erfolglos	Der Staat zementiert die Strukturprobleme durch die Fortschreibung der falschen Subventionspolitik; verschärft wird die Situation durch einen Ölpreisanstieg und unzureichende Anpassung an veränderte Marktgegebenheiten.

Einflußbereich Gesetzgebung

Bankenaufsicht: Stark differenzierte aufsichtsrechtliche Regelungen, die zu Wettbewerbsverzerrungen führen	2 Alternativen: A Verschärfte Regelungen unter internationaler Harmonisierung	Bestehende Initiativen und verschärfte Aufsicht (stärkere Kontrolle der Bankenmacht EG-weit).
	B Liberalisierung für ausländische Banken in Deutschland	EG-Recht setzt sich durch; Heimatrecht gilt für Banken, die sich in Deutschland niederlassen wollen. Das Heimatrecht bedeutet, daß Banken sich entsprechend den Zulassungsbestimmungen ihres Heimatlandes auch in Ländern niederlassen können, die schärfere Zulassungsbedingungen haben.

DESKRIPTOR UND IST-ZUSTAND	PROJEKTION 2000	BEGRÜNDUNG
Steuergesetzgebung: Vergleichsweise relativ hohe Steuerbelastung in Deutschland	2 Alternativen: A Steuerliche Harmonisierung auf hohem Niveau	Fiskale Erwägungen; der Staat benötigt Finanzmittel zur DDR-Sanierung und Arbeitsplatzerhaltung bzw. -schaffung. Verschärft wird dies durch die demographische Entwicklung.
	B Harmonisierung auf dem niedrigen Niveau einiger Vergleichsländer	Standortwettbewerb der Volkswirtschaften (europäischer Binnenmarkt).
Arbeits- und Sozialgesetzgebung: Relativ arbeitnehmerfreundliches, dichtes Sozialnetz in Deutschland	2 Alternativen: A Abbau des sozialen Netzes im Rahmen einer liberalen Wirtschaftspolitik	Positive Wirtschaftsentwicklung ermöglicht stärkere Eigenbeteiligung der Gesellschaft bzgl. Altersversorgung, Krankenversicherung etc.
	B Halten bzw. Ausbau des sozialen Netzes (EG-Angleichung auf hohem Niveau)	Fortschreibung der arbeitnehmerfreundlichen Politik und Umverteilungstheorie.

DESKRIPTOR UND IST-ZUSTAND	PROJEKTION 2000	BEGRÜNDUNG
Einflußbereich Kunden		
Kundenstruktur und Kundenpotential:		
60% Firmenkunden, davon 75% mittelständische Unternehmen, 40% Privatkunden	2 Alternativen: A Gesundes Wachstum in allen Bereichen und Konzentration auf Zukunfsbranchen	Positive Wirtschaftsentwicklung, der Mittelstand bleibt Motor. Zunahme durch Ersatzinvestitionen und neue Technologien. Anwachsen der vermögenden Privathaushalte.
	B Schrumpfung des Kundenpotentials	Konzentration durch Fusion; hohe Inflationsrate, Vernichtung von Vermögenswerten.
Kundenbedürfnisse:		
Bedürfnisse bzgl. Kreditberatung und risikolose Anlageformen	2 Alternativen: A Zunehmendes Beratungsbedürfnis bei Firmenkunden; verstärktes Beratungsbedürfnis bei Privatkunden	Verstärktes Beratungs- und Anlagebedürfnis, finanzielle Vorsorge, mehr Einkommen verfügbar.
	B Beratungsbedürfnis bei Firmenkunden geringer; bei Privatkunden höher	Große Firmen und Konzerne übernehmen Bankfunktionen; höherer Konsum und mehr Anlageneigung.

DESKRIPTOR UND IST-ZUSTAND	PROJEKTION 2000	BEGRÜNDUNG
Kundenverhalten: Derzeit Banktreue	2 Alternativen:	
	A Banktreue bleibt	Kunden suchen Allfinanzkompetenz; das Vertrauen ist über Jahre hinweg gewachsen.
	B Höhere Bereitschaft zum Wechsel der Bank	Die Hausbankfunktion wird in Frage gestellt, die Kunden sind preisbewußter und suchen sich die günstigsten Angebote aus.
Einflußbereich Wettbewerb		
Neue Produkte: Durch internationale Verflechtung schnelle Verbreitung von Innovationen wie SWAPS, Anleihen, Versicherungen und Kreditkarten	2 Alternativen:	
	A Mehr und neue Bankprodukte	Zunehmende Konzentration, Auswirkungen der Internationalisierung und des EG-Binnenmarktes.
	B Weniger Produkte und Rückkehr zu klassischen Produkten	Finanzexperimente haben versagt; man kehrt zu den klassischen Bankprodukten zurück.
Wettbewerberstruktur: Unterschiedliche Anbieter mit Konzentrationstendenz: Banken, Versicherungen, Kapitalanlagengesellschaften, Finanzgesellschaften, Kreditkartenorganisationen	2 Alternativen:	
	A Dominanz des persönlichen Vertriebs	Individuelle, kundenspezifische Beratungen; Banken kaufen Bausparkassen und Versicherungen wegen Kundenpotential und Außendienst; Ängste in der Gesellschaft bezüglich Technik.
	B Zunahme des technischen Vertriebs	Die Gesellschaft ist technikaufgeschlossen und nutzt Technik als Informations- und Vertriebsweg.

Schritt 4 – Alternativenbündelung

Ziel dieses Schrittes ist es, die in Schritt 3 erarbeiteten Alternativentwicklungen für das Jahr 2000 so zu kombinieren, daß in sich logische, konsistente, stimmige Szenario-Grundstrukturen entstehen.

Dies kann auf zwei Arten erfolgen:
1. Intuitiv ganzheitlich durch Bündeln am Flipchart
2. Systematisch analytisch mit Hilfe einer Konsistenzmatrix ⊕

Anmerkung:

+ Kombination Szenario A
* Kombination Szenario B

EINFLUSS-BEREICH	ALTERNATIV-DESKRIPTOR	ALTERNATIVE 1	ALTERNATIVE 2
Gesellschaft	1. Leistungsbereitschaft	+ höher	* geringer
	2. Einstellung zu Technik	+ positiv	* negativ
	3. Einstellung zu Banken	+ positiv	* negativ
Technik	4. Informations- und Kommunikationstechnik	+ Durchsetzung in Wirtschaft und Gesellschaft	* Nur Durchsetzung in Wirtwirtschaft
	5. Electronic Banking für private Haushalte	+ Erfolg	* Flop
Wirtschaft	6. Wirtschaftsentwicklung	+ positiv	* ungünstig
	7. Realeinkommen	+ steigend	* stagnierend
	8. Sparquote	* stagnierend bis steigend	+ geringer
	9. Branchen	+ Strukturwandel	* Strukturzementierung
Gesetzgebung	10. Bankenaufsicht	* schärfer	+ liberaler
	11. Steuern	* höher	+ niedriger
	12. Sozialgesetze	+ Abbau des sozialen Netzes	* Stagnation des sozialen Netzes

EINFLUSS-BEREICH	ALTERNATIV-DESKRIPTOR	ALTERNATIVE 1	ALTERNATIVE 2
Kunden	13. Kundenpotential	+ Wachstum	* Schrumpfung
	14. Firmenkundenbedürfnisse	* zunehmendes Beratungsbedürfnis	+ ablehnendes Beratungsbedürfnis
	15. Privatkundenberatungsbedürfnisse	+ zunehmend	* abnehmend
	16. Kundenverhalten	Banktreue	* + Bankwechsel
Wettbewerb	17. Produkte	+ mehr und neue Produkte	* weniger und klassische Produkte
	18. Vertrieb	* persönlich	+ technisch

Schritt 5 – Szenario-Interpretation

Ziel dieses Schrittes ist es, auf der Basis der in Schritt 3 und 4 erarbeiteten Projektionen und ihrer Bündelungen sowie ihrer Systemdynamik die Wege in die Zukunftssituation aufzuzeigen und das Zieljahr zu beschreiben.

Darüber hinaus wird eine Vernetzungsanalyse wie in Schritt 2 erstellt, um die unterschiedliche Systemdynamik in den verschiedenen Szenarien zu verdeutlichen.

Szenario A

Einflußbereich Gesellschaft

DESKRIPTOR UND IST-ZUSTAND	ENTWICKLUNGEN 2000
1. *Leistungsbereitschaft:* Relativ hoch, aber schwache Anti-Gruppe	Höhere Leistungsbereitschaft, Entstehen einer neuen Leistungselite; Forcierung von mehr Unternehmertum und Eigenverantwortung; Zunahme der Unternehmensgründungen und Trend zu höherer Selbstverantwortung.
2. *Einstellung der Gesellschaft zu Technik:* Ambivalent	Da der Nachwuchs mit Technik aufwächst, kann er damit besser umgehen und akzeptiert die Technik eher als ältere Arbeitnehmer; insge-

DESKRIPTOR UND IST-ZUSTAND	ENTWICKLUNGEN 2000
	samt positive Erfahrungen der Gesellschaft durch Lernprozesse (Computerkinder sind im Berufsleben); die Gesellschaft nutzt alle technischen Medien, um sich zu informieren.
3. *Einstellung der Gesellschaft zu Banken:* Kritisch bis positiv	Positive Einstellung der Gesellschaft zu Banken bedingt durch eine stärkere Kundenorientierung der Banken (verbesserter Service, vertrauensbildende Aktivitäten); die Banken haben sich als vertrauenswürdige Partner der Gesellschaft herausgestellt.

Einflußbereich Technologie

4. *Hardware:* Zunahme von Miniaturisierung und Leistung	Dynamische Weiterentwicklung (64 Mega-Bit-Chip ist realisiert); optische Rechner sind auf dem Markt; hohe Akzeptanz sowie Verbreitung und Nutzung von Kommunikationstechnik in Wirtschaft und Gesellschaft; forciert wird der Trend durch Preisverfall der Hardware.
5. *Electronic Banking;* Pilotphase mit Großkunden	Intensivierung der Aktivitäten und Erweiterung der Dienstleistung; Electronic Banking hat eine hohe Verbreitung in Wirtschaft und Gesellschaft und wird entsprechend genutzt; gleichzeitig verbreiten sich POS und Chipcard dynamisch in der Gesellschaft.
6. *Netze und Dienste:* Techniken sind zwar vorhanden, aber noch nicht installiert; es existieren lediglich LANs und WANs; ISDN nur in der Pilotphase	ISDN ist erfolgreich realisiert; technische Netzwerke konnten etabliert werden; es besteht eine hohe Nachfrage von Wirtschaft und Gesellschaft nach Informationsnetzen und -diensten.

DESKRIPTOR UND IST-ZUSTAND	ENTWICKLUNGEN 2000
Einflußbereich Wirtschaft	
7. *Wirtschaftsentwicklung:* Positiv	Gesundes Wachstum, da die Strukturprobleme gelöst sind und ein Boom durch high-tech-Branchen und high-tech-begleitende Dienstleistungen ausgelöst wurde; der EG-Binnenmarkt ist erfolgreich etabliert und bringt eine Reihe von Vorteilen für seine Mitglieder. Deutschland kann seine Wettbewerbssituation international verbessern; durch neue Produkte entstehen neue Märkte, die Nachfrage ist hoch. Die DDR ist erfolgreich integriert und saniert.
8. *Realeinkommen:* Stabil	Aufgrund einer geringen Inflationsrate sind die Realeinkommen stabil bis leicht steigend; zunehmende Vererbung von Vermögen.
9. *Branchenentwicklung:* Wachstum der Informations- und Kommunikationstechnik sowie der Dienstleistungsbranche; Probleme bei Stahl, Werften und Agrar	Der Strukturwandel ist erfolgreich bewältigt durch den Abbau von Subventionen in den Problembranchen; die Problembranchen sind weitgehend eliminiert; das Wirtschaftswachstum wird getragen von high-tech-Branchen und high-tech begleitenden Dienstleistungen. Konsumgüter und Dienstleistungsbranchen haben vom Aufbau der ehemaligen DDR profitiert.
10. *Sparquote:* Hoch	Eine stabile wirtschaftliche Situation führt zu einer höheren Konsumquote und einem leichten Rückgang der Sparneigung.
Einflußbereich Gesetzgebung	
11. *Bankaufsicht:* Differenzierte Regelungen und Wettbewerbsverzerrungen	Zunehmende Harmonisierung im Rahmen des EG-Binnenmarktes; für ausländische Banken in Deutschland besteht das Heimatrecht.
12. *Steuergesetze:* Hoch im Vergleich zu den übrigen EG-Ländern	Harmonisierung des Steuerrechts auf niedrigem Niveau im Zuge der EG-Binnenmarkt-Harmonisierung.

DESKRIPTOR UND IST-ZUSTAND	ENTWICKLUNGEN 2000
13. *Arbeits- und Sozialgesetzgebung:* Arbeitnehmerfreundlich	Flexibilisierung der Arbeits- und Sozialgesetzgebung; mehr Liberalisierung für die Unternehmen; der Einzelne ist mehr für sich selbst verantwortlich.

Einflußbereich Wettbewerb

14. *Neue Produkte:* Relativ viel Innovationen in den letzten Jahren	Zunahme von Finanzinnovationen im Rahmen der Internationalisierung (Kombinationsprodukte etc.).
15. *Wettbewerberstruktur:* Unterschiedlich	Zunahme von Neugründungen, Fusionen und Kooperationen sowie verstärkten Konzentrationstendenzen in Richtung Allfinanzkonzerne.
16. *Vertriebsnetze:* Filialen, Handelsvertreter und elektronische Medien	Wandel der Vertriebsnetze in Richtung Dominanz des technischen Vertriebs, speziell für Standardprodukte, wegen hoher Verbreitung des Electronic Bankings.
17. *Kundenstruktur und -potential:* 60% Firmenkunden, 40% Privatkunden	Wachstum des Kundenpotentials durch die Zunahme gesunder Branchen und reicher Privatkunden (Erbschaften).
18. *Kundenbedürfnisse:* Kreditberatung und risikolose Anlagen	Da die Firmen mehr Know-how und eigene Kompetenz aufbauen, nimmt die Beratung hier ab; bei privaten Anlegern besteht ein erhöhter Beratungsbedarf, speziell im Hinblick auf Anlagen, bedingt durch die Zunahme der Finanzinnovationen und Vererbung von Vermögen.
19. *Kundenverhalten:* Banktreue	Transparenz dank Technik sowie höheres Gebührenbewußtsein forcieren das Nutzen mehrerer Bankverbindungen; die Hausbankfunktion ist weniger gefragt.

DESKRIPTOR UND IST-ZUSTAND	ENTWICKLUNGEN 2000

Szenario B

Einflußbereich Gesellschaft

1. *Leistungsbereitschaft:*
   Relativ hoch, aber schwache Anti-Gruppe

   Durch zunehmende Arbeitslosigkeit nimmt die Leistungsbereitschaft ab; man hofft verstärkt auf staatliche Unterstützung; es dominieren andere Werte wie Freizeit und immaterielle Werte.

2. *Einstellung der Gesellschaft zu Technik:*
   Ambivalent

   Durch das Bekanntwerden von Datenmißbrauchsfällen und ständiger Erfassung von persönlichen Daten wird die Furcht vor Datenstörfällen und Datenmißbrauch in der Gesellschaft gefördert; die Gesellschaft neigt zur Ablehnung der Technik, auch aufgrund negativer Erfahrungen mit Rationalisierung und Freisetzung; die Angst vor der Überwachung (Orwell-Syndrom) wächst.

3. *Einstellung der Gesellschaft zu Banken:*
   Kritisch bis positiv

   Eine verstärkte EDV-Technisierung führt zu mehr Ablehnung; unseriöse Beratung und Konzernzusammenschlüsse forcieren den Trend; Banken verkörpern die Macht im Staat.

Einflußbereich Technik

4. *Hardware:*
   Zunahme von Miniaturisierung

   In der Wirtschaft wächst die Nachfrage durch erhöhten Wettbewerbsdruck; die Technik entwickelt sich dynamisch weiter (64-Mega-Bit-Chip realisiert); optische Rechner sind auf dem Markt; hohe Nachfrage der Wirtschaft, jedoch schwache Nachfrage der Gesellschaft bedingt durch Ängste (gläserner Mensch).

5. *Electronic Banking:*
   Pilotphase mit Großkunden

   Hohe Verbreitung von Electronic Banking zwischen Banken und Firmenkunden, jedoch schwache Verbreitung in der Gesellschaft bedingt durch die gesellschaftlichen Ängste.

DESKRIPTOR UND IST-ZUSTAND	ENTWICKLUNGEN 2000
6. *Netze und Dienste:* Techniken sind zwar vorhanden, aber noch nicht installiert; es existieren lediglich LANs und WANs; ISDN nur in der Pilotphase	ISDN ist erfolgreich realisiert, bedingt durch eine hohe Nachfrage der Wirtschaft; in der Gesellschaft ist die Nachfrage nach Diensten und Netzen jedoch gering, bedingt durch die Ängste vor Technik und Überwachung.

Einflußbereich Wirtschaft

7. *Wirtschaftsentwicklung:* Positiv	Die Konjunktur in Europa ist ungünstig; Strukturprobleme bleiben weiterhin ungelöst; der Staat zementiert die Probleme der stagnierenden Branchen durch weitere Subventionen und fördert zu wenig high-tech-Branchen und high-tech-begleitende Dienstleistungen; die Arbeitslosigkeit nimmt zu durch Rationalisierungs- und Freisetzungseffekte. Deutschland verliert im internationalen Vergleich an Wettbewerbsfähigkeit. Es fehlt an Neuinvestitionen; deutsche Unternehmen wandern verstärkt ins Ausland ab. Die Sanierung der DDR hat zu hohen Kosten, Umlenkung der Subventionen und zu erheblichen Steuererhöhungen geführt.
8. *Realeinkommen:* Stabil	Durch steigende Steuern und Sozialabgaben wird das Realeinkommen geringer; die Wertschöpfung stagniert.
9. *Branchenentwicklung:* Wachstum der Informations- und Kommunikationstechnik sowie der Dienstleistungsbranche; Probleme bei Stahl, Werften und Agrar	Wachstumsindustrien werden kaum gefördert. Subventionen forcieren den Trend, daß es bei der alten Branchenaufteilung bleibt; der Strukturwandel kann nicht erfolgreich bewältigt werden; es fehlt an Förderung für neue Branchen und damit für die Einrichtung neuer Arbeitsplätze. In der Gesellschaft bestehen Ängste wegen Arbeitsplatzabbau.

DESKRIPTOR UND IST-ZUSTAND	ENTWICKLUNGEN 2000
10. *Sparquote:* Hoch	Höhere Sparquote durch die Ängste der Gesellschaft, verursacht durch die schlechte Wirtschaftslage, unsichere Arbeitsplätze etc.

Einflußbereich Gesetzgebung

11. *Bankaufsicht:* Differenzierte Regelungen und Wettbewerbsverzerrungen	Stärkeres Bewußtsein der Gesellschaft bzgl. der Risiken aus der internationalen Verflechtung der Finanzmärkte führt zu strikteren aufsichtsrechtlichen Regelungen bzgl. Eigenkapital, Risiko und Liquidität der Banken; stärkere Vereinheitlichung durch Angleichung der nationalen Bestimmungen; klare Zuordnung der Aufsichtszuständigkeiten der nationalen Notenbanken; ausländische Banken haben einen Wettbewerbsvorteil dadurch, daß für ihre Niederlassung in Deutschland das Heimatrecht gilt.
12. *Steuergesetze:* Hoch in Deutschland im Vergleich zu den übrigen EG-Ländern	Steuern weiterhin hoch aufgrund des hohen Finanzbedarfs des Staates; das höhere Steuerniveau dämpft die Leistungsbereitschaft der Gesellschaft; geringe Leistungsbereitschaft und hohes soziales Anspruchsdenken bedingen eine hohe Steuerquote (Teufelskreis).
13. *Arbeits- und Sozialgesetzgebung:* Arbeitnehmerfreundlich	Wirtschaftliche und politische Integration in Europa führt zu einer Harmonisierung der bestehenden Sozial- und Arbeitsrechtbestimmungen auf dem jeweils höchsten Niveau einzelner Mitgliedsstaaten; das politische Klima ist aufgrund des gesteigerten Anspruchsdenkens stark sozialistisch geprägt.

Einflußbereich Wettbewerb

14. *Neue Produkte:* Relativ viele Innovationen in den letzten Jahren	Straffung der Produktpalette; der Trend geht weg von teuren, sich nicht lohnenden Experimenten; man forciert wieder die klassischen Bankprodukte.

DESKRIPTOR UND IST-ZUSTAND	ENTWICKLUNGEN 2000
15. *Wettbewerberstruktur:* Unterschiedlich	Fortsetzung der Konzentrationsbestrebungen durch Fusionen und Kooperationen, bedingt durch den Kosten- und Wettbewerbsdruck.
16. *Vertriebsnetze:* Filialen, Handelsvertreter und elektronische Medien	Forcierung von mobilen Vertriebssystemen und Abbau von kostenintensiven stationären Stellen; es dominiert der persönliche Vertrieb über Zweigstellen und Vertreter wegen der Technikablehnung der Gesellschaft; die zusätzliche Freizeit bietet beste Voraussetzungen für die persönliche Beratung in den eigenen vier Wänden.

Einflußbereich Kunden

17. *Kundenstruktur und -potential:* 60% Firmenkunden, 40% Privatkunden	Beginnende Strukturverschiebungen in 1995 durch Rückgang des Nachwuchsmarktes und Verstärkung der Gruppe der 35- bis 45-jährigen; insgesamt schrumpft das Kundenpotential in 2000 wegen der ungünstigen Wirtschaftsentwicklung.
18. *Kundenbedürfnisse:* Kreditberatung und risikolose Anlage	Bei Firmen besteht ein erhöhter Bedarf an Beratung; man benötigt die Bank für Rationalisierungsinvestitionen; bei privaten Kunden weniger Beratung, da andere Finanzdienstleister bevorzugt werden.
19. *Kundenverhalten:* Banktreue	Man wechselt die Bank, je nachdem, wer die preisgünstigsten Angebote liefert; es entsteht eine vermehrte Nachfrage nach Venture Capital; der Kunde sucht mehr Qualität für weniger Geld.

Schritt 6 – Konsequenzanalyse

Ziel dieses Schrittes ist es, auf der Basis der Szenarien Chancen und Risiken abzuleiten und aufbauend auf diesen Chancen und Risiken geeignete Aktivitäten zu erarbeiten. Diese Aktivitäten sind die Basis für die später zu entwickelnde Leitstrategie.

6.1 Erarbeitung von Chancen und Risiken aus den Szenarien

6.2 Entwicklung von Aktivitäten zur Chancennutzung und Risikominimierung bzw. Umwandlung von Risiken in Chancen

Szenario A

Einflußbereich Gesellschaft

DESKRIPTOR UND TREND	CHANCEN (C)/ RISIKEN (R)	AKTIVITÄTEN
1. *Einstellung der Gesellschaft zu Leistung:*		
Höher	C Markterweiterung und Ertragsverbesserung	– Gründung neuer Consulting-Gesellschaften für umfassende Beratung – Gewährung von Venture Capital
	R Höhere Verluste und Einzelwertberichtigung	– Spezielle Unterstützung bei Management-buy-outs
	C Mitarbeitermotivation und Mitarbeiteridentifikation	– Vermögensbeteiligung durch Genußscheine für Mitarbeiter – Stärkere Leistungsentlohnung
	C Stärkere Nutzung des Mitarbeiterpotentials	– Organisationsentwicklung – Partizipationsprinzip verstärken – Delegationsprinzip verstärken
	R Mitarbeiterüberforderung und Führungskräfteüberforderung	– Mitarbeiter mehr in Projektarbeit einbinden: Strategieentwicklung und Organisationsentwicklung

DESKRIPTOR UND TREND	CHANCEN (C)/ RISIKEN (R)	AKTIVITÄTEN
		– Vermehrte Schulungsaktivitäten für Mitarbeiter und Führungskräfte
2. *Einstellung der Gesellschaft zur Technik:* Besser	C Ertrag durch Electronic Banking C Kostenreduzierung und Personalabbau	– PC-Schulung für Kunden – Ausbau der Electronic-Banking-Produkte – Bonus für Nutzung des Electronic-Bankings
3. *Einstellung der Gesellschaft zu Banken:* Positiv	C Erhöhung des Marktanteils	– Vertrauen durch Imagewerbung – Kundenorientierte Services einführen – Verbesserte Gebührenpolitik – Interne Schulung der Mitarbeiter – Cross-selling verstärken

Einflußbereich Technik

4. *Hardware:* Dynamische Entwicklung	C Gewinnung neuer Kunden	– Technikausbau und erweitertes Dienstleistungsangebot via Netze
5. *Electronic Banking:* Hohe Verbreitung	C Vermeidung von Kundenabwanderung	– Firmenkunden in eigene DV-Systeme einbinden – Netzwerke für Privatkunden einrichten
6. *Netze und Dienste:* Hohe Verbreitung	R Verlust der Kundenkontakte	– Kundenansprüche vor Ort besser erfüllen

DESKRIPTOR UND TREND	CHANCEN (C)/ RISIKEN (R)	AKTIVITÄTEN
7. *Wirtschaftsentwicklung:* Steigend	C Ertragsorientiertes Wachstum R Erhöhte Kreditrisiken R Nicht profitabler Kapazitätsaufbau	– Überregionale Geschäftstätigkeit – Intensivierungsstrategie für den Regionalmarkt – Sorgfältige Kredit- und Marktanalyse
8. *Realeinkommen:* Steigend	C Mehr Privatkundengeschäft	– Extensivierung im Privatkundengeschäft – Neue Produkte für Vermögensanlage
9. *Branchenentwicklung:* Strukturwandel erfolgreich	C Gesündere Kunden- und Kreditstruktur R Falsches Kreditportfolio	– Ausstieg aus Problembranchen – Branchenspezifische Produkte und Beratung für wachsende Branchen – Sorgfältige Kredit- und Marktanalyse
10. *Sparquote:* Bleibt hoch	C/R Siehe Deskriptor 8	Siehe Deskriptor 8

Einflußbereich Gesetzgebung

11. *Bankenaufsicht:* Harmonisierung	C Wettbewerbsverbesserung	– Margenkalkulationsanpassung – Zusätzliche Auslandsaktivitäten bei ausgesuchten Auslandskunden

DESKRIPTOR UND TREND	CHANCEN (C)/ RISIKEN (R)	AKTIVITÄTEN
12. *Steuergesetze:* Harmonisierung auf niedrigem Niveau	C Mitarbeiterproduktivität steigend	– Kooperationspartner im Ausland suchen
13. *Arbeits- und Sozialgesetzgebung:* Flexibilisierung	R Wettbewerbsvorteil für ausländische Banken	– Tochter im Ausland gründen und Reimport der ausländischen Tochter in das Inland, um die Heimatregelung in Anspruch zu nehmen
	R Fluktuationsbereitschaft der Mitarbeiter	– Flexibler Personaleinsatz und Anpassung an die Erfordernisse – Attraktive Arbeitsbedingungen schaffen

Einflußbereich Wettbewerb

14. *Neue Produkte:* Zunahme	C Neue Ertragsquellen und neue Kunden	– Ausbau der Technik in Richtung Kundenfreundlichkeit
15. *Wettbewerberstruktur:* Zunehmende Konzentration	C Neue Vertriebswege und Kostenersparnis	– Anpassung an Kunden – zunehmendes Beratungsbedürfnis (z. B. am Abend und am Wochenende) für individuelle Beratung nutzen
16. *Vertriebsnetze:* Dominanz des technischen Vertriebs	R Fehlinvestition	– Bedarfsanalyse und Marktuntersuchung
	R Erhöhte Transparenz ermöglicht Vergleiche	– Verstärkung des Controlling – Kostenminimierung, um konkurrenzfähig zu bleiben

DESKRIPTOR UND TREND	CHANCEN (C)/ RISIKEN (R)	AKTIVITÄTEN
Einflußbereich Kunden		
17. *Kundenstruktur und -potential:* Wachstum	C Höhere Provisionseinnahmen	– Verstärkung der Akquisition
18. *Kundenbedürfnisse:* Bei Firmen weniger Beratung, bei Privaten mehr Beratung	R Weniger Firmenkundengeschäft aufgrund der eigenen Kompetenz	– Stärkung der Infrastruktur bzgl. Technik und Personal – Aufbau einer Kundenkalkulation statt einer Produktkalkulation – Aufbau von strategischen Geschäftseinheiten für verschiedene Kundengruppen
19. *Kundenverhalten:* Mehr Wechsel	C Stammkunden gewinnen R Kundenverlust	– Qualitative und quantitative Verbesserung der Akquisition durch: – Ausbildung – Fortbildung der Berater – verbesserte Hardware und Software

Szenario B

Einflußbereich Gesellschaft

1. *Leistungsbereitschaft:* Geringer	C Vermarktung von Freizeitangeboten R Fehlinvestitionen und Imageverlust	– Aufkauf oder Beteiligung an einer Reiseagentur bzw. einem Reisebüro – Sparprogramm Freizeit analog Bausparen mit Kreditanteil – Versicherungspaket – Gewinnspiele – Behutsame Marktpenetration

DESKRIPTOR UND TREND	CHANCEN (C)/ RISIKEN (R)	AKTIVITÄTEN
2. *Einstellung der Gesellschaft zur Technik:* Negativ	C Marktanteilsgewinn	– Mehr qualifiziertes Personal an der Front
	C Erhöhte Kosten	– Mehr Technik im Hintergrund
3. *Einstellung der Gesellschaft zu Banken:* Eher negativ	C Positive Profilierung des Bank-Images	– PR-Maßnahmen in Richtung „Die menschliche Bank"
		– PR: Wir helfen unseren Kunden auch in schlechten Zeiten
	R Kundenboykott	
Einflußbereich Technik		
4. *Hardware:* Dynamische Weiterentwicklung, aber keine Verbreitung in der Gesellschaft	C Kundentreue erhöhen und neue Kunden gewinnen	– Forcierung von Finanzberatungsprodukten, wie Datenbankservice und Marktberatung
5. *Electronic Banking:* Nur Verbreitung in der Wirtschaft, aber nicht in der Gesellschaft	C Verstärkte Rationalisierung	– Vertrieb von Software
		– Mehr EDV-Sicherheit intern realisieren und extern kommunizieren
	R Größere Abhängigkeit von Technik	– Pilotprojekt Electronic Banking mit ausgewählten Zielgruppen: Incentives zur Nutzung

DESKRIPTOR UND TREND	CHANCEN (C)/ RISIKEN (R)	AKTIVITÄTEN
6. *Netze und Dienste:* Hohe Verbreitung in der Wirtschaft, geringe Verbreitung in der Gesellschaft	R Höhere Fixkosten	– Datenverbund mit Großkunden

Einflußbereich Wirtschaft

7. *Wirtschaftsentwicklung:* Ungünstige Entwicklung	C Vermeidung von Risiken	– Verstärkung des Beratungsservices für Kunden
	R Erhöhtes Kreditrisiko bei Firmen und Privatkunden	– Ausbau der Früherkennung – Sanierungsberatung als Produkt – Bereinigung des Kreditportfolios – Evtl. Aufgabe des Firmenkreditgeschäftes
8. *Realeinkommen:* Geringer	C Verstärkte Konsumneigung und Umschichtung von Ersparnissen	– Erbschafts- und Vermögensberatung mit Versicherungsleistungsangebot koppeln – Geldmarktfonds ausbauen – Sicherstellung der Refinanzierungsbasis
	R Verlust von Kunden und Einlagen	– Kundenbonitätsprüfung verbessern
9. *Branchenentwicklung:* Schwacher Strukturwandel	R Verluste durch Problemkunden	– Aussteigen aus bestimmten Branchen – Konzentration auf gesunde Branchen – Gründungsberatung

DESKRIPTOR UND TREND	CHANCEN (C)/ RISIKEN (R)	AKTIVITÄTEN
10. *Sparquote:* Niedriger	C/R siehe Deskriptoren 7 und 8	– s. Deskriptoren 7 und 8

Einflußbereich Gesetzgebung

DESKRIPTOR UND TREND	CHANCEN (C)/ RISIKEN (R)	AKTIVITÄTEN
11. *Bankaufsicht:* Harmonisierung (Heimatrecht für ausländische Banken)	R Geschäftsverlust	– Ausrichtung der Kommunikation auf Vertrauen, Seriosität und Stetigkeit
	C Ausweitung der Geschäftstätigkeit in der EG	– Verstärkung der Länderreferenten – Aufbau eines Servicebüros
12. *Steuergesetze:* Steuerbelastung weiterhin hoch	R Wettbewerbsnachteil durch Besteuerung der Banken	– Interne Kostenreduzierung durch Rationalisierungsmaßnahmen – Akquisition bei öffentlichen Instituten
13. *Arbeits- und Sozialgesetzgebung:* Halten des sozialen Netzes	R Höhere Sozialabgaben und Wettbewerbsnachteile	– Personalabbau – Einsatz durch neue Techniken, soweit von der Gesellschaft akzeptiert, aber wesentlich im Back-Office
	C Erhaltung bzw. Erweiterung des Kundenpotentials	– Kundenorientierte Qualifizierung der Mitarbeiter durch Schulung

DESKRIPTOR UND TREND	CHANCEN (C)/ RISIKEN (R)	AKTIVITÄTEN
Einflußbereich Wettbewerb		
14. *Neue Produkte:* Rückkehr zu klassischen Bankprodukten	R Mangelndes Angebot von neuen Produkten C Kosteneinsparung	– Produktrelaunches der vorhandenen Bankprodukte – Leistungsbezogene Anreize für Bankmitarbeiter
15. *Wettbewerberstruktur:* Zunehmende Konzentration	R Fehlende Größenordnung (nicht wettbewerbsfähig) C Hohe Synergieeffekte	– Suche nach geeigneten Partnern (Joint Ventures oder Akquisitionen) – Eigenkapitalverstärkung – Kooperationsbemühungen – Intensivierung der Marktdurchdringung
16. *Vertriebsnetze:* Dominanz der persönlichen Beratung	R Zusätzliche Personalkosten bei unveränderten Technikkosten C Nutzung von vorhandenen Vertriebswegen im Verbund	– Verkauf von technischen Dienstleistungen an Dritte – Verkauf von Bankdienstleistungen durch alle Vertriebspartner
Einflußbereich Kunden		
17. *Kundenstruktur und -potential:* Schrumpfung	R Ertragsrückgang	– Zielgruppenbezogene Akquisition

DESKRIPTOR UND TREND	CHANCEN (C)/ RISIKEN (R)	AKTIVITÄTEN
	C Wertmäßige Ausschöpfung bestimmter Zielgruppen	– Bestandsanalyse bzgl. bedarfsorientierter Produktangebote – Konzentration auf ausgewählte, finanzstarke Kundengruppen; SGEs einrichten
18. *Kundenbedürfnisse:* Bei Firmen mehr Beratung, bei Privaten weniger Beratung	R Ausweitung der Personalkosten	– Intensivierung des vorhandenen Kundenbestandes
	C Ausweitung des Geschäftes	– Forcierung von Cross-Selling
19. *Kundenverhalten:* Mehr Wechsel	C Kundenfluktuation	– Stärkere Kundenbindung durch Angebote, Vernetzung und Cross-Selling

Schritt 7 – Störereignisanalyse

Ziel dieses Schrittes ist es, mögliche externe und interne Störereignisse zu sammeln, bzgl. ihrer Signifikanz (Auswirkungsstärke auf das Unternehmen) zu bewerten und auszuwählen. Die Störereignisse werden in ihren Auswirkungen sowohl in den Szenarien als auch auf das Unternehmen analysiert, um dann wirkungsvolle Präventiv- und Reaktivmaßnahmen zu erarbeiten.

Anmerkung:

Es wurden nur zwei Störereignisse ausgewählt.

Präventivmaßnahmen werden in die in Schritt 8 zu erarbeitende Leitstrategie integriert.

Analyse der Störereignisauswirkungen

Auswirkungen im Szenario	Auswirkungen auf die Bank	Präventivmaßnahmen	Reaktivmaßnahmen
Störereignis: Kreditbetrug von wichtigen Abnehmern			
keine	– Kapitalverlust – Produktivitätsverlust – Imageverlust – Kundenverlust – Vertrauensschaden	– Risikomanagement – Bessere Risikostreuung im Kundenmix – Mitarbeiterschulung und -sensibilisierung	– Katastropheneinsatz – Auffanggesellschaft gründen – Reserven auflösen
Störereignis: Computer-Viren zerstören Software nachhaltig			
Fehlende Information und Zusammenbruch der wirtschaftlichen und gesellschaftlichen Kommunikation	Auswirkung auf Technik und Leistungsfähigkeit sowie Imageverlust in der Gesellschaft	– Aufbau eines zweiten Rechenzentrums – Programmduplizierung und Speicherung auf Mikrofilm oder Papier	– Umsetzung der Präventivmaßnahmen

Schritt 8 – Szenario-Transfer

Ziel dieses Schrittes ist es, auf der Basis der in Schritt 6 und 7 erarbeiteten Aktivitäten und Präventivmaßnahmen eine Leitstrategie zu entwickeln.

Der Anspruch an die Leitstrategie geht dahin, daß sie robust und flexibel unter unterschiedlichen externen Situationen bestehen muß. Daher werden die Aktivitäten zu Szenario A und B, die in beiden Szenarien genannt wurden, in die Leitstrategie integriert. Darüber hinaus prüft man, ob attraktive Ideen, die nur in einem Szenario erarbeitet worden sind, auch im anderen Szenario passen. Wenn dies der Fall ist, werden sie ebenfalls in die Leitstrategie integriert.

Leitstrategie-Empfehlung

1. *Allgemeine Ausrichtung*

Ziel:

Erfolgreiches Bestehen unter unterschiedlichen Rahmenbedingungen

Strategien:

- Klare SGE-Orientierung und -Organisation (Denken und Handeln vom Markt und den Kundenbedürfnissen her und *nicht* vice versa; Umsetzung der Kundenbedürfnisse in Produkte und Dienstleistungen und Bündelung von Kundengruppen und Produkten/Dienstleistungen)
- Splittung der Produktpalette innerhalb der SGE's nach Standardprodukten und Spezialprodukten (unterschiedlich in Marketing, Vertrieb, Service, Technik etc.)
- Profilierung als Problemlöser des Kunden

2. *Corporate Identity*

Ziel:

Abheben vom üblichen Bankimage und Profilierung als Partner und Problemlöser des Kunden

Strategien:

- Imagekorrektur analog der neuen SGE's
- Neue Corporate Identity nach innen und außen leben und kommunizieren
- CI-Ausdruck auch im Verhalten und Auftreten der Mitarbeiter am Markt (Mitarbeiterschulung)
- Corporate Design der neuen CI anpassen (einheitliche, überzeugende Gestaltung)
- Eigene „Marken" für Produkte und Dienstleistungen entwickeln
- „Humane Bank" als CI

3. *Diversifikation*

Ziele:

- Erschließung neuer Marktsegmente (zur CI passend)
- Abrundung und Ergänzung der Produkte und Services

Strategien:

- Aufbau einer eigenen Unternehmensberatung

Maßnahmen:

- Definition der Aufgaben, z. B.:
    - Strategieberatung
    - Marketing
    - Rationalisierung
    - Sanierung
    - Insolvenzberatung
    - Akquisitionsberatung
    - Unternehmensberatung („Geburtshelfer" und Betreuer)
    - MBO, evtl. auch Personalberatung
- In Kombination mit Unternehmensberatung eigenes Ausbildungsinstitut gründen (Schulung von Mitarbeitern und Kunden z. B. bezüglich Electronic Banking)

Strategie:

- Einstieg in Versicherungsmarkt

Maßnahmen:

- Kooperation mit oder Akquisition einer Versicherung
- Kombination der Versicherungsprodukte mit eigenen Produkten und Dienstleistungen

Strategie:

- Diversifikation in sonstige Dienstleistungen

Maßnahmen:

- Kombination von Bankprodukten mit weiteren Services, wie Steuerberatung, Wirtschaftsprüfung, Immobilienberatung/-vermittlung
- Tourismus und Freizeit (Kombination mit Finanzierung und Sparen)

4. *Kooperation/Joint Ventures/Akquisitionen*

Ziel:

Unterstützung der Diversifikationsziele und -strategien

Strategie:

Standbeine im Ausland schaffen

Maßnahmen:

- Kooperationen/Joint Ventures mit ausländischen Banken (inkl. Büros, Repräsentanzen)
- Gründung eigener Auslandstöchter und Reimport

Strategie:

- Ausbau der Geschäftsbasis

Maßnahmen:

- Kooperationen mit Versicherungen (Synergie: komplementäres Knowhow und Vertriebswege)
- Analyse der Wettbewerber (In- und Ausland) wegen möglicher Fusionen
- Beteiligung an Freizeit- und Tourismusunternehmen und Kombination mit eigenen Produkten (Full Service für Kunden)

Strategie generell:

- Festlegung von Kooperations-/Joint Venture-/Akquisitionskriterien, z.B. Komplementär-Marktanteile, Komplementär-Know-how, -Produkte, -Dienstleistungen, technische Systeme, -Vertriebsnetz)

5. Marketing

5. a) Kundenbeziehung

Ziel:

Halten und Ausbau der Marktposition

Strategie:

– Intensivierung des Stammkundengeschäftes

Maßnahmen:

– SGE-Organisation analog Punkt 1.
– Früherkennungssystem für Kunden (Änderung im Kundenverhalten, Erkennen von Risiken)
– Kundenorientierung in Produkten, Konditionen, Service und Verhalten umsetzen
– Intensivierung des Regionalmarktes
– Lösung von unattraktiven Kundengruppen (ergibt sich aus SGE-Analyse)
– Konzentration der Kundenberatung auf komplexe, teure Produkte
– Beratung als Full-Service-Paket für diverse Zielgruppen, z.B. Senioren, Unternehmer, Familien, Selbständige, Firmen
– Beratung von Privatkunden (Vermögen, Erbschaft, Altersversorgung)
– Incentives für Kundentreue (Firmenkunden und Privatkunden)
– Cross-selling verstärken

Strategie:

– Gewinnung neuer Kunden

Maßnahmen:

– Erschließung neuer Märkte (s. Kooperationen)
– Konzentration auf Wachstumsbranchen (Informations- und Kommunikationstechnik, Dienstleistungsbereich, Bio- und Gentechnik, Umweltschutz)
– Aktion: Kunden werben Kunden mit Incentives (evtl. Kombination mit Freizeit- und Reisesparte; Firmen-Incentive-Reisen)

- Bank als Infobroker (Kombination mit externen Banken); Information als Produkt (Entwicklung neuer Dienstleistungen und Produkte)
- Incentives für die Nutzung von Electronic Banking

Strategie:

- Verbesserung der Kundenbindung

Maßnahmen:

- Aufbau von Datenbanken und später Erweiterung in Richtung Expertensysteme (auch für Kunden)
- Installation von Netzen mit Zugang für Kunden zu unseren Datenbanken
- Pilotprojekt Electronic Banking
- Software zur Analyse des Kundenverhaltens nutzen; ggfs. Beratereinsatz bei Änderung des Kundenverhaltens

5. b) *Produkte und Dienstleistungen*

Ziel:

Entwicklung von zielgruppenorientierten Angeboten (Produkte und Dienstleistungen)

Strategie:

- Forcierung von innovativen Produktideen

Maßnahmen:

- Entwicklung folgender Angebote:
  - Information als Produkt (unterschiedlich je nach Zielgruppe und Informationsbedarf)
  - Elektronische Produkte (Pilotprojekt für Firmen und interessierte Privatkunden)
  - Software als Produkt (Kundenbindung stärken)
  - Anlageprodukte (Senioren, Familien, Singles, Selbständige etc.)
  - Kombinationsprodukte mit Versicherung, Reisen, Immobilien
  - Steuersparprodukte
  - Freizeit- oder Reisesparen
  - Versicherungssparen

6. Vertrieb

Ziel:

Ausbau vorhandener und Erschließung neuer Vertriebswege

Strategie:

– Ausbau vorhandener Vertriebswege

Maßnahmen:

– Trennung der Vertriebswege nach Standardprodukten (schnell, einfach, teilweise elektronisch) und komplexen beratungsintensiven Produkten
– Einrichtung von Beratungszentren

Strategie:

– Aufbau neuer Vertriebswege

Maßnahmen:

– Nutzung der Vertriebswege von Reisebüros, Hotels, Versicherungen, Auslandspartnern, Sparkassen, Bausparkassen
– Andere Dienstleister wie z.B. Unternehmensberater, Steuerberater, Wirtschaftsprüfer, Makler etc. als verlängerten Vertriebsarm nutzen
– Persönliche Beratung via Datennetze initiieren

7. Kommunikation

Ziel:

– Verbesserung der Vertrauensbasis

Strategie:

– Verbesserung des Images

Maßnahmen:

– Imagekampagne:
  – Vertrauen, Stetigkeit, Kompetenz, Partner und Problemlöser des Kunden

- Menschliche Bank
- Menschliche Technik (Technik für den Anwender „begreifbar", „sinnlich" machen)
- Datensicherheit in der Bank demonstrieren (Tag der offenen Tür)
- Dem Kunden die über ihn gespeicherten Daten zugänglich machen

Strategie:

Erhöhung des Bekanntheitsgrades

Maßnahmen:

- Offene Informationspolitik, Transparenz der Produkte und Konditionen
- Gemeinsame PR mit renommierten Kunden
- Buch zum Thema „rund ums Geld" schreiben (lassen)

8. *Interne Voraussetzungen*

Mitarbeiter

Ziel:

Engagierte, kompetente, motivierte Mitarbeiter

Strategie:

- Verbesserung der Mitarbeitermotivation

Maßnahmen:

- Vermögensbildung durch Genußscheine
- Sinngebung in der Arbeit (Neudefinition von Arbeitsinhalten)
- Organisationsentwicklung
- Leistungsanreize monetär und nichtmonetär
- Karriere-Szenarien
- Flexibilisierung der Arbeitszeit (Teilzeit, Jobsharing, Sabbatjahr)
- Einsatz der Mitarbeiter nach Persönlichkeitsprofil (Innovator, Entrepreneur, Sanierer, Controller etc.)
- Jobrotation international und funktional
- Tutorenmodell

- Incentives à la Cafeteria-System
- Leistungsbezogenes Gehalt (1 Teil Fixum, 1 Teil Unternehmenserfolg, 1 Teil Teamerfolg, 1 Teil Individualerfolg)

Strategie:

- Verbesserung der Qualifikation

Maßnahme:

- Mitarbeiterweiterbildung: strategisch, unternehmerisch, kundenorientiert, problemlösungsfähig, CI etc.

Fallbeispiel 2: Biokost-Unternehmen

Ausgangssituation des Unternehmens

Ein mittelständisches Unternehmen in einer ländlichen Gegend Deutschlands stellt verschiedene Nahrungsmittel auf der Basis biologischen Anbaus her. Die Produktpalette reicht von biologischen Brotaufstrichen über verschiedene Suppen, Teigwaren bis hin zu einer neu gegründeten Produktgrupppe: Biokost für den Gourmet, im wesentlichen Feinkostprodukte. Alle Produkte werden ohne Konservierungsstoffe hergestellt und haben nach Anbruch der jeweiligen Gläser auch nur eine beschränkte Haltbarkeit. Das Unternehmen vertreibt seine Produkte über Bioläden, Reformhäuser und seit neuestem auch über eine Drogeriekette. Die Unternehmensgründungsidee entstand zu Beginn der ersten Lebensmittelskandale, als der Ruf nach gesunden Nahrungsmitteln stärker wurde. Das Unternehmen bezieht seine Rohstoffe von Landwirten, die sich dem biologischen Anbau verschrieben haben und auch entsprechend kontrolliert werden. Das Unternehmen hat ca. 150 Mitarbeiter und eine dynamische und aufgeschlossene Führungsmannschaft, die gegenüber Neuerungen und Veränderungen offen ist.

Problemstellung

Das Problem des Unternehmens besteht in seiner etwas eingeschränkten Produktpalette und der Tatsache, daß die derzeitigen Vertriebswege für eine breitere Marktdurchdringung einfach nicht ausreichen.

Das Unternehmen steht in Wettbewerb mit einigen Bioprodukt-Anbieter, die zum Teil eine größere Palette haben und bereits in Supermärkten vertreten sind. Darüber hinaus hat man Trends erkannt, daß traditionelle Nahrungsmittelhersteller, im wesentlichen große Unternehmen und multinationale Konzerne, ihre Produktpalette immer weiter in Richtung gesunde, natürliche, leichte und kalorienarme Produkte diversifizieren.

Die Frage, die sich das Unternehmen stellt, lautet: Wie können wir unsere Produktpalette entsprechend attraktiven Angeboten auf der Rohstoffseite und Verbraucherbedürfnissen erweitern und eine höhere Marktdurchdringung erreichen?

Schritt 1: Aufgabenanalyse

Ziel dieses Schrittes ist es, die interne Ausgangssituation zu analysieren und dies bedeutet, Leitbild, Ziele und Strategien sowie Stärken und Schwächen zu analysieren. Ein ausgefeiltes Unternehmensleitbild besteht noch nicht, jedoch gilt die Unternehmensgründungsidee als Leitvorstellung für die Mitarbeiter.

1.1 Unternehmensgründungsidee

Gesunde und schmackhafte Nahrungsmittel auf der Basis von biologisch einwandfreien Rohstoffen, die die Kundenansprüche bezüglich Gesundheit, Reinheit und gutem Geschmack erfüllen.

1.2 Ziele

- Ausbau der Marktposition in den bisherigen Vertriebswegen
- Entwicklung neuer Produkte mit Chancen für eine größere Marktdurchdringung

1.3 Strategien

- Verstärkung des Außendienstes in den bisherigen Vertriebswegen und Start von Verkaufsförderungsaktionen in der Drogeriekette
- Analyse von Verbraucherwünschen bezüglich neuer Geschmacksrichtungen bei Bioprodukten
- Entwicklung eines PR- und Werbekonzeptes

1.4 Stärken und Schwächen

Stärken

- Relativ gutes Image bei den bisherigen Handelsabnehmern und den bisherigen Verbrauchern
- Motivierte und innovationsbereite Mannschaft

Schwächen

- Man weiß zwar, was man ändern will, aber noch nicht wie
- Probleme und Beschwerden bezüglich geringer Haltbarkeit bei den Produkten
- Zu viele Einzelideen statt einer zielgerichteten Strategie

Thema für das Szenario-Projekt

Welche Zukunftsziele und -strategien müssen wir unter unsicheren und unterschiedlichen Zukunftsentwicklungen erarbeiten?

Zeithorizont für die Betrachtung

2000

Schritt 2: Einflußanalyse

Ziel dieses Schrittes ist es, die externen Einflußbereiche des Bioproduktherstellers zu definieren, ihre jeweiligen Einflußfaktoren zu erfassen und in eine relative Rangfolge zu bringen.

2.1 Festlegen der Einflußbereiche

Folgende Einflußbereiche wurden identifiziert:

A Kunden (Handelsunternehmen)
B Beschaffungsmarkt
C Wettbewerb
D Gesetzgebung
E Technik
F Wirtschaft
G Gesellschaft

2.2 Festlegen der Einflußfaktoren

2.3 Erstellen einer relativen Rangfolge der Einflußfaktoren pro Einflußbereich

Einflußbereich A Kunden (Handelsunternehmen)

- derzeitige Kundenstruktur (Bioläden, Reformhäuser, Drogerie)
- Kundenbedürfnisse: Marktgängige Sortimente, Zuverlässigkeit, Qualität, Aktualität
- Kundenverhalten: Druck auf die Margen, Forderung nach Werbekostenzuschüssen, Finanzierung und Durchführung von Aktionen am POS

Einflußbereich B Beschaffungsmarkt

- Qualität und Quantität von biologisch einwandfreien Rohstoffen
- Neue Züchtungen

Einflußbereich C Wettbewerb

- Wettbewerb im gleichen Marktsegment
- Wettbewerbsfaktoren: Zugang zu anderen Handelsformen, gute Qualität und guter Service
- Seiteneinsteiger: Große Lebensmittelkonzerne mit finanzstarker Marktmacht gegenüber dem Handel (Plazierung) und großem Außendienst

Einflußbereich D Gesetzgebung

- Vorschriften über Produkte aus biologischem Anbau
- MHD (Mindesthaltbarkeitsdatum)-Vorschriften
- EG-Produkthaftung

Einflußbereich E Technik

- Herstellungsverfahren
- Verpackungstechnik
- Biotechnologie
- Kommunikationstechnik

Einflußbereich F Wirtschaft
- Einkommensentwicklung
- Konzentrationstrend
- EG-Binnenmarkt

Einflußbereich G Gesellschaft
- Einkommensverwendung der Gesellschaft
- Einstellung der Gesellschaft zu gesunder Ernährung
- Einstellung der Gesellschaft zum Genuß

2.4 Analyse der Vernetzungen

Die Vernetzungsanalyse mit Hilfe der Vernetzungsmatrix und der System-Grids ergab folgendes:

Die dominierenden Einflußbereiche im aktiven Feld sind Wirtschaft und Gesellschaft. Mit etwas schwächeren aktiven Werten folgt die Gesetzgebung.

Im ambivalenten Feld befindet sich keinen Bereich.

Im puffernden Bereich liegt die Technik.

Im passiven Bereich liegen in folgender Rangfolge: Wettbewerb, Absatzmarkt und Beschaffungsmarkt.

Was bedeutet dieses System-Grid für die Systemdynamik des Bioprodukte-Herstellers? Die entscheidenden Impulse kommen aus der Wirtschaft, nämlich der Einkommensentwicklung, den Konzentrationstrends und den Auswirkungen des EG-Binnenmarktes, die sich im Wettbewerb, im Absatzmarkt und natürlich in der Einkommensverwendung der Verbraucher niederschlagen. Die Gesellschaft übt einen entscheidenden Einfluß durch den Trend zu mehr Genuß und zu gesunder Ernährung aus. Entscheidend für das, was gekauft wird, ist jedoch die Einkommensverwendung. Gesetzgebung beherrscht zwar noch nicht das Umfeldsystem, aber sie übt bereits ihre Einflüsse über die verschiedenen Vorschriften für Produkte aus biologischem Anbau, MHD-Vorschriften und vor allem die neu verabschiedete EG-Produkthaftung aus.

Die Technologie ist derzeit noch in einer indifferenten Position. Sie beherrscht nicht die Umfeldsysteme, sie ist aber wichtig für ein reibungsloses Funktionieren (Öl im Motor).

Alle Marktbereiche liegen im passiven Feld. Dies bedeutet, daß sie in hohem Maße Einflüsse aus dem aktiven Bereich absorbieren und verarbeiten müssen. Die stärkste Position im passiven Bereich hat der Wettbewerb, da es hier dominierende Konzerne gibt, die auch eine große Marktmacht gegenüber dem Handel haben. An zweiter Stelle liegt der Absatzmarkt (Handel), der ebenfalls in hohem Maße von wirtschaftlichen Entwicklungen und gesellschaftlichen Verhaltensweisen abhängig ist. An letzter Stelle befindet sich der Beschaffungsmarkt, der kaum Einflüsse setzen kann, lediglich auf den Wettbewerb, aber sowohl von gesetzlichen Vorschriften, als auch von gesamtglobalen Entwicklungen, wie Wirtschaft und Gesellschaft abhängig ist.

Welche Rückschlüsse kann das Unternehmen aus dieser Ist-Situation ziehen?

Es wurde allen Beteiligten klar, wie wichtig gesamtwirtschaftliche und gesellschaftliche Rahmenbedingungen sind, die man bisher gegenüber den Markt- und Wettbewerbsbeobachtungen vernachlässigt hatte. Daher beschloß man, einige Mitarbeiter mit der Beobachtung der wesentlichen Faktoren aus Gesellschaft und Wirtschaft zu beauftragen sowie den Leiter der Qualitätskontrolle damit zu beauftragen, sich um neue gesetzliche Vorschriften und Normen zu kümmern, um diese in der Produktion umzusetzen und den Kollegen mitzuteilen.

Außerdem erkannten alle Beteiligten, wie stark Märkte und Wettbewerb von den globalen Faktoren abhängig sind und man beschloß, stärker darauf zu achten, wie man sich diese Einflüsse auf die Verhandlungspartner zunutze machen könnte. Allen Beteiligten war klar, daß dies jedoch nur die Beleuchtung einer Gegenwartsituation ist, die sich in Zukunft ändern könnte. Auf der anderen Seite war es für alle wichtig zu wissen, von welchen Faktoren man selber abhängig war, denn das, was für den Wettbewerb gilt, gilt natürlich auch, und sicherlich in verstärktem Maße für das eigene Unternehmen, da die Wettbewerber größere Konzerne sind.

Schritt 3: Trendprojektionen

Ziel dieses Schrittes ist es, auf der Basis der in Schritt 2 ermittelten Einflußfaktoren wertneutrale Deskriptoren oder Kenngrößen zu formulieren, die dann in ihrem Ist-Zustand beschrieben und in ihren Projektionen für das Jahr 2000 einschließlich Begründungen aufgezeigt werden. Dabei kommt es darauf an, daß bei allen Projektionen, bei denen man heute unsicher ist über Zukunftsentwicklungen, Alternativen erarbeitet und diese sorgfältig begründet werden.

DESKRIPTOR UND IST-ZUSTAND	PROJEKTION 2000	BEGRÜNDUNG FÜR DIE PROJEKTION 2000
Einflußbereich Wirtschaft		
Einkommen:		
Relativ gut	2 Alternativen: A Steigende Einkommen	Gute Konjunkturentwicklung ermöglicht Einkommenssteigerung. Die gute Konjunktur wird unterstützt durch den Erfolg der EG für alle Mitgliedstaaten. Dies führt zu höheren Investitionen im high-tech-Bereich und im Dienstleistungsbereich und zur Schaffung neuer Arbeitsplätze. Die DDR ist erfolgreich saniert.
	B Rückläufige Einkommen	Konjunkturrückgang in Deutschland da die Sanierung der DDR hohe finanzielle Opfer fordert. Dies führt zu Steuererhöhungen. Verschärft wird die Situation durch das Nichtgreifen der EG sowie eine ungünstige Weltkonjunktur.
Konzentrationstrends:		
Zunehmend aufgrund der Vorbereitung zum EG-Binnenmarkt	2 Alternativen: A Steigende Konzentration	Im Zuge des EG-Binnenmarktes entstehen starke euro- und multinationale Konzerne. Dies wird ermöglicht durch eine liberale Kartellgesetzgebung EG-weit. Darüber hinaus sind die Unternehmen der Meinung, daß Innovationen nur in finanzstarken,

DESKRIPTOR UND IST-ZUSTAND	PROJEKTION 2000	BEGRÜNDUNG FÜR DIE PROJEKTION 2000
		großen Unternehmen entwickelt und vermarktet werden können.
	B Stop der Konzentrationen	Verschärfte anti-trust-Bestimmungen, aber auf nationaler Basis, da die EG nicht greift. Dies sollen mittelständische Unternehmen schützen. Aufgrund der angespannten Konjunkturlage kommt es zu Shake-out-Prozessen. Nur finanzstarke und innovative Unternehmen überleben.
EG-Binnenmarkt: Derzeit Aktionen zur Vorbereitung	2 Alternativen: A EG-Binnenmarkt voller Erfolg	Die EG hat aufgrund einer vernünftigen Politik in Brüssel zu einer Reihe von Vorteilen für die Europäer geführt. Harmonisierung und Freizügigkeit sind in vollem Umfange realisiert. Dies begünstigt allerdings den Wettbewerb von außen.
	B EG erweist sich als Flop	Die EG bringt mehr Nachteile als Vorteile für die Mitgliedsstaaten aufgrund der anwachsenden Bürokratie. Verfahren werden umständlicher und verzögert. Zum großen Teil kann man sich nicht auf einheitliche Normen und Standards einigen. Daher herrschen in vielen Bereichen noch nationale Regelungen vor.

DESKRIPTOR UND IST-ZUSTAND	PROJEKTION 2000	BEGRÜNDUNG FÜR DIE PROJEKTION 2000

Einflußbereich Gesellschaft

Einkommensverwendung:

Derzeit in Richtung Luxusprodukte und Freizeit	2 Alternativen: A Mehr Geld für den Konsum	Aufgrund der guten Konjunktur mit steigenden Einkommen kann sich jeder etwas mehr leisten. Daher geht mehr Geld in den Bereich Genuß (exotische Spezialitäten, Freizeit, Reisen und Weiterbildung).
	B Konsumeinschränkung	Aufgrund einer ungünstigen Konjunktur mit rückläufigen Einkommen konzentriert man sich auf den Grundbedarf. Man kann sich nur seltener etwas Gutes leisten.

Einstellung der Gesellschaft zu gesunder Ernährung:

Gesundheitsbewußtsein hoch, -verhalten jedoch verbesserungsbedürftig	2 Alternativen: A Die Lücke zwischen Gesundheitsbewußtsein und -verhalten ist geschlossen	Der einzelne ist daran interessiert, sich gesund zu erhalten durch Präventivmaßnahmen wie Sport, gesunde Ernährung etc. Für die Individuen in der Gesellschaft ist es jedoch wichtig, Gesundheit mit Genuß zu koppeln.
	B Das Gesundheitsbewußtsein ist weiterhin hoch	Die Möglichkeit hierfür viel Geld auszugeben, ist jedoch eingeschränkt aufgrund der rückläufigen Einkommen. Daher dominiert ein preisorientiertes Gesundheitsverhalten wie z. B. preiswerte Sportarten und einfache, aber gesunde Ernährung, zum Teil durch Eigenanbau im Garten.

DESKRIPTOR UND IST-ZUSTAND	PROJEKTION 2000	BEGRÜNDUNG FÜR DIE PROJEKTION 2000
Einstellung der Gesellschaft zum Genuß:		
Derzeit hohe Genußorientierung	2 Alternativen: A Dominanz des Genußdenkens	Luxus- und Prestigegenuß sind möglich wegen höherer Einkommen. Wer sich mit exotischen Spezialitäten auskennt, genießt ein hohes Image. Dies führt zu höheren Importen von Delikatessen. Exotik ist „in".
	B Schlichter Genuß	Das Genußstreben ist weiterhin da, aber man versucht, dies mit einfachen Mitteln zu realisieren und präferiert statt exotischer Spezialitäten natürliche und gesunde Produkte aus der eigenen Region.
Einflußbereich Gesetzgebung		
Vorschrift über Produkte aus biologischem Anbau:		
Derzeit noch keine eindeutigen Regelungen in der EG vorhanden	2 Alternativen: A EG-weit einheitliche Regelung	Dies ist verbindlich für alle EG-Mitgliedstaaten. Der Begriff biologischer Anbau von Produkten ist geschützt in der EG.
	B Keine Einigung	Die EG-Länder können sich nicht einigen. Daher präferiert jedes Land eigene nationale Standards. Der Begriff biologischer Anbau ist nicht eindeutig geklärt und geschützt.

DESKRIPTOR UND IST-ZUSTAND	PROJEKTION 2000	BEGRÜNDUNG FÜR DIE PROJEKTION 2000
Mindesthaltbarkeitsdatum:		
Derzeit nationale Regelungen vorhanden	2 Alternativen: A Verschärfung	Durch Lebensmittelskandale aufgeschreckt, verlangt der Verbraucher via Verbraucherschutzverbände mehr Sicherheit bei den Nahrungsmitteln. Daher werden die MHD-Vorschriften ausgeweitet.
	B Status quo	Man ist der Meinung, daß die bisherigen Regelungen in den unterschiedlichen Ländern ausreichen.
EG-Produkthaftung:		
Anfang 1990 neue EG-Produkthaftung verabschiedet	2 Alternativen: A Angleichung an US-Produkthaftung	Aufgrund weltweit offener Märkte und eines florierenden Welthandels wird die EG-Produkthaftung der US-Produkthaftung angeglichen. Sie ist jedoch nicht so ausgelegt wie die US-Produkthaftung, da diese auf dem Präzidenzfallrecht basiert.
	B Status quo	In Europa ist man der Meinung, daß die EG-Produkthaftung ausreicht. Eine Verschärfung würde eine zu große finanzielle Belastung für die Unternehmen bedeuten und ein weiteres Innovationshemmnis sein.

DESKRIPTOR UND IST-ZUSTAND	PROJEKTION 2000	BEGRÜNDUNG FÜR DIE PROJEKTION 2000

Einflußbereich Technik

Herstellungsverfahren:

Derzeit auf hohem Standard aber noch verbesserungsbedürftig	2 Alternativen: A Innovative Verfahren verfügbar	Neue Verfahren zur schonenderen Herstellung von Nahrungsmitteln (Beibehaltung des vollen Nährwertgehaltes inkl. Vitamine, Spurenelemente und Mineralien) sind verfügbar. Diese ermöglichen auch eine gesundheitsunschädliche Konservierung ohne die bisher verwendeten Konservierungsmittel.
	B Marginale Verbesserung	Es gibt keine entscheidende Innovationen bei der Herstellung von Nahrungsmitteln. Das Vorhandene wird lediglich optimiert, da die Unternehmen aufgrund der ungünstigen Wirtschaftssituation keine hohen Investitionen tätigen können und wollen.

Verpackungstechnik:

Derzeit eine Vielfalt von Verpackungsmaterialien wie Glas, Papier, Folien etc. im Einsatz	2 Alternativen: A Innovationen vorhanden	Neue Materialien, die recyclingfähig, biologisch abbaubar und teilweise eßbar sind, haben sich durchgesetzt. Die Umweltschutzgesetzgebung hat dazu geführt, daß die Verpackungs- und Nahrungsmittel-Hersteller Innovationen auf den Markt gebracht haben.

DESKRIPTOR UND IST-ZUSTAND	PROJEKTION 2000	BEGRÜNDUNG FÜR DIE PROJEKTION 2000
	B Preiswerte Verpackungstechnik dominiert	Aufgrund der Umweltschutzgesetzgebung wird Verpackung generell reduziert, vor allem Mogelpackungen. Statt innovativer, recyclingfähiger oder biologisch abbaubarer Verpackungsmittel dominiert Mehrweg als die preiswertere Lösung.
Biotechnologie: Erste Erfolge, jedoch Kritik bezüglich Gentechnik in Gesellschaft und Gesetzgebung	2 Alternativen: A Dynamische Fortschritte	Dynamischer Fortschritt der Biotechnologie, speziell der Gentechnologie bei Pflanzen und Tieren. Gesellschaft und Gesetzgeber haben erkannt, daß Biotechnologie Qualität und Verfügbarkeit bei Nahrungsmitteln signifikant verbessern kann. Daher gibt es keine Einschränkungen innerhalb der EG.
	B Langsame Entwicklung	Die Biotechnologie und speziell die Gentechnik werden aufgrund ihrer Risiken für Gesundheit und Sicherheit (man befürchtet Genmanipulationen beim Menschen) durch den Druck der Gesellschaft behindert. Die Folge daraus ist, daß der Gesetzgeber die entsprechenden Regelungen verschärft und Firmen in Europa ihre Biotechnologie-Forschung nach USA und Japan verlagern.

DESKRIPTOR UND IST-ZUSTAND	PROJEKTION 2000	BEGRÜNDUNG FÜR DIE PROJEKTION 2000
Kommunikationstechnik:		
Derzeit hauptsächlich im wirtschaftlichen, aber weniger im privaten Bereich	2 Alternativen: A Dynamische Entwicklung	Dynamische Entwicklung der Kommunikationstechnik und hohe Durchdringung in Wirtschaft und Gesellschaft; die Gesellschaft ist technikaufgeschlossen und nutzt diese Systeme intensiv.
	B Langsame Entwicklung	Die Technik selbst entwickelt sich weiter, wird jedoch nicht im erwarteten Maße von der Gesellschaft angenommen. Lediglich in der Wirtschaft hat die Kommunikationstechnik einen hohen Stellenwert.
Einflußbereich Wettbewerb		
Entwicklung der Wettbewerber im gleichen Marktsegment:		
Derzeit gegenüber den Großkonzernen nur schwache Position	2 Alternativen: A Boom	Gesundheit und Genuß sind in und der Verbraucher ist bereit, hierfür auch entsprechend mehr Geld auszugeben. Darüber hinaus kann man durch verbesserte Herstellungsverfahren sowie neue Produkte die Marktposition ausbauen.
	B Shake-out	Die biologischen, aber teureren Produkte werden vom Verbraucher nicht angenommen, da der Preis das entscheidende Kaufkriterium ist.

DESKRIPTOR UND IST-ZUSTAND	PROJEKTION 2000	BEGRÜNDUNG FÜR DIE PROJEKTION 2000
Seiteneinsteiger:		
Derzeit Initiativen der großen Nahrungsmittelkonzerne	2 Alternativen: A Verstärkter Einstieg	Der Markt der Bioprodukte ist ein attraktiver Wachstumsmarkt. Die Konzerne verfügen über genügend Finanzmittel, um kleine Unternehmen in diesem Bereich aufzukaufen und Innovationen erfolgreich im Markt einzuführen.
	B Teilweise Rückzug der Seiteneinsteiger	Teure Flops haben zu einem Rückzug aus diesem Markt geführt, da der Verbraucher teurere biologische Produkte nicht in dem erwarteten Umfang annimmt.

Einflußbereich Absatzmarkt

Entwicklung der bisherigen Kundenstruktur (Bioläden, Reformhäuser, Drogerien):		
Keine wesentlichen Markterfolge	2 Alternativen: A Boom dieser Handelsformen	Hohe Nachfrage nach biologisch einwandfreien und gesunden Produkten und ein verbessertes Marketing dieser Handelsformen führen zu gutem Wachstum.
	B Shake-out	Der Verbraucher ist mehr preis- als qualitätsbewußt. Daher verlieren diese Handelsformen gegenüber den traditionellen Handelsformen, vor allem Discountern. Die ungünstige Konjunktur verschärft die Situation.

DESKRIPTOR UND IST-ZUSTAND	PROJEKTION 2000	BEGRÜNDUNG FÜR DIE PROJEKTION 2000
Entwicklung sonstiger Handelsformen:		
Der Markt ist aufgeteilt zwischen Filialbetrieben, Einkaufsgenossenschaften, Discountern und Verbrauchermärkten	2 Alternativen: A Boom des Erlebnis-Handels	Der Verbraucher wünscht neben dem qualitativ hochwertigen Produkt nicht nur einen entsprechenden Service, sondern auch Erlebnis beim Einkauf (z. B. Verkostung, Aktionen etc.).
	B Boom der preiswerten Handelsformen	Eine ungünstige Konjunktur zwingt den Verbraucher, den Gürtel enger zu schnallen. Daher präferiert er preiswertere Einkaufsstätten und verzichtet auf den teureren Erlebniskauf sowie Service.
Verhalten der Handelspartner:		
Derzeit unterschiedlich, je nach Handelsform wird mehr auf Margen bzw. auf Service Wert gelegt	2 Alternativen: A Mehr Serviceansprüche	Qualität, Service, Merchandising, Aktualität, schnelle Lieferfähigkeit sowie Aktionen sind vom Handel gefragt, da der Trend zum Erlebniskauf und zum qualitativ hochwertigen und teureren Produkt geht.
	B Druck auf die Margen	Die ungünstige Konjunktur zwingt den Handel, noch härter zu kalkulieren und daher den Druck an die Lieferanten weiterzugeben. Der Handel verlangt höhere Werbekostenzuschüsse sowie verstärkt Finanzierung von Aktionen am POS.

DESKRIPTOR UND IST-ZUSTAND	PROJEKTION 2000	BEGRÜNDUNG FÜR DIE PROJEKTION 2000
Einflußbereich Beschaffungsmarkt		
Qualität der Rohstoffe:		
Derzeit gut	2 Alternativen: A Verbessert	Neue Anbauverfahren wurden entwickelt und umgesetzt. Der Anreiz für die Landwirtschaft kam durch die hohe Nachfrage nach qualitativ hochwertigen und biologisch einwandfreien Produkten.
	B Keine Verbesserung	Eine verschlechterte Umweltsituation hat auch Auswirkung auf den biologischen Anbau. Die Nachfrage nach teureren, biologisch einwandfreien Produkten ist rückläufig.
Quantität der angebotenen Rohstoffe:		
Ausreichend	2 Alternativen: A Quantität kein Problem	EG-weit werden nach den gleichen Kriterien biologische Landwirtschaftsprodukte angebaut. Umweltschutzmaßnahmen haben so weit Erfolg gezeigt, daß der biologische Anbau nicht beeinträchtigt ist.
	B Quantität rückläufig	Beim Anlegen strenger biologischer Maßstäbe, die nicht in allen EG-Ländern gleich sind, verringert sich das Angebot der qualitativ hochwertigen, biologisch einwandfreien Rohstoffe.

DESKRIPTOR UND IST-ZUSTAND	PROJEKTION 2000	BEGRÜNDUNG FÜR DIE PROJEKTION 2000
Züchtungen:		
Derzeit Experimente im Kreuzen von verschiedenen Feldfrüchten	2 Alternativen: A Mehr Innovationen	Aufgrund der hohen Nachfrage und der verbesserten Kontakte zwischen Landwirtschaft und biotechnischer Forschung entstehen neue Produkte, die schädlingsresistent sind und ohne Düngungs- und Schädlingsbekämpfungsmittel auskommen.
	B Keine Veränderung	Die Nachfrage nach teuren Züchtungen geht zurück. Der Verbraucher besinnt sich auf das Ursprüngliche.

Schritt 4: Alternativenbündelung

Ziel dieses Schrittes ist es, die in Schritt 3 erarbeiteten Alternativentwicklungen für das Jahr 2000 so zu kombinieren, daß in sich logische, konsistente, stimmige Szenario-Grundstrukturen entstehen.

Dies kann auf zwei Arten erfolgen:

1. Intuitiv ganzheitlich durch Bündeln am Flipchart
2. Systematisch-analytisch mit Hilfe einer Konsistenzmatrix

Anmerkung:

+ Kombination Szenario A
* Kombination Szenario B

EINFLUSS-BEREICH	ALTERNATIV-DESKRIPTOR	ALTERNATIVE 1	ALTERNATIVE 2
Wirtschaft	1. Einkommen	+ steigend	* rückläufig
	2. Konzentrationstrends in der Wirtschaft	+ steigend	* stagnierend bis rückläufig
	3. EG-Binnenmarktentwicklung	+ Erfolg	* Flop
Gesellschaft	4. Einkommensverwendung	+ mehr Konsum	* Konsumeinschränkung
	5. Einstellung der Gesellschaft zu gesunder Ernährung	+ mehr Geld für gesunde Ernährung	* weniger Geld für gesunde Ernährung
	6. Einstellung der Gesellschaft zum Genuß	+ mehr Luxus- und Prestigegenuß	* mehr einfacher, natürlicher Genuß
Gesetzgebung	7. Vorschriften über Produkte aus biologischem Anbau	+ EG-weit einheitliche Regelung	* keine einheitliche Regelung und kein Schutz
	8. MHD-Vorschriften	+ Verschärfung	* status quo
	9. EG-Produkthaftung	+ Angleichung an US-Produkthaftung	* EG-Recht bleibt
Technik	10. Herstellungsverfahren	+ innovative Verfahren	* nur Evolution
	11. Verpackungstechnik	+ innovative Materialien	* Reduzierung der Verpackung

EINFLUSS-BEREICH	ALTERNATIV-DESKRIPTOR	ALTERNATIVE 1	ALTERNATIVE 2
	12. Biotechnologie	+ Akzeptanz	* Ablehnung
	13. Kommunikationstechnik	+ hohe Verbreitung in Wirtschaft und Gesellschaft	* nur Verbreitung in der Wirtschaft
Wettbewerb	14. Entwicklung der Wettbewerber im gleichen Marktsegment	+ Boom	* shake-out
	15. Entwicklung der Seiteneinsteiger	+ verstärkter Einstieg	* teilweise Rückzug
Absatzmarkt (Handel)	16. Derzeitige Kundenstruktur	+ Boom	* shake-out
	17. Sonstige Handelsunternehmen	+ Boom	* Erfolg
	18. Verhalten der Handelspartner	+ mehr Service	* Druck auf die Margen
Beschaffungsmarkt	19. Qualität der Rohstoffe	+ verbessert	* status quo
	20. Quantität der Rohstoffe	+ kein Problem	* Verknappung
	21. Züchtungen	+ Innovationen	* status quo

Schritt 5: Szenario-Interpretation

Ziel dieses Schrittes ist es, auf der Basis der in Schritt 3 und 4 erarbeiteten Projektionen und ihrer Bündelungen sowie ihrer Systemdynamik die Wege in die Zukunftssituation aufzuzeigen und das Zieljahr zu beschreiben.

Darüber hinaus wird eine Vernetzungsanalyse wie in Schritt 2 erstellt, um die unterschiedliche Systemdynamik in den verschiedenen Szenarien zu verdeutlichen.

| DESKRIPTOR UND IST-ZUSTAND | ENTWICKLUNG 2000 |

Szenario A

Einflußbereich Wirtschaft

1. *Einkommen:*
   Relativ gut

   Gute Konjunktur EG-weit führt zu Einkommenssteigerungen. Es gibt mehr Investitionen und mehr Arbeitsplätze. Die DDR ist erfolgreich integriert.

2. *Konzentrationstrends:*
   Zunehmend aufgrund der Vorbereitung zum EG-Binnenmarkt

   Aufgrund einer liberalen Gesetzgebung in der EG sind Übernahmen und Konzernzusammenschlüsse ohne große Schwierigkeiten möglich. Die größere Finanzkraft hilft den Unternehmen, Innovationen zu entwickeln und erfolgreich zu vermarkten.

3. *EG-Binnenmarkt:*
   Derzeit Aktionen zur Vorbereitung

   Der EG-Binnenmarkt ist zu einem vollen Erfolg für alle Mitgliedstaaten geworden. Harmonisierung und Freizügigkeit sind im Laufe der 90er Jahre realisiert worden. Die südeuropäischen Staaten haben sich bezüglich Standards an das Niveau der mitteleuropäischen Staaten angeglichen. Vorteile haben jedoch auch Drittländer außerhalb der EG, die sich aufgrund der vereinheitlichten Zulassungsbedingungen leichter in der EG niederlassen können. Europa wird zu einem attraktiven Standort, auch für US- und Fernost-Investoren.

Einflußbereich Gesellschaft

4. *Einkommensverwendung:*
   Derzeit in Richtung Luxusprodukte und Freizeit

   Der Gesellschaft geht es wirtschaftlich gut, die wirtschaftliche und soziale Integration der DDR ist erfolgreich bewältigt. Nicht nur in Deutschland, sondern in der EG steigen die Einkommen und man hat mehr Mittel für den Konsum zur Verfügung. Da die

DESKRIPTOR UND IST-ZUSTAND	ENTWICKLUNG 2000
	Gesellschaft sehr konsum- und habenorientiert ist, wird mehr für Genuß, Erlebnis, Freizeit, Reisen, Weiterbildung etc. ausgegeben.
5. *Einstellung der Gesellschaft zu gesunder Ernährung:* Gesundheitsbewußtsein hoch, -verhalten jedoch verbesserungsbedürftig	Die Lücke zwischen Gesundheitsbewußtsein und Gesundheitsverhalten ist geschlossen. Man versucht nach Möglichkeit zu vermeiden, daß man überhaupt krank wird; dies wird von den Krankenkassen durch günstigere Beiträge bzw. Rückerstattungen belohnt. Der Einzelne versucht sich mit Sport, gesunder Ernährung, Psychohygiene und regelmäßigen Checks gesund zu erhalten. Der vitale, gesunde Mensch genießt ein hohes Ansehen.
6. *Einstellung der Gesellschaft zum Genuß:* Derzeit hohe Genußorientierung	Genuß wird für die Menschen immer wichtiger. Man bevorzugt Luxus und Prestigegenuß, den man sich dank höherer Einkommen leisten kann. Die exotischsten Genüsse aus den fernsten Ländern sind keine Seltenheit mehr und werden verstärkt nachgefragt. Die Gesellschaft pflegt einen ausgesprochen hedonistischen Lebensstil. Der Außerhaus-Konsum nimmt zu.

Einflußbereich Gesetzgebung

7. *Vorschriften über Produkte aus biologischem Anbau:* Derzeit noch keine eindeutigen Regelungen in der EG vorhanden	In der EG wurden einheitliche Regelungen für den biologischen Anbau festgelegt, was für alle EG-Länder gilt und praktiziert wird. Der Begriff „Produkte aus biologischem Anbau" ist geschützt, so daß mit den Zusätzen wie bio, gesund, leicht etc. kein Mißbrauch innerhalb der EG mehr getrieben werden kann.

DESKRIPTOR UND IST-ZUSTAND	ENTWICKLUNG 2000
8. *Mindesthaltbarkeitsdatum:* Derzeit nationale Regelungen vorhanden	Da die Gesellschaft sehr gesundheitsbewußt ist, hat sie via Verbraucherschutzverbände den Gesetzgeber dahingehend beeinflußt, daß die Regelungen bezüglich Mindesthaltbarkeit ausgebaut und verschärft werden.
9. *EG-Produkthaftung:* Anfang 1990 neue EG-Produkthaftung verabschiedet	Aufgrund des liberalen Welthandels und der boomenden Konjunktur werden weltweit mehr Produkte ausgetauscht. Dies führt dazu, daß sich alle anderen Länder an die verschärfte US-Produkthaftung angleichen. Es bestehen jedoch noch gewisse Unterschiede, da die US-Produkthaftung auf dem Präzidenzfallrecht basiert.

Einflußbereich Technik

10. *Herstellungsverfahren:* Derzeit auf hohem Standard aber noch verbesserungsbedürftig	Aufgrund des hohen Gesundheitsbedürfnisses der Gesellschaft sowie der gesetzgeberischen Verschärfungen im Bereich der Lebensmittel, wurden neue Verfahren zu einer noch schonenderen Herstellung von Nahrungsmitteln entwickelt. Ebenso wurden neue Verfahren zur gesundheits- und umweltverträglichen Konservierung von Nahrungsmitteln geschaffen.
11. *Verpackungstechnik:* Derzeit eine Vielfalt von Verpackungsmaterialien wie Glas, Papier, Folien etc. im Einsatz	Die anwachsenden Haushaltsmüllberge der 90er Jahre haben die Gesetzgebung in diesem Bereich drastisch verschärft, was zu einem Druck auf die Industrie geführt hat, neue recyclingfähige, biologisch abbaubare, bzw. eßbare Verpackungen zu entwickeln und herzustellen. Da die Gesellschaft sehr umweltbewußt ist, finden solche Produkte eine hohe Akzeptanz.

| DESKRIPTOR UND IST-ZUSTAND | ENTWICKLUNG 2000 |

12. *Biotechnologie:*
    Erste Erfolge, jedoch Kritik bezüglich Gentechnologie in Gesellschaft und Gesetzgebung

Dynamischer Fortschritt der Biotechnologie, speziell der Gentechnologie bei Pflanzen und Tieren. Gesellschaft und Gesetzgeber haben erkannt, daß Biotechnologie die Qualität und Verfügbarkeit für Nahrungsmittel signifikant verbessern kann. Daher gibt es keine Einschränkungen innerhalb der EG.

13. *Kommunikationstechnik:*
    Derzeit hauptsächlich im wirtschaftlichen, aber weniger im privaten Bereich

Es gibt erhebliche Fortschritte in der Kommunikationstechnik bedingt durch Verbesserungen wie Miniaturisierung und Leistungserweiterung der Informationstechnik. Die Gesellschaft steht der Technik aufgeschlossen gegenüber und hat einen hohen Bedarf an Kommunikationstechnik. Daher kann sich die Kommunikationstechnik in hohem Maße nicht nur in der Wirtschaft, sondern auch in der Gesellschaft verbreiten.

Einflußbereich Wettbewerb

14. *Entwicklung der Wettbewerber im gleichen Marktsegment:*
    Derzeit gegenüber den Großkonzernen nur schwache Position

Boom der Anbieter von Bioprodukten aufgrund der hohen Nachfrage der Gesellschaft und deren Gesundheitsbedürfnis. Die Wettbewerber bieten neue Produkte an, die nicht nur gesund sind, sondern auch sehr gut schmecken.

15. *Seiteneinsteiger:*
    Derzeit Initiativen der großen Nahrungsmittelkonzerne

Aufgrund der Attraktivität des Wachstumsmarktes Bio- und Gesundheitsprodukte steigen verstärkt große Nahrungsmittelkonzerne in diesen Markt ein und diversifizieren ihre vorhandene Produktpalette. Dank ihrer Finanzkraft und ihrer Durchsetzungskraft am Markt können sie beachtliche Erfolge erzielen. Teilweise kaufen sie kleinere Hersteller von Bioprodukten auf.

DESKRIPTOR UND IST-ZUSTAND	ENTWICKLUNG 2000
Einflußbereich Absatzmarkt	
16. *Entwicklung der bisherigen Kundenstruktur (Bioläden, Reformhäuser, Drogerien):* Keine wesentlichen Markterfolge	Aufgrund der Gesundheitswelle können diese Handelsformen einen Boom erleben. Neben dem Produktangebot bieten sie auch Services, wie Beratung über gesunde Ernährung und Prävention von Zivilisationskrankheiten an.
17. *Entwicklung sonstiger Handelsformen:* Der Markt ist aufgeteilt zwischen Filialbetrieben, Einkaufsgenossenschaften, Discountern und Verbrauchermärkten	Die Gesellschaft hat ihre Grundbedürfnisse befriedigt und fragt verstärkt mehr Leistungen, Services und Aktionen nach. Daher gewinnen solche Handelsunternehmen Marktanteile, die den Käufern außer einer hervorragenden Beratung, auch eine Erlebniswelt bieten können.
18. *Verhalten der Handelspartner:* Derzeit unterschiedlich, je nach Handelsform wird mehr auf Margen bzw. auf Service wertgelegt	Die Ansprüche an Service, Qualität, Aktualität, Information und Merchandising gewinnen für den Handel an Bedeutung, da man sich in diesem Wettbewerb nur durch Innovation und Leistung profilieren kann.
Einflußbereich Beschaffungsmarkt	
19. *Qualität der Rohstoffe:* Derzeit gut	Das Rohstoffangebot ist qualitativ verbessert dank neuer Anbauverfahren. Der Anreiz zur Erprobung neuer Anbauverfahren kommt durch die hohe Nachfrage von Verbrauchern und Handel.

DESKRIPTOR UND IST-ZUSTAND	ENTWICKLUNG 2000
20. *Quantität der angebotenen Rohstoffe:* Ausreichend	Da EG-weit einheitliche Standards für Produkte aus biologischem Anbau gelten, ist es kein Problem aus verschiedenen Ländern der EG die entsprechenden Rohstoffe in ausreichender Menge zu erhalten.
21. *Züchtungen:* Derzeit Experimente im Kreuzen von verschiedenen Feldfrüchten	Dank Fortschritte in der Biotechnologie, vor allem in der Gentechnik, gibt es interessante Innovationen auf dem Markt, die von Handel und Verbraucher akzeptiert werden.

Szenario B

Einflußbereich Wirtschaft

1. *Einkommen:* Relativ gut	Die Einkommen entwickeln sich rückläufig aufgrund einer ungünstigen Konjunktur. Die schlechte Konjunkturlage ist bedingt durch hohe Kosten für die wirtschaftliche und umweltmäßige Sanierung der ehemaligen DDR. Hierzu waren erhebliche Steuererhöhungen notwendig. Verschärfend kommen hinzu eine ungünstige Weltkonjunktur sowie ein Nichtfunktionieren der EG.
2. *Konzentrationstrends:* Zunehmend aufgrund der Vorbereitung zum EG-Binnenmarkt	Akquisitionen und Fusionen werden von seiten des Gesetzgebers durch verschärfte anti-trust-Bestimmungen eingeschränkt. Diese anti-trust-Bestimmungen sind jedoch unterschiedlich in den einzelnen Ländern der EG. Die ungünstige Wirtschaftslage führt zu Firmenpleiten und zu einem shake-out-Prozeß, so daß nur finanzstarke, innovative Unternehmen überleben können.
3. *EG-Binnenmarkt:* Derzeit Aktionen zur Vorbereitung	Die EG hat nicht die hohen Erwartungen, die man in sie gesetzt hat, erfüllt. Statt Vor-

| DESKRIPTOR UND IST-ZUSTAND | ENTWICKLUNG 2000 |

teile für die Mitgliedstaaten, entstehen Nachteile durch eine anwachsende Bürokratie in Brüssel. Bei vielen Regelungen, die man EG-weit verabschieden wollte, konnte keine Einigung erzielt werden. Daher bleibt es in weiten Teilen bei nationalen Regelungen. Nur ein kleiner Bereich ist EG-weit geregelt.

Einflußbereich Gesellschaft

4. *Einkommensverwendung:* Derzeit in Richtung Luxusprodukte und Freizeit

Die Gesellschaft muß den Gürtel enger schnallen und schränkt ihren Konsum im Bereich von Luxus- und Prestigeprodukten sowie Zusatznutzen ein. Man konzentriert sich auf den Grundbedarf. Das wesentliche Kaufkriterium ist der Preis.

5. *Einstellung der Gesellschaft zu gesunder Ernährung:* Gesundheitsbewußtsein hoch, -verhalten jedoch verbesserungsbedürftig

Das Gesundheitsbewußtsein steigt, aber die Gesellschaft ist nicht in der Lage, wesentlich mehr Geld für eine gesunde Ernährung bzw. eine gesunde Lebensführung auszugeben. Daher bevorzugt man einfache und preiswertere Mittel, wie preiswerte Sportarten (Joggen statt Tennis oder Segeln) und geht mehr dazu über, im eigenen Garten Produkte für den täglichen Bedarf anzubauen.

6. *Einstellung der Gesellschaft zum Genuß:* Derzeit hohe Genußorientierung

Da der Genuß ein menschliches Grundbedürfnis ist, bleibt er weiterhin wichtig, aber er verändert sich in Richtung mehr Schlichtheit und zurück zur Natürlichkeit und Einfachheit. Dies bedeutet weg von allem Überflüssigen und zurück zu den Produkten aus heimischen Regionen. Der Außerhaus-Konsum nimmt ab.

| DESKRIPTOR UND IST-ZUSTAND | ENTWICKLUNG 2000 |

Einflußbereich Gesetzgebung

7. *Vorschriften über Produkte aus biologischem Anbau:*
Derzeit noch keine eindeutigen Regelungen in der EG vorhanden

Die EG kann sich nicht auf eine einheitliche Regelung wie Produkte aus biologischem Anbau gekennzeichnet werden bzw. welche Kriterien hierfür erforderlich sind, einigen. Daher dominieren nationale Regelungen, die von Land zu Land unterschiedlich sind. Der Begriff „Produkte aus biologischem Anbau" ist innerhalb der EG nicht geschützt, so daß weiterhin eine Irreführung des Verbrauchers mit den Begriffen „bio, gesund, natur" etc. betrieben werden kann.

8. *Mindesthaltbarkeitsdatum:*
Derzeit nationale Regelungen vorhanden

Die vorhandenen MHD-Regelungen reichen aus, daher gibt es keine Erweiterung oder Verschärfung.

9. *EG-Produkthaftung:*
Anfang 1990 neue EG-Produkthaftung verabschiedet

Man ist der Meinung, daß die EG-Produkthaftung von 1990 auch für die kommenden Jahre ausreichend ist. Eine Verschärfung der EG-Produkthaftung würde für die Unternehmen zu mehr Kosten führen, die dann auf den Verbraucher abgewälzt werden, der dies finanziell nicht tragen und nicht akzeptieren würde.

Einflußbereich Technik

10. *Herstellungsverfahren:*
Derzeit auf hohem Standard, aber noch verbesserungsbedürftig

Es gibt keine signifikanten Neuerungen bei Herstellverfahren; lediglich eine Optimierung der vorhandenen Verfahren, da die Unternehmen, aufgrund der angespannten Wirtschaftssituation nicht in der Lage sind, in neue, aufwendige Verfahren zu investieren.

DESKRIPTOR UND IST-ZUSTAND	ENTWICKLUNG 2000
11. *Verpackungstechnik:* Derzeit eine Vielfalt von Verpackungsmaterialien wie Glas, Papier, Folien etc. im Einsatz	Das Anwachsen des Müllbergs durch Verpackungen ist ein Problem, daher versucht man mit Hilfe der Vermeidung von Verpackung, die als Prämisse der Umweltschutzgesetzgebung gilt, der Verpackungsflut Herr zu werden. Ein Mittel hierfür scheint der Mehrweg, der gesetzlich verordnet wird, und auch die preiswertere Lösung ist. Einwegverpackungen werden mit einer Umweltabgabe versehen und hierdurch für den Verbraucher teurer.
12. *Biotechnologie:* Erste Erfolge, jedoch Kritik bezüglich Gentechnologie in Gesellschaft und Gesetzgebung	Die Biotechnologie und speziell die Gentechnik werden aufgrund ihrer Risiken für Gesundheit und Sicherheit (man befürchtet Genmanipulationen beim Menschen) durch den Druck der Gesellschaft behindert. Die Folge daraus ist, daß der Gesetzgeber die entsprechenden Regelungen verschärft und Firmen in Europa ihre Biotechnologie-Forschung nach USA und Japan verlagern.
13. *Kommunikationstechnik:* Derzeit hauptsächlich im wirtschaftlichen, aber weniger im privaten Bereich	Aufgrund der ungünstigen Wirtschaftssituation und den negativen Erfahrungen der Gesellschaft mit der Informationstechnik (Rationalisierung) ist die Gesellschaft eher gegen als für neue Technologien eingestellt. Daher kann sich die Kommunikationstechnik im wesentlichen nur im wirtschaftlichen Bereich durchsetzen. In den privaten Haushalten besteht eine relativ geringe Marktdurchdringung.

DESKRIPTOR UND IST-ZUSTAND	ENTWICKLUNG 2000
Einflußbereich Wettbewerb	
14. *Entwicklung der Wettbewerber im gleichen Marktsegment:* Derzeit gegenüber den Großkonzernen nur schwache Position	Aufgrund der angespannten Konjunktur und Marktsituation, können sich kleine Unternehmen mit schwacher Eigenkapitaldecke und schwacher Marktpositionen nicht mehr halten. Es findet ein shake-out-Prozeß im Wettbewerb statt. Nur große finanzstarke und innovative Unternehmen können überleben.
15. *Seiteneinsteiger:* Derzeit Initiativen der großen Nahrungsmittelkonzerne	Einige Seiteneinsteiger haben mit viel finanziellem Aufwand Innovationen im Bereich gesunde Produkte auf den Markt gebracht, die zu Flops wurden. Da der Verbraucher Bioprodukte, die wesentlich teurer sind, nicht akzeptiert, ziehen sich viele Seiteneinsteiger aus diesem Bereich wieder zurück.
Einflußbereich Absatzmarkt	
16. *Entwicklung der bisherigen Kundenstruktur (Bioläden, Reformhäuser, Drogerien):* Keine wesentlichen Markterfolge	Einige Bioläden und Reformhäuser müssen im Verdrängungswettbewerb aufgeben. Es findet eine Marktbereinigung statt, so daß nur noch wenige dieser Ketten überleben.
17. *Entwicklung sonstiger Handelsformen:* Der Markt ist aufgeteilt zwischen Filialbetrieben, Einkaufsgenossenschaften, Discountern und Verbrauchermärkten	Da der Preis das entscheidende Kaufkriterium für den Verbraucher ist, profitieren hiervon Verbrauchermärkte, Discounter und andere preiswerte Handelsformen. Hochpreis-Outlets verlieren Marktanteile.

DESKRIPTOR UND IST-ZUSTAND	ENTWICKLUNG 2000
18. *Verhalten der Handelspartner:* Derzeit unterschiedlich, je nach Handelsform wird mehr auf Margen bzw. auf Service wertgelegt	Aufgrund der angespannten Konjunktur und Marktsituation mit Verdrängungswettbewerb wird der Druck auf die Margen erheblich verschärft, so daß nur wenige Lieferanten hier mithalten können.

Einflußbereich Beschaffungsmarkt

19. *Qualität der Rohstoffe:* Derzeit gut	Die Qualität der Rohstoffe ist zum Teil verschlechtert, bedingt durch eine weitere Verschlechterung der Umweltsituation, da die Gesetzgebung in diesem Bereich nicht ausreichend verschärft und die Kontrollen nicht wesentlich ausgebaut wurden.
20. *Quantität der angebotenen Rohstoffe:* Ausreichend	Aufgrund der EG-weit uneinheitlichen Standards für Produkte aus biologischem Anbau, wird es immer schwieriger, ausreichende Mengen an biologisch einwandfreien Rohstoffen zu bekommen.
21. *Züchtungen:* Derzeit Experimente im Kreuzen von verschiedenen Feldfrüchten	Für die Rohstofflieferanten fehlen entsprechende Anreize, da die Marktnachfrage geringer wird; daher gibt es keine Neuzüchtungen.

Schritt 6: Konsequenzanalyse

Ziel dieses Schrittes ist es, auf der Basis der Szenarien Chancen und Risiken abzuleiten und aufbauend auf diesen Chancen und Risiken geeignete Aktivitäten zu erarbeiten. Diese Aktivitäten sind die Basis für die später zu entwickelnde Leitstrategie.

6.1 Erarbeitung von Chancen und Risiken aus den Szenarien

6.2 Entwicklung von Aktivitäten zur Chancennutzung und Risikominimierung bzw. Umwandlung von Risiken in Chancen

Szenario A

Einflußbereich Wirtschaft

DESKRIPTOR UND TREND	CHANCEN (C)/ RISIKEN (R)	AKTIVITÄTEN
1. *Einkommensentwicklung:* Steigend	C Höherwertige Produkte werden nachgefragt	– Entwicklung einer Produktpalette für konsumfreudige Verbraucher wie z. B. Edelgourmet-Bioprodukte, Halbfertigprodukte (Convenienceprodukte)
	R Zunehmender Wettbewerb und Verdrängung	– Beratung des Handels bezüglich „wie kann man höhere Einkommensgruppen besser ansprechen und für die eigenen Produkte gewinnen?"
2. *Konzentrationstrends:* Steigend	C Chance, geeignete Partner zu finden	– Analyse des Marktes bezüglich Wettbewerber, die ein Komplementärangebot bieten und die man übernehmen könnte
	R Übernahmegefahr durch starke Konzerne	– Verstärkung der Kontakte zu Unternehmen der gleichen Branche und auch zu Handels- und Beschaffungsmarkt-Unternehmen
		– Suche nach einem geeigneten Partner, der der ideale Übernahmepartner für das eigene Unternehmen wäre gemäß den Kriterien des eigenen Unternehmens

DESKRIPTOR UND TREND	CHANCEN (C)/ RISIKEN (R)	AKTIVITÄTEN
3. *EG-Binnenmarkt:* Erfolg	C Größerer Beschaffungsmarkt	– Suche nach Beschaffungsquellen innerhalb der EG
	C Marktausweitung	– Aufbau von Standbeinen in anderen EG-Ländern evtl. durch Kooperationen, Joint Ventures oder Akquisitionen

Einflußbereich Gesellschaft

4. *Einkommensverwendung:* Mehr Konsum	C Hochpreisprodukte gewinnen	– Betonung einer genußorientierten Produktlinie – Die genußorientierte Produktlinie teilt sich in Genuß, was immer es an Kalorien kostet und Genuß mit Kalorieneinschränkung
5. *Einstellung der Gesellschaft zu gesunden Ernährung:* Steigend	C Chance für mehr gesunde Produkte	– Diversifikation in weitere Gesundheitsprodukte (z. B. Biokörperpflege und Bio-Kosmetik) – Aufnahme von neuen Bereichen wie Halbfertigprodukte, Vollwertkost, Zutaten und Fertiggerichten, Zutaten für vegetarische Fertiggerichte und Bio-Tierfutter – PR-Kampagne: Aufklärung über gesunde, schmack-

DESKRIPTOR UND TREND	CHANCEN (C)/ RISIKEN (R)	AKTIVITÄTEN
		– hafte Ernährung, Gewichtsreduzierung etc. – Beteiligung an Gesundheitssendungen im TV – Sponsern eines Kochbuches „der gesundheitsbewußte Gourmet"
6. *Einstellung der Gesellschaft zum Genuß:* Mehr Luxus- und Prestigegenuß	C Marktwachstum für Luxus-Produkte	– Ausbau der derzeit kleinen Feinkostlinie in Richtung Gourmet-Ernährung aufgeteilt in 2 Gruppen: A: Halbfertigprodukte B: Fertigprodukte

Einflußbereich Gesetzgeber

7. *Vorschriften über Rohstoffe aus biologischem Anbau:* EG-weit einheitliche Regelungen	C/R Verschärfte Standards	– Suche nach Alternativ-Lieferanten und Alternativprodukten im EG-Raum – Hierdurch Erweiterung der Produktpalette um ausländische Spezialitäten
8. *Mindesthaltbarkeitsdauer:* Verschärft	C Verbesserung der MHD R Höhere Kosten	– Intensive Suche nach nährstoff-, gesundheits- sowie umweltschonenden Konservierungsmitteln bzw. Konservierungsverfahren – Kontaktaufnahme zu Forschungsinstituten und Nahrungsmittelindustrie sowie Biotechnologie und Gentechnik-Unternehmen

DESKRIPTOR UND TREND	CHANCEN (C)/ RISIKEN (R)	AKTIVITÄTEN
9. *EG-Produkthaftung:* Angleichung an US-Produkthaftung	C Profilierung durch höhere Standards R Verteuerung	– Verschärfung der Qualitätskontrollen im Unternehmen – Aufbau eigener Qualitätsstandards für die eigene Produktpalette – Evtl. dem Gesetzgeber unsere höheren Standards anbieten

Einflußbereich Technik

10. *Herstellungsverfahren:* Innovationen	C Profitieren von neuen Herstellungsverfahren R Konzerne sind innovativ	– Kontakt zu Entwicklern von neuen Herstellungsverfahren inkl. Biotechnologie- und Gentechnikfirmen – Anbieten unserer eigenen Firma als Pilotanwender für die Hersteller solcher Verfahren – Beteiligung an Gemeinschaftsentwicklung im Hinblick auf umwelt- und gesundheitsfreundliche sowie nährstoffschonende Herstellungsverfahren
11. *Verpackungstechnik:*	C Einsatz innovativer Verpackungen	– Kontaktaufnahme zu Herstellern von Verpackungsmitteln sowie Forschungsinstituten, die auf diesem Gebiet arbeiten – Pilotprojekt zum Einsatz von recyclingfähigen, biologisch abbaubaren bzw. teilweise eßbaren Verpackungsmitteln

DESKRIPTOR UND TREND	CHANCEN (C)/ RISIKEN (R)	AKTIVITÄTEN
12. *Biotechnologie:* Dynamische Fortschritte	C Nutzen der Biotechnologie-Ergebnisse	– Kontakte zu den entsprechenden Forschungseinrichtungen der Biotechnologie und Gentechnik – Analyse, wie wir unseren Lieferanten weiterhelfen können, die Biotechnologie einzusetzen, um schädlingsresistente und gesunde Nahrungsmittel zu produzieren
13. *Kommunikationstechnik:* Dynamische Durchsetzung in Wirtschaft und Gesellschaft	C Verbesserte Kundenkommunikation	– Ausstattung des eigenen Unternehmens an allen Arbeitsplätzen mit PCs in einem Netzwerk – Hierdurch Rationalisierung der internen Abläufe – Ankopplung an die vorhandenen Netze unserer Abnehmer und evtl. Einrichtung von Netzen bis hin zum Verbraucher (Informationen, Produktinnovationen etc. als Information an die Verbraucher und die Handelsunternehmen weitergeben)

Einflußbereich Wettbewerb

14. *Entwicklung der Wettbewerber im gleichen Marktsegment:* Boom	C Nischenpolitik R Verschärfter Wettbewerb	– Kooperationen mit Wettbewerbern, die Komplementär-Knowhow, -Produkte und -Dienstleistungen anbieten sowie Komplementär-Vertriebswege besitzen

DESKRIPTOR UND TREND	CHANCEN (C)/ RISIKEN (R)	AKTIVITÄTEN
		– Abheben vom Wettbewerb durch überragende Qualität, Grund- und Zusatznutzen für den Verbraucher
		– Aktionswoche für den Handel „Biowoche", „Gourmetwoche", „gesundes Abnehmen" etc.
15. *Seiteneinsteiger:* Verstärkter Einstieg	C+R Siehe Nr. 14	– Zusammenschließen mit Wettbewerbern aus dem gleichen Marktsegment oder Suche nach einem starken Partner aus dem traditionellen Nahrungsbereich
		– Abheben vom Wettbewerb durch überragende Produktqualität und bessere Problemlösungen für den Verbraucher

Einflußbereich Absatzmarkt (Handel)

16. *Bisherige Kundenstruktur:* Boom	C Marktausweitung	– Verstärkte Aktionen bei den bisherigen Wettbewerbern
	R Wir sind zu klein	– Evtl. Beteiligung an oder Kauf einer Bioladenkette
		– Entwicklung spezieller Produkte für Reformhäuser (z. B. Diätetika-Produkte, Produkte für die gängigsten Zivilisationskrankheiten wie Hypertonie, Gicht, Rheuma, Diabetes etc.)

DESKRIPTOR UND TREND	CHANCEN (C)/ RISIKEN (R)	AKTIVITÄTEN
17. *Sonstige Handelsunternehmen:* Boom der Hochpreisoutlets und des Erlebniskaufs	C Gute Konjunktur für Hochpreissortimente	– Strategie zur Listung bei Handelsunternehmen entwickeln – Plazierung bei einigen Supermarkt-Ketten, die auch Bioprodukte führen, erreichen – POS-Aktionen, Verkostungen, Rezepte und Kochwettbewerbe etc. anbieten
18. *Kundenverhalten:* Mehr Service und Qualität gefragt	C Kundenbindung R Konzerne bieten besseren Service	– Informationen für den Handel sowie POS-Aktivitäten (Herstellung von bestimmten Gerichten am POS, Verkostungen, Verteilung von Rezepten, Ausschreibung von Wettbewerben bezüglich Rezepte etc.)

Einflußbereich Beschaffungsmarkt

19. *Qualität der Rohstoffe:* Verbessert	C Höhere Produktqualität	– Suche nach neuen Vertragspartnern, die eine optimale Qualität von Rohstoffen bieten – Risikostreuung bei Lieferanten und bei den Produkten (Suche nach neuen Lieferanten und Rohstoffen) – Evtl. Beteiligung an einem guten landwirtschaftlichen Unternehmen

DESKRIPTOR UND TREND	CHANCEN (C)/ RISIKEN (R)	AKTIVITÄTEN
20. *Quantität der Rohstoffe:* Gegeben	C Versorgung problemlos	– EG-weite Suche nach guten Lieferanten und guten Alternativ-Produkten – Aufbau von Kontakten innerhalb der EG – Import von Spezialitäten aus anderen EG-Ländern und Export unserer Produkte in andere EG-Länder
21. *Neuzüchtungen:* Innovationen	C Profitieren von Innovationen	– Innovationen aus der Züchtung aufgreifen – Hieraus neue Produkte entwickeln, gleichzeitig mit Empfehlungen für Rezepte, Diätpläne etc.

Szenario B

Einflußbereich Wirtschaft

1. *Einkommensentwicklung:* Rückläufig	C Größerer Markt für preiswerte Produkte R Marktschrumpfung	– Konzentration des Sortiments auf preiswerte, aber gesunde Produkte – Entwicklung einer neuen Linie für Discounter im Bereich preiswerte, aber gesunde Produkte
2. *Konzentrationstrends:* Stagnierend bis rückläufig	C Überlebenschance	– Suche nach Partnern, um die eigene Position im Marktsegment zu stärken (Komplementär-Partner)

DESKRIPTOR UND TREND	CHANCEN (C)/ RISIKEN (R)	AKTIVITÄTEN
3. *EG-Binnenmarkt:* Flop	C Regionale Konzentration	– Konzentration auf regionale Angebote und Ausbau der regionalen Produkte zu Spezialitäten für gesunden, aber preiswerten Genuß

Einflußbereich Gesellschaft

DESKRIPTOR UND TREND	CHANCEN (C)/ RISIKEN (R)	AKTIVITÄTEN
4. *Einkommensverwendung:* Konsumeinschränkung	C Grundbedarf R Marktschrumpfung	– Ausrichtung der Produktpalette auf den Grundbedarf – Erweiterung der Produktpalette um Halbfertigprodukte sowie Erweiterung des Sortimentes „biologische Zutaten"
5. *Einstellung der Gesellschaft zu gesunder Ernährung:* Hohes Gesundheitsbewußtsein, aber weniger Geld für die Gesundheit verfügbar	C Preiswerte Produkte R Marktschrumpfung	– Gesunde, preiswerte Nahrungsmittel forcieren – Einstieg in den Discountermarkt finden – Eigene Regale in den verschiedenen Handelsformen aufbauen mit unseren Produkten – Veröffentlichung von Kochbüchern und Ratgebern zur gesunden und natürlichen Ernährung (auch auf der Basis von Eigenanbau) – Aufnahme von Hilfsmitteln und Geräten zum Kochen in das Sortiment

DESKRIPTOR UND TREND	CHANCEN (C)/ RISIKEN (R)	AKTIVITÄTEN
6. *Einstellung der Gesellschaft zum Genuß:* Genuß ja, aber einfach und preiswert	C + R siehe 4 + 5	— Forcierung der preiswerten Produktpalette, jedoch Differenzierung in Gourmet-Varianten, die mit einem vernünftigen Preisniveau verkauft werden können

Einflußbereich Gesetzgeber

7. *Vorschriften über Rohstoffe aus biologischem Anbau:* Keine Einigung innerhalb der EG; biologischer Anbau nicht gesetzlich geschützt	C Eigene Standards R Verwirrung und Mißbrauch	— PR-Kampagne über Produkte aus biologischem Anbau — Aufklärung der Verbraucher, was biologischer Anbau bedeutet und was im Gegensatz dazu die Produkte mit dem Zusatz „bio, gesund, leicht" etc. bedeuten — Verträge mit Lieferanten in Deutschland, die biologischen Anbau garantieren
8. *Mindesthaltbarkeitsdauer:* Status quo	C Keine Kostenerhöhung	— Verbesserung der Mittel zur Konservierung von Nahrungsmitteln; antizyklische Entwicklung und Innovation
9. *EG-Produkthaftung:* Status quo	C Profilieren über Qualität	— Ausbau der Qualitätssicherung und Übererfüllung der Normen; mit der Übererfüllung PR und Werbung betreiben

DESKRIPTOR UND TREND	CHANCEN (C)/ RISIKEN (R)	AKTIVITÄTEN
Einflußbereich Technik		
10. *Herstellungsverfahren:* Nur marginale Verbesserungen	C Antizyklisches Verhalten	– Mit Herstellern zusammen, neue Verfahren entwickeln, um Lebensmittel gesundheitsschonender und umweltfreundlicher herzustellen – Dieses Argument in Werbung und PR nutzen
11. *Verpackungstechnik:* Lediglich Reduzierung der Verpackung	C Optimierung der Verpackung R Innovationen zu teuer	– Einführung von Mehrwegsystemen für unsere Produkte in Gläsern – Ansonsten sich antizyklisch verhalten und recyclingfähige Verpackungen anbieten
12. *Biotechnologie:* Einschränkungen	R Innovationen erschwert	– Weiterentwicklung der eigenen Produktpalette und Kontaktaufnahme zu Forschungsinstituten, auch außerhalb Deutschlands
13. *Kommunikationstechnik:* Nur wirtschaftliche Verbreitung	C Kommunikation mit dem Handel optimieren	– Ausstattung des eigenen Unternehmens an allen Arbeitsplätzen mit PCs in einem Netzwerk – Hierdurch Rationalisierung der internen Abläufe – Netzwerke mit Handelsunternehmen betreiben; Einbindung in die Warenwirtschaftssysteme (WWS) des Handels

DESKRIPTOR UND TREND	CHANCEN (C)/ RISIKEN (R)	AKTIVITÄTEN
Einflußbereich Wettbewerb		
14. *Entwicklung der Wettbewerber im gleichen Marktsegment:* Shake-out-Prozesse	C Übernahmekandidaten am Markt vorhanden R Wir werden übernommen	— Analyse der Wettbewerber-Szene und Herausfinden möglicher Übernahmekandidaten — Evtl. Joint Ventures mit Partnern eingehen, die komplementäre Produkte, know-how und Vertriebswege haben — Abheben vom Wettbewerb durch überragende Qualität, Grund- und Zusatznutzen für den Verbraucher
15. *Seiteneinsteiger:* Teilweise Rückzug	C Überlebenschance	— Besetzen der Marktsegmente, die durch den Rückzug der Seiteneinsteiger entstehen — Anbieten von preiswerten Produkten auf biologischer Basis
Einflußbereich Absatzmarkt (Handel)		
16. *Bisherige Kundenstruktur:* Shake-out	R Shake-out für uns	— Den Verlust bei den traditionellen Bioläden und Reformhäusern wettmachen mit Einstieg in Supermärkte und Discounter (hier eine preiswerte Linie von biologischen Produkten anbieten)

DESKRIPTOR UND TREND	CHANCEN (C)/ RISIKEN (R)	AKTIVITÄTEN
17. *Sonstige Handelsunternehmen:* Dominanz der preiswerten Handelsformen	C Discounter als Kunde R Verlust im Hochpreissegment	– Vertragsverhandlungen mit Discountern und Verbrauchermärkten aufnehmen – Preiswerte Produktpalette und POS-Aktionen anbieten
18. *Kundenverhalten:* Druck auf die Margen	R Gewinnspanne rückläufig	– Einmaligkeit unserer Produkte herausstellen sowie deren Nutzen für den Verbraucher – Harte Vertragsverhandlungen mit den Abnehmern

Einflußbereich Beschaffungsmarkt

19. *Qualität der Rohstoffe:* Verschlechtert durch Umweltsituation	R Beschaffungsprobleme	– Analyse der Möglichkeiten zur Aufbereitung und Verbesserung von vorhandenen, aber nicht einwandfreien Rohstoffen – Suche nach Rohstofflieferanten und Rohstoffalternativen weltweit
20. *Quantität der Rohstoffe:* Geringer wegen uneinheitliche Standards in der EG	R Qualitätsprobleme	– Weltweite Suche nach Alternativ-Rohstoffen und Lieferanten – Ggfs. Aufkauf von Biobauern in der Region

DESKRIPTOR UND TREND	CHANCEN (C)/ RISIKEN (R)	AKTIVITÄTEN
21.	*Neuzüchtungen* C Status quo Antizyklisches Verhalten	– Unternehmen aufkaufen und diese dazu bringen, daß sie Neuzüchtungen, die entsprechende Verbraucherakzeptanz finden, vertreiben

Schritt 7: Störereignisanalyse

Ziel dieses Schrittes ist es, mögliche externe und interne Störereignisse zu sammeln bezüglich ihrer Signifikanz (Auswirkungsstärke auf das Unternehmen) zu bewerten und auszuwählen. Die Störereignisse werden in ihren Auswirkungen sowohl in den Szenarien als auch auf das Unternehmen analysiert, um dann wirkungsvolle Präventiv- und Reaktivmaßnahmen zu erarbeiten.

Anmerkung:

Es wurde hier nur ein Störereignis ausgewählt.

Präventivmaßnahmen werden in die in Schritt 8 zu erarbeitende Leitstrategie integriert.

Analyse der Störereignisauswirkungen

Auswirkungen im Szenario B	Auswirkungen auf das Bioprodukt- unternehmen	Präventiv- maßnahmen	Reaktiv- maßnahmen
Störereignis: Mißernte im regionalen Umfeld bei den Hauptlieferanten			
Nachschub von biologischen Pro- dukten gefährdet	– Rohstoffverlust – Imageverlust – Kundenverlust – Vertrauens- schaden	– Risikostreuung im Lieferantenmix – Suche nach Alter- nativprodukten und Lieferanten – Entwicklung von neuen Produkt- gruppen, die unabhängig sind von den Rohstof- fen im engeren Umfeld – Diversifikation in der Produktpa- lette durch Bezug von ausländischen Rohstoffen – Diversifikation in Bio-Körperpflege und Bio-Reini- gungsmittel	– Umsetzung der Präventiv- maßnahmen – PR-Kampagne – Information von Handelsunter- nehmen und Verbrauchern: Vertrauensbil- dende Maßnah- men

Schritt 8: Szenario-Transfer

Ziel dieses Schrittes ist es, auf der Basis der in Schritt 6 und 7 erarbeiteten Aktivitäten und Präventivmaßnahmen eine Leitstrategie zu entwickeln.

Der Anspruch an die Leitstrategie geht dahin, daß sie robust und flexibel unter unterschiedlichen externen Situationen bestehen muß. Daher werden die Aktivitäten zu Szenario A und B, die in beiden Szenarien genannt wurden, in die Leitstrategie integriert. Darüber hinaus prüft man, ob attraktive Ideen, die nur in einem Szenario erarbeitet worden sind, auch im anderen Szenario passen. Wenn dies der Fall ist, werden sie ebenfalls in die Leitstrategie integriert.

Leitstrategie-Empfehlung

1. *Generelle Ausrichtung*

Ziel:

Erfolgreiches Bestehen des Bioprodukt-Unternehmens unter unterschiedlichen, externen Rahmenbedingungen

Strategie:

— Spezialisierung der Angebote auf unterschiedliche Zielgruppenbedürfnisse

Maßnahmen:

— Entwicklung neuer Halb- und Fertigprodukte sowie Zutaten für verschiedene Verbraucherinteressen wie Vollwert, Diät, vegetarische Kost etc.

Strategie:

— Ausrichtung des Angebotes auf unterschiedliche Handelstypen und deren Bedürfnisse (Top und Down)

Maßnahmen:

— Entwicklung einer Gourmet-Linie für Hochpreisoutlets mit entsprechenden Erlebnis-Kaufaktionen
— Entwicklung einer Angebotspalette preiswerte Bio-Kost für Discounter und Verbrauchermärkte

Strategie:

— Sicherstellung des Geschäftes durch Diversifikation in naheliegende Produkt- und Servicebereiche

Maßnahmen:

— S. Diversifikation

Strategie:

— Aufbau einer SGE (Strategische Geschäftseinheiten)-Organisation

Maßnahmen:

– Analyse und Bündelung der Kundengruppen nach ihren Bedürfnissen und Zuordnung unserer Produkte zu den jeweiligen Kundengruppen und dies entsprechend organisatorisch verankern

2. *Corporate Identity und Corporate Design*

Ziel:

Unverwechselbare Corporate Identity als *der* Anbieter von gesunder, natürlicher und wohlschmeckender Nahrung

Strategie:

– Entwicklung von Corporate Identities für die entsprechenden strategischen Geschäftseinheiten (SGEs), aber unter einer Dachidentity

Maßnahmen:

– Anpassung der Produktfamilien CIs an SGE-Anforderungen (z. B. preiswert und gesund, gesunde Gourmetkost etc.)
– Training der Mitarbeiter bzgl. neuer Corporate Identity (insbesondere Auftreten am Markt)
– Beteiligung der Mitarbeiter an der Ausgestaltung der Corporate Identity an ihrem Arbeitsplatz
– Anpassung des äußeren Erscheinungsbildes an die neu definierten Corporate Identities

3. *Diversifikation*

Ziel:

Absicherung des Geschäftes durch Schaffen weiterer Standbeine

Strategie:

Diversifikation im Produktangebot

Maßnahmen:

– Erweiterung des Nahrungsmittelangebotes um weitere Segmente
– Einstieg in Bio-Körperpflege und Bio-Kosmetik, Bio-Reinigungsprodukte für den Haushalt und Bio-Tierfutter

Strategie:

– Erweiterung des Service-Angebotes

Maßnahmen:

– Kombination der Produkte mit Services wie Schulung, Beratung, Rezepte, Koch- und Diätkurse, Wettbewerbe etc.

Strategie:

– Vorwärtsintegration

Maßnahmen:

– Analyse des Marktes bezüglich einer attraktiven und rentablen Biokette
– Entweder Übernahme dieser Biokette alleine oder in Kooperation mit einem starken Handelspartner

Strategie:

– Rückwärtsintegration

Maßnahmen:

– Beteiligung an oder Kauf eines oder mehrerer guter Lieferanten in der Region bzw. innerhalb der EG

4. *Kooperationen, Joint Ventures, Akquisitionen*

Ziel:

Unterstützung der Diversifikationsziele und -strategien sowie der Marketing-Ziele und Strategien

Strategie generell:

– Festlegen der Kriterien für mögliche Kooperationen, Joint Ventures und Akquisitionen z.B.:
  – Komplementär-Know-how
  – komplementäre Produkte
  – komplementäre Rohstoffbasis

- komplementäre Märkte und Kunden
- komplementäre Vertriebswege

Strategie:

- Suche nach geeigneten Kooperationspartnern

Maßnahmen:

- Analyse des Marktes bezüglich möglicher Kooperations- bzw. Joint Venture-Partner entsprechend den o. g. Kriterien
- Mögliche Kooperationen mit z. B.:
  - Wettbewerbern
  - Handelsunternehmen im oberen und unteren Preissegment (Top/Down)
  - Ernährungswissenschaftlern
  - Pharma- und Chemieunternehmen
  - Biotechnologieunternehmen
  - Verpackungsentwicklern und -herstellern
  - Universitäten und Forschungsinstituten, die sich mit den Themen Biotechnik und Verpackung beschäftigen

5. *Marketing*

Ziel:

Ausbau der Marktposition im bisherigen Bereich und Erweiterung des Marktes

5. a) *Sortiment:*

Ziel:

Entwicklung und Anbieten eines kundenorientierten, innovativen Sortimentes

Strategie:

- Aufbau einer Top-Sortimentslinie

Maßnahmen:

- Analyse der bisherigen Produkte, ob sie in den Top- oder Downbereich entfallen

- Erweiterung der bisherigen Gourmetlinie um Vollwert und vegetarische Spezialitäten, gesunde Exotik, gesunde Produkte aus der Region
- Aufbau einer Top-Gesundheitslinie: Z. B. Diätprodukte für Diabetes, Hypertonie, Gicht, Rheuma, Reduktionsdiät etc.
- Entwicklung von Convenience-Produkten: Halbfertig- und Fertigprodukte inkl. Hilfsmittel für die schonende Zubereitung zuhause

Strategie:

- Entwicklung eines Down-Sortimentes

Maßnahmen:

- Analyse, welche der derzeitigen Produkte in das Down-Sortiment übernommen werden können
- Aufnahme von neuen, preiswerten, aber gesunden Produkten für Discounter und Verbrauchermärkte
- Entwicklung von preiswerten Halbfertigprodukten, Zutaten und Zubereitungshilfen

Strategie:

- Verbesserung der Produktqualität

Maßnahmen:

- Analyse neuer Verfahren zur verbesserten Haltbarkeit und zur nährstoffschonenden Herstellung und Zubereitung beim Verbraucher

Strategie:

- Verbesserung der Verpackung

Maßnahmen:

- Pilotversuch in einem bestimmten regionalen Bereich mit Mehrwegverpackung (im wesentlichen Gläsern)
- Gemeinsame Entwicklung mit Forschungsinstituten bezüglich recyclingfähiger bzw. wiederverwendbarer, verrottbarer bzw. eßbarer Verpackungsmaterialien

5. b) *Kundenbeziehung*

Ziel:

Verbesserung der Kundenbeziehung

Strategie:

– Ausbau der Position im vorhandenen Kundensegment

Maßnahmen:

– Ausbau von Regalservice (Merchandising)
– Intensivierung der Kundenbeziehung mit den vorhandenen Kunden
– Klassifizierung der Kunden nach ABC-Analyse (Schlüsselkunden)
– Risikoanalyse im traditionellen Kundenbereich (wer wird überleben)
– Wechselseitige Beteiligung mit aussichtsreichen Handelsunternehmen

Ziel:

Aufbau neuer Kunden

Strategie:

– Listungsgespräche mit den wichtigsten Handelsunternehmen (Discounter, Verbrauchermärkte, Supermärkte)
– Ankopplung an Warenwirtschaftssysteme dieser Handelspartner
– Herausstellen, daß unsere Produkte und Services ein entscheidendes Plus für den Handel sind (hohe Kundenakzeptanz, gute Umschlagsgeschwindigkeit, gute Margen)
– Abheben vom Wettbewerb durch Zuverlässigkeit, Qualität, Innovationsfähigkeit und Flexibilität

Strategie:

– Verbesserung der Kundenbindung

Maßnahmen:

– Eigene Informationsnetze für wichtige Handelspartner aufbauen (Ankopplung dieser Netze an unsere Datenbanken: Die Partner regelmäßig mit Informationen über Neuheiten, Services, Trends aus der Nahrungsmittelforschung, neue gesetzgeberische Entwicklungen etc. versorgen)

- Schnell-Order-Service via DV-Systeme einführen
- Just-in-time-Lieferungen für den Handel anbieten
- Weiterqualifizierung und Schulung von Mitarbeitern der Handelsunternehmen bezüglich Beratung und Präsentation von Bioprodukten
- Aktionen am POS:
    - Bioprodukt-Kampagne mit Verkostungen
    - Wochen, die unter einem bestimmten Thema stehen (z. B. Bio-Gourmet, Bio-Exotik, Bio-DIY, Kochaktionen am POS und Rezepte verteilen sowie Rezeptwettbewerbe am POS)

5. c) *Kommunikation*

Ziel:

Verbesserung von Image und Bekanntheitsgrad

Strategie:

- Kommunikationsstrategie für zwei Zielgruppen festlegen:
  A Handel
  B Verbraucher und Gesellschaft

Maßnahmen zu A Handel:

- Handelsinformationen und Seminare zu den Themen Bioprodukte, Handling etc.
- Sich durch gute Gewinnspannen und Qualität und Flexibilität beim Handel als unentbehrlicher Partner profilieren

Maßnahmen zu B Verbraucher und Gesellschaft:

- Information über gesunde Ernährung „was ist Biokost, Vollwert, leichte Kost, vegetarische Kost" etc.
- Diese Informationen als PR-Kampagnen in Tageszeitungen, Illustrierten, Gesundheitszeitschriften etc. publizieren
- Ernährungsseminare in Kombination mit Kochkursen veranstalten
- Kreative Koch- und Rezeptwettbewerbe ausschreiben
- Tage der offenen Tür mit Unternehmensführung und Verkostung
- Sponsering von Kochbüchern zu den Themen Vollwert, vegetarisch, bio, Diät etc.
- Kochkurse in Koch- und Hotelfachschulen

- PR-Aktion: Biogarten: Hierzu Anleitung, Beratung und Schulung zum richtigen Anbau anbieten
- Aktionen in Altenheimen, Krankenhäusern, Sanatorien und Kurkliniken: Beratung und Kochkurse für Diätassistentinnen etc.
- Aktionswochen in diesen Häusern veranstalten
- Umweltfreundlichkeit unserer Herstellverfahren, Produkte und Verpackungen herausstellen

6. *Lobby*

Ziel:

Unterstützung der Leitstrategie

Strategie:

- Intensivierung der Kontaktpflege zum Gesetzgeber national und in der EG

Maßnahmen:

- Neue, eigene Qualitätsstandards entwickeln, definieren und dem Gesetzgeber anbieten (hierdurch Wettbewerbsvorteile erzielen)
- Lobbyarbeit, um die gesetzlich eindeutige Definition von Produkten aus biologischem Anbau zu erreichen
- Beobachtung von gesetzgeberischen Trends national und international
- Unsere Kunden in unsere Lobbyarbeit mit einbeziehen

7. *Interne Voraussetzungen*

Ziel:

Schaffung der internen Voraussetzungen für eine erfolgreiche Leitstrategieimplementierung

7. a) *Mitarbeiter:*

Ziel:

- Innovative, unternehmerische Mitarbeiter

Strategie:

- Erhöhung der Attraktivität des Unternehmens

Maßnahmen:

- Einführung von Karriereplänen und alternativen Karriere-Szenarien
- Tutorenmodell einführen
- Innovatives Klima schaffen (Erhöhung der Risikotoleranz und mehr Selbständigkeit für Mitarbeiter
- Leistungsgerechte Entlohnung für Mitarbeiter (ein Teil fixum, ein Teil Unternehmenserfolg, ein Teil Teamerfolg und ein Teil Individualerfolg)
- Job rotation zwischen Innendienst und Außendienst
- Job rotation mit befreundeten Unternehmen (Lieferanten und Handelspartnern)
- Innovationswettbewerbe intern ausschreiben

Strategie:

- Verbesserung der Mitarbeiter-Qualifikation

Maßnahmen:

- Einstellungskriterien der Leitstrategie anpassen
- Mitarbeiter weiterbilden bezüglich Qualität, Kundenorientierung, Innovationsfähigkeit, unternehmerisches Denken und Handeln
- Fachliche Weiterbildung (Biotechnik, Herstellverfahren, Entwicklung neuer Rezepturen etc.)

7. b) *Beschaffung*

Ziel:

Sicherstellen der Beschaffungsbasis

Strategie:

- Verbesserung der Beschaffungsqualität

Maßnahmen:

- Aufbau von überregionalen und EG-Lieferanten
- Evtl. Beteiligung an bzw. Kauf von guten Lieferanten
- Lieferanten weiterqualifizieren im Hinblick auf Biotechnik, Qualität, Anbau, neue Züchtungen, Schädlingsresistenz etc.
- Verlagerung der Qualitätskontrolle zum Lieferanten
- Suche nach Alternativ-Rohstoffen

7. c) *Entwicklung*

Ziel:

Entwicklung von marktgängigen Produkten und Services entsprechend Marktanforderungen

Strategie:

– Verbesserung der Entwicklungsarbeit

Maßnahmen:

– Entwicklung und Erprobung neuer Rezepturen
– Definition von Qualitätsstandards für die eigenen Produkte
– Entwicklung neuer Konservierungsverfahren
– Entwicklung neuer Maßnahmen zur Nährstofferhaltung bzw. Aufwertung

7. d) *Produktion*

Ziel:

Sicherstellung einer qualitativ hochwertigen Produktion

Strategie:

– Verbesserung der Produktionsqualität

Maßnahmen:

– Einführung von Qualitätskontrollen und Qualitätssicherung
– Umsetzung neuer Herstellverfahren
– Umweltschutz in der Produktion sicherstellen (ggfs. gesetzliche Standards übererfüllen)
– Ausschöpfen aller Rationalisierungsmaßnahmen
– Ggfs. wechselweise Produktion mit befreundeten Unternehmen vereinbaren (im Störfall bei Ausfall der Anlagen)
– Antizyklische Investitionen
– Sich als Pilotanwender für CIM-Hersteller anbieten

(s S. 226)

Fallbeispiel 3: Persönliche Karriere-Planung

Fragt man erfolgreiche Menschen, wie sie zu ihrer Karriere gekommen sind, dann erhält man sehr unterschiedliche Antworten. Manchmal sind es Schlüsselerlebnisse in der Kindheit, ein Elternhaus, das eine bestimmte Richtung vorgegeben hat wie z. B. bei Ärzten oder Rechtsanwälten, manchmal der berühmte Zufall, und nur wenige geben zur Antwort, daß sie sehr früh ein bestimmtes Ziel im Auge gehabt haben und dieses auch konsequent verfolgt haben.

Mittlerweile weiß jeder, daß nicht nur die individuelle Veranlagung, Neigung und Fähigkeit eines Menschen ausschlaggebend ist für den Beruf, sondern gleichzeitig auch das, was der Markt heute und künftig an Arbeitskräften benötigt.

Nicht nur vor der Berufs- und Studienwahl, sondern auch im Laufe eines Berufslebens kommt ein Mensch immer wieder an den Punkt, wo er entscheiden muß, welchen Weg er in der Zukunft weitergehen wird.

Welche Entscheidungshilfen stehen dem Menschen am Scheideweg hierbei zur Verfügung? Obwohl sicher schon einiges in Richtung Berufsberatung versucht wird, ist dies immer noch nicht ausreichend. Wenn die äußeren Hilfen versagen, dann gilt nur noch eins, nämlich nach dem Motto: „Hilf Dir selbst, sonst hilft Dir keiner" einen eigenen erfolgreichen Weg in die Zukunft einzuschlagen.

Ausgangssituation

Ich bin Wirtschaftsingenieur, 33 Jahre alt und im mittleren Management für den Vertrieb einer großen EDV-Firma zuständig. Für dieses Unternehmen war ich bereits drei Jahre lang im Ausland und war vor meiner Vertriebsfunktion für die Kundenanpassung von Computerprogrammen zuständig. Trotz meiner interessanten Tätigkeit im Unternehmen habe ich das Gefühl, daß ich mehr bewegen möchte, als ich derzeit kann. Hieraus entstand die Idee, mich beruflich selbständig zu machen. Meine erste vage Vorstellung geht dahin, meine vorhandenen Stärken im Umfeld der EDV zu nutzen. Die Frage für mich war, wie ich das Ganze angehen sollte. Einer meiner Kollegen machte mich auf die Szenario-Technik aufmerksam. Daher besuchte ich ein öffentliches Seminar über Szenario-Technik. Nach dem Seminar war ich aufgeladen mit neuen Ideen und motiviert, die Szenario-Technik auf meinen Fall anzuwenden.

Schritt 1: Aufgabenanalyse

Ziel: Selbständigkeit im Bereich EDV-Dienstleistungen

Strategien: Noch nicht vorhanden

Was sind meine persönlichen *Stärken und Schwächen?*

Stärken:

- Solides Know-how in Hardware, Software, Datenverarbeitung und DV-Organisation sowie DV-Umfeld
- Kenntnis, was die Kunden von der EDV erwarten, dank der Vertriebserfahrung
- Lebensmotto: Jedes Problem ist eine Herausforderung (dies betrachte ich ebenfalls als persönliche Stärke)

Schwächen:

- Geringes Startkapital (ca. DM 50.000,−)
- Ich bin zu vielseitig und breit interessiert, und daher besteht die Gefahr der Verzettelung
- Ich werde leicht ungeduldig, wenn etwas nicht so funktioniert, wie ich es gerne hätte

Ambivalente Aspekte:

- Ich bin ein Perfektionist, was von meinen Kollegen und Mitmenschen nicht immer positiv gesehen wird

Nach diesen ersten Überlegungen stellt sich die nicht unwichtige Frage: Wie steht meine Lebenspartnerin zu meinen Plänen? Ein klärendes Gespräch zeigt, daß ihre Reaktion zwischen Begeisterung „Ich finde es toll, daß du den Mut dazu hast" und Skepsis schwankt. Ihre Empfehlung: Plane das Ganze in Ruhe und Sorgfalt, und ohne Hektik und Ungeduld.

Aufgrund der bisherigen Analyse halte ich es für erforderlich, eine Zukunftsprojektion bis zum Jahr 2000 durchzuführen.

Schritt 2: Einflußanalyse

Frage: Welche sind die externen Einflußbereiche, die auf meine mögliche Selbständigkeit einwirken?

Absatzmarkt
Wettbewerber
Technologie
Wirtschaft
Gesellschaft
Politik und Gesetzgebung
Privates Umfeld

Frage:

Was sind die relevanten Einflußfaktoren innerhalb der externen Einflußbereiche, die auf mich und meine Planung der beruflichen Selbständigkeit einen Einfluß haben?

Einflußfaktoren aus dem Absatzmarkt

— Potentielle Kunden und ihre Struktur (Größe und Branche)
— Kundenbedürfnisse bezüglich Dienstleistungen im EDV-Umfeld
— Kundenbedürfnisse bezüglich Sicherheit und Kontinuität (mehr Vertrauen in Großunternehmen als in kleine, selbständige)

Einflußfaktoren aus dem Wettbewerb

— Wer sind meine potentiellen Wettbewerber?
— Was bieten diese Wettbewerber: Know-how, Größe, Markt- und Kundenkenntnis, Full-Service etc.?
— Was bieten meine Wettbewerber nicht?
— Aus der Erfahrung weiß ich, daß viele Dienstleistungen zwar als individuell bezeichnet werden, es aber nicht sind und am Bedarf des Kunden vorbeigehen.

Schlußfolgerung: Ich muß so bald wie möglich eine Wettbewerbsanalyse durchführen

Einflußfaktoren aus der Technologie

— Hardware- und Softwareentwicklung (Miniaturisierung, höhere Leistung, höhere Packungsdichte, Standards etc.)

- Netzwerke (LANs, WANs, Datenfernübertragung etc.)
- Verknüpfung zwischen technischen Systemen
- Verschmelzung der Funktionen in Büros (Vernetzung zwischen Textverarbeitung, PCs, Buchhaltung, Desktop-Publishing, Telefax, Teletex etc.)

Einflußfaktoren aus der Wirtschaft

- Konjunktur: regional, national und evtl. in der EG
- Strukturwandel (von der produzierenden zur Dienstleistungsstruktur)
- Investitionsneigung und Investitionsquote der Unternehmen

Einflußfaktoren aus der Gesellschaft

- Entwicklung der Erwerbspersonen (quantitativ und qualitativ)
- Entwicklung der Leistungsorientierung in der Gesellschaft
- Einstellung der Gesellschaft zu Datenverarbeitung

Einflußfaktoren aus Politik und Gesetzgebung

- Gewerberechtliche Vorschriften
- Förderung von Existenzgründungen durch den Staat
- Steuerrecht

Einflußfaktoren aus dem privaten Umfeld

- Meine Lebenspartnerin und ihre Einstellung zu meiner Selbständigkeit
- Freunde und Familie
- Sportliche und kulturelle Einflüsse

Vernetzungsanalyse

Die Analyse, wie stark sich die Einflußbereiche mit ihren Faktoren untereinander beeinflussen, gibt folgendes Ergebnis:

Im aktiven Feld liegen Technologie, Wirtschaft und Gesellschaft und etwas abgeschwächt Politik und Gesetzgebung.

Im passiven Feld liegen Wettbewerb, Absatzmarkt und privates Umfeld.

Was ist die Konsequenz aus dieser Vernetzungsanalyse:

Ich muß die Technologieentwicklungen für die Entwicklung meiner eigenen Dienstleistungen nutzen sowie intensiv die Technologie beobachten, um zu wissen, wo sich Veränderungen ergeben und was diese für mein Leistungsangebot bedeuten.

Die Veränderung der Wirtschaft hat Einfluß auf meine potentiellen Abnehmergruppen und deren Bedürfnisse. Daher muß ich nicht nur die Wirtschaft, sondern auch die Branchenentwicklungen beobachten. Des weiteren muß ich ermitteln, welche Fördermöglichkeiten es für Unternehmensgründungen gibt.

Die Frage stellt sich nun: Wie entwickeln sich diese Bereiche in die Zukunft? Da ich den Wettbewerb noch nicht kenne, und sich der Absatzmarkt aus Technologie und Wirtschaft ergibt, scheint es mir in diesem Fall geeignet, lediglich eine Zukunftsprojektion für die Bereiche Technologie, Wirtschaft, Gesellschaft, Politik und Gesetzgebung durchzuführen.

Schritt 3: Trendprojektionen

DESKRIPTOR	PROJEKTION 2000
Einflußbereich Technologie	
Entwicklung der Hardware	2 Alternativen
	1 Dynamische Weiterentwicklung der Hardware bezüglich Miniaturisierung, Verbesserung der Geschwindigkeit, Einsatz optischer Speicher und Rechner; Preisverfall und hohe Nachfrage
	2 Weiterentwicklung, jedoch gebremst durch unzureichende Forschung und Entwicklung und geringere Marktnachfrage, bedingt durch ungünstige Wirtschaftsentwicklung; Preise bleiben hoch
Entwicklung der Software	2 Alternativen
	1 Dynamische Weiterentwicklung der Software in Richtung Expertensysteme, 5. Software-Generation bis hin zu künstlicher Intelligenz verfügbar

DESKRIPTOR	PROJEKTION 2000
	2 Bedingt durch gesellschaftliche Widerstände und geringe Mittel der forschenden Unternehmen lediglich eine Optimierung der Software und eine Verbesserung der Anwenderfreundlichkeit
Entwicklung der Vernetzung	2 Alternativen
	1 Dynamische Zunahme der Vernetzungsmöglichkeiten und erfolgreiche Einführung von ISDN in Wirtschaft und Gesellschaft
	2 Es dominieren Insellösungen; ISDN hat sich aufgrund gesellschaftlicher Widerstände gegenüber der EDV nur in der Wirtschaft durchgesetzt

Einflußbereich Wirtschaft

Entwicklung der Konjunktur	2 Alternativen
	1 Positive Konjunktur, dank erfolgreicher Umsetzung des EG-Binnenmarktes, höherer Investitionstätigkeit der Unternehmen und größerer Leistungsorientierung der Gesellschaft
	2 Ungünstige Konjunktur, da die Probleme der 80er und 90er Jahre nicht zufriedenstellend gelöst werden konnten und die Konjunktur weltweit schlechter wird
Strukturwandel	2 Alternativen
	1 Dynamischer Strukturwandel vom produzierenden zum Dienstleistungsbereich; der Anteil der höherwertigen Dienstleistungen wird durch die zunehmende Umsetzung von Technologien verstärkt

DESKRIPTOR	PROJEKTION 2000
	2 Nur langsamer Strukturwandel, da die Wirtschaft nicht bereit und in der Lage ist, sich den Erfordernissen anzupassen
Investitionen	2 Alternativen
	1 Hohe Investitionsneigung der Unternehmen, bedingt durch eine positive Wirtschaftsentwicklung, die Implementierung neuer Technologien und die Erschließung neuer Märkte
	2 Investitionszurückhaltung, bedingt durch eine ungünstige Wirtschaftssituation. Wenn investiert wird, dann lediglich in Rationalisierung
Einflußbereich Gesellschaft	
Leistungsorientierung der Gesellschaft	2 Alternativen
	1 Zunehmende Leistungsorientierung und Trend zu mehr Verantwortung und mehr Selbständigkeit, da die Gesellschaft eingesehen hat, daß höhere Leistungsorientierung durch die positive Konjunktur belohnt wird, was zu steigenden Einkommen führt
	2 Rückläufige Leistungsorientierung, trotz guter Qualifikation können viele keine adäquaten Arbeitsplätze erhalten, da die Wirtschaft mehr Arbeitsplätze abbaut, als neue schafft

DESKRIPTOR	PROJEKTION 2000
Entwicklung der Erwerbspersonen	2 Alternativen
	1 Zunahme der Erwerbspersonen bedingt durch Zuwanderung aus anderen Ländern und Regionen
	2 Rückgang der Erwerbspersonen, bedingt durch Abschottung der heimischen Märkte gegenüber Zuwanderern und Überalterung (Pillenknick)
Einstellung der Gesellschaft zu Datenverarbeitung	2 Alternativen
	1 Positive Einstellung, bedingt durch Lernprozesse und positive Erfahrungen mit der Anwendung der DV im beruflichen und privaten Bereich
	2 Ängste und Ablehnung dominieren, da man durch DV die totale Kontrolle und Beobachtung fürchtet. Ein weiterer Aspekt sind Datenschutzängste

Einflußbereich Politik und Gesetzgebung

Existenzförderung durch den Staat	2 Alternativen
	1 Der Staat unterstützt die Existenzförderung, da er dies als Motor für das Wirtschaftswachstum ansieht
	2 Keine Existenzförderung, da die Haushaltsbudgets stärker auf den sozialen Bereich verlagert werden
Steuerrecht	2 Alternativen
	1 Unternehmerfreundlicheres und günstigeres Besteuerungssystem als Anreiz für die Wirtschaft

DESKRIPTOR	PROJEKTION 2000
	2 Mehr arbeitnehmerfreundliches Steuersystem und höhere Steuern für die Unternehmen, da der Staat die Arbeitsplatzbeschaffung unter einer ungünstigen Wirtschaftssituation als Schwerpunkt sieht

Schritt 4: Alternativenbündelung

Schritt 5: Szenario-Interpretation

Diese beiden Schritte wurden zusammengefaßt. Folgende Szenarien sind entstanden:

Szenario A

Einflußbereich Technologie

Dynamische Entwicklung der Hardware in Richtung höhere Leistungsfähigkeit und Miniaturisierung. Hierdurch werden neue Anwendungsgebiete erschlossen.

Die Software entwickelt sich ebenfalls dynamisch weiter, so daß Software-Tools, Expertensysteme und teilweise künstliche Intelligenz zur Verfügung steht. ISDN ist erfolgreich eingeführt und in Wirtschaft und Gesellschaft (dank hoher gesellschaftlicher Akzeptanz) implementiert.

Einflußbereich Wirtschaft

Positive Entwicklung der Konjunktur in der EG und weltweit, bedingt durch mehr Unternehmertum, mehr Leistungsorientierung und liberale Handelsbeziehungen.

Der Strukturwandel hat erfolgreich stattgefunden; der Trend in den Industrienationen geht zur Dienstleistungsgesellschaft. Die Investitionsneigung der Unternehmen ist hoch, begünstigt durch Vertrauen in die wirtschaftliche und politische Entwicklung.

Einflußbereich Gesellschaft

Die Leistungsorientierung der Gesellschaft hat sich verbessert, da sie ihre Bestätigung in der positiven Wirtschaftsentwicklung mit der Folge gesteigerter Einkommen sieht. Der Wirtschaft stehen, aufgrund liberaler Zuwanderungsbedingungen innerhalb der EG und von außen mehr Erwerbspersonen zur Verfügung. Die von außen zugewanderten Erwerbspersonen haben jedoch nicht immer die geforderte Qualifikation. Die Einstellung zur EDV entwickelt sich positiv, da die Gesellschaft gelernt hat, sinnvoll mit EDV umzugehen. Vorhandene Ängste sind weitgehend abgebaut, bedingt durch technische Sicherung der Systeme und Lerneffekte (computer kids).

Einflußbereich Politik und Gesetzgebung

Der Staat sieht Existenzgründungshilfen für Freiberufler und junge Unternehmen als einen wichtigen Aspekt zur Verbesserung der internationalen Wettbewerbsfähigkeit. Die Besteuerung wird unternehmensfreundlicher.

Szenario B

Einflußbereich Technologie

Hardware und Software werden weiterentwickelt. Es gibt jedoch keine entscheidenden Technologie-Durchbrüche, da auf der einen Seite die Mittel der Industrie fehlen (ungünstige Wirtschaftsentwicklung) und auf der anderen Seite Gesellschaft und Gewerkschaft Widerstände gegen Automatisierung haben. ISDN hat sich aufgrund der gesellschaftlichen Ängste nur in der Wirtschaft durchgesetzt.

Einflußbereich Wirtschaft

Die Konjunktur in Europa ist ungünstig, da die Europäer es nicht geschafft haben, sich innerhalb des EG-Binnenmarktes in vielen Bereichen zu einigen. Des weiteren kommt ein Druck außen durch Importe von Billiglohnländern und eine Verlagerung der wirtschaftlichen und politischen Macht in den Pazifikraum. Der Strukturwandel geht nur schleppend voran, da man weitgehend versucht, auf dem Alten zu beharren und Angst vor Änderungen hat. Die Investitionsneigung der Unternehmen ist gering; es wird lediglich in Rationalisierung investiert.

Einflußbereich Gesellschaft

Die Leistungsorientierung der Gesellschaft nimmt ab, da man sieht, daß man trotz besserer Qualifikation keinen adäquaten Arbeitsplatz erhalten kann. Die Erwerbspersonenzahlen gehen zurück, da sich die Bundesrepublik und andere Länder gegenüber Zuwanderung von außen abschotten. Die Einstellung der Gesellschaft gegenüber der EDV ist skeptisch bis ablehnend, da man durch Mißbrauch und Skandale in den letzten Jahren Angst hat vor Überwachung und vor Mißbrauch (Orwell-Syndrom).

Einflußbereich Politik und Gesetzgebung
Der Staat konzentriert sich unter der ungünstigen Wirtschaftssituation auf die Sozialbudgets und streicht Existenzgründungshilfen. Das Steuerrecht wird arbeitnehmerfreundlicher, um die Arbeitnehmer in einer ungünstigen Wirtschaftssituation vor Freisetzungen zu schützen.

Schritt 6: Konsequenzanalyse

Konsequenzen aus Szenario A

Einflußbereich Technologie

- Ich muß mich ganz gezielt in der EDV weiterbilden, speziell in Software und Expertensystemen sowie in Organisationsfragen rund um das Thema EDV
- Um aktuell Technologie-Beobachtungen durchführen zu können, und immer am Puls der Technologieentwicklung zu sein, werde ich mich selbst an die vorhandenen Netzwerke ankoppeln
- Ich muß Kontakte zu innovativen Unternehmen (mein bisheriges Unternehmen und andere) aufrechterhalten bzw. aufbauen
- Mögliche Produktideen für meine Selbständigkeit könnten sein: Organisationsberatung für Unternehmen, bei der Einführung bzw. Umstellung von DV-Systemen, Training von Kundenmitarbeitern im Anschluß an die Implementierung neuer Technologien bzw. als Vorbereitung für die Einführung neuer Technologien
- Ich muß Dienstleistungsmodule entwickeln, die dann entsprechend den Kundenbedürfnissen individuell zusammengefügt werden zu einer kundenspezifischen Lösung

Einflußbereich Wirtschaft

- Ich muß nach Kunden in den neuen Dienstleistungsbereichen suchen, sowie in mittelständischen Unternehmen, die expandieren und auf andere Märkte gehen wollen

- Ich werde Zielgruppen im regionalen Umfeld definieren und hierzu eine Markt- und Bedarfsanalyse bezüglich DV-Einsatz, DV-Umfeld, Beratung und Schulung im DV-Umfeld erstellen
- Ich muß mich an vorhandene Kontaktnetzwerke anschließen, z.B. Netzwerke von mittelständischen Vereinigungen, Marketing-Clubs, Unternehmer-Clubs etc., um hier mögliche Probleme und damit Bedarf für meine Beratung zu erkennen

Einflußbereich Gesellschaft

- Es erscheint mir sinnvoll, nach qualifizierten Partnern mit komplementärem Know-how Ausschau zu halten, z.B. Know-how in Programmierung, Organisation, strategische Beratung etc.
- Ich werde ein Angebot für Firmen entwickeln, wie man Mitarbeiter leistungsfähiger und motivierter macht durch den richtigen DV-Einsatz

Einflußbereich Politik und Gesetzgebung

- Ich werde als erstes ein Unternehmenskonzept ausarbeiten, und auf der Basis dieses Konzeptes versuchen, Fördermöglichkeiten zu analysieren. Hierzu muß ich Kontakt aufnehmen mit IHKs und staatlichen Förderungsstellen
- Ich werde mit einem Steuerberater bezüglich der idealen Rechtsform für mein Unternehmen sprechen (Kriterien hierfür könnten sein: Was ist für mich steuerlich am günstigsten und was bewahrt mir die größtmögliche Flexibilität als Jungunternehmer)
- Des weiteren muß ich meine Bank ansprechen bezüglich eines möglichen Kredites für die Existenzgründung

Konsequenzen aus Szenario B

Einflußbereich Technologie

- Ich werde einmal die Ängste bezüglich EDV analysieren: Warum haben Menschen Angst vor Computern und was sind die Barrieren bezüglich EDV-Anwendung?
- Darauf aufbauend werde ich ein Beratungspaket für Unternehmen entwickeln, wie man Ängste abbaut, z.B. durch spielerischen Umgang mit der EDV, Incentives, Wettbewerbe etc.

- Ich werde ein Dienstleistungspaket zur Optimierung und Verknüpfung von Kommunikationsinseln im Unternehmen entwickeln und dies mittelständischen Unternehmen als Produkt anbieten

Einflußbereich Wirtschaft

- Ich werde mich um das Thema Investitionsberatung bezüglich Datenverarbeitung für Unternehmen kümmern (hierzu werde ich eine technisch-wirtschaftliche Bedarfsanalyse erstellen, um dann geeignete Hardware, Software und Dienstleistungen für ein Unternehmen als neutraler Mittler aussuchen zu können)
- Unter Szenario B-Rahmenbedingungen werde ich die Argumente im Verkauf meiner eigenen Produkte stärker auf den Rationalisierungsaspekt legen

Einflußbereich Gesellschaft

- Ich muß mich durch meine Leistung gegenüber den Mitarbeitern meiner Kunden und auch anderen Beratern im Hinblick auf Qualität, Innovation und Fairness in der Beratung abheben
- Ich muß ganz gezielt meine eigene Weiterbildung forcieren im Bereich EDV und EDV-Umfeld, aber auch in Psychologie und Mitarbeiter-Motivation
- Eine weitere Geschäftsidee könnte sein, mich als Manager auf Zeit für mittelständische Unternehmen zur Verfügung zu stellen, z. B. für den DV-Organisationsbereich. Hierbei muß ich eine Bedarfsanalyse durchführen und mich auf Lücken im Unternehmen konzentrieren

Einflußbereich Politik und Gesetzgebung

- Ich muß mein Unternehmenskonzept mit möglichst geringen Kosten starten, da keine staatliche Hilfe zu erwarten ist. Dies bedeutet, daß ich vielleicht zunächst nur mit einer freien Mitarbeiterin als Sekretärin anfange, um die Fixkosten gering zu halten
- Des weiteren werde ich mit dem Steuerberater sprechen bezüglich der Rechtsform und sonstiger steuerlicher Aspekte, die zu berücksichtigen sind
- Außerdem werde ich Kontakte zu Unternehmensberatern aufnehmen, die ich aus meiner bisherigen Arbeit kenne und mit ihnen über den möglichen Bedarf bei potentiellen Kunden sprechen

Schritt 7 der Szenario-Technik: Störereignisanalyse

Mögliche Störereignisse könnten sein:

- Ein Unfall, der mich für eine Weile aus meiner beruflichen Tätigkeit zieht
- Das Scheitern meines neu gegründeten Unternehmens
- Verwicklung in einen Skandal mit einem Kunden
- Neuer starker Wettbewerber, der mich an die Wand drückt

Im folgenden wird nur das Störereignis „mögliches eigenes Scheitern" analysiert. Hierzu sind folgende Präventivmaßnahmen möglich:

- Absicherung meines eigenen Unternehmens durch einen flexiblen Vertrag mit meiner Firma und eine Übergangslösung (ab einem bestimmten Zeitpunkt werde ich nur noch 50% für meine Firma arbeiten und bereits zu 50% anfangen, mein Geschäft aufzubauen)
- Übernahme von Aufgaben, die in meiner Firma derzeit kaum oder nur unzureichend abgedeckt werden können
- Suche nach Stammkunden in verschiedenen Branchen (Vermeidung von einer einseitigen Branchenabhängigkeit)
- Aufbau von Multiplikatoren (Seminarveranstalter in Deutschland, Österreich und der Schweiz)
- Vorträge halten auf diversen DV-Kongressen bezüglich meines Service-Angebotes
- Aufbau von Partnernetzwerken

Reaktivmaßnahmen:

- Rückkehr in die alte Firma
- Einstieg in ein Wettbewerbsunternehmen (EDV-Beratungsunternehmen oder Wettbewerber meiner alten Firma)

Schritt 8 der Szenario-Technik: Szenario-Transfer

Das Hauptziel des ganzen Vorhabens ist es, eine Leitstrategie zu entwickeln.

Meine Leitstrategie für die berufliche Selbständigkeit:

1. *Generelle Ausrichtung*

Langfristig erfolgreiche Marktposition in ausgewählten Zielgruppen

2. *Corporate Identity*

- Abheben gegenüber dem Wettbewerb durch innovative Leistungen, Topqualität und Fairness
- Gestaltung des Corporate Designs (alle nach außen gehenden Schriftstücke entsprechend meiner Corporate Identity)

3. *Beratungsprodukte für ausgewählte Zielgruppen*

Zielgruppe: Mittelständische Unternehmen (produzierendes Gewerbe und Dienstleistungen):

- Bedarfsanalyse in Fertigung und Administration, Marketing und andere Bereichen
- Anbieten einer neutralen Beurteilung von Hardware- und Softwareangeboten
- Auswahl der für das Unternehmen geeigneten Angebote
- Implementierung der Hardware und Software
- Schulung der Kundenmitarbeiter (u. a. auch Analyse der Ängste und Vorbehalte gegenüber DV und Abstimmung des Schulungsprogramms auf diese Ängste und Vorbehalte)
- Entwicklung eines Konzeptes für die Schulung von Kundenmitarbeitern, Distributoren etc.
- Beratungsangebot für Unternehmen, die ihre bisherige DV-Anlage erweitern wollen bzw. auf andere DV-Systeme umsteigen wollen
- Rationalisierungsberatung für Unternehmen
- Investitionsberatung bezüglich DV-Einsatz inkl. Analyse von Förderungsmöglichkeiten für den Mittelstand
- Beratungspaket: Effizienzsteigerung für das Unternehmen und die Kundenmitarbeiter
- Aufbau von Netzwerken zu Kunden bezüglich Abwicklung von ad hoc-Anfragen, Standardproblemen und Standardlösungen
- Entwicklung von Beratungsmodulen, die individuell für die Kunden kombiniert werden können
- Beratungsangebot: Optimierung von vorhandenen DV-Insellösungen bei Kunden

4. Marketing

— Gewinnung von Multiplikatoren, um in den jeweiligen Kundengruppen bekannt zu werden wie z. B. Berufsverbände, IHKs, Marketing-Clubs, Unternehmerclubs, Seminarveranstalter etc.
— Gewinnung von Referenzkunden evtl. über meine jetzige Firma (Nutzung der Firmenkontakte)
— Langfristig Stammkunden gewinnen: Bei Abschluß eines Projektes, Folgeprobleme und Beratungsbedarf dem Kunden aufzeigen und hierfür Lösungen anbieten

5. Kooperationen

— Kontakte aufbauen zu anderen Unternehmensberatern
— Evtl. Aufbau eines Partnernetzwerkes (Unternehmensberater) oder Ankopplung an bereits bestehende Beraternetzwerke

6. Interne Voraussetzungen

— Zunächst einmal muß ich eine detaillierte Wettbewerbsanalyse erstellen sowie eine Markt- und Marktbedarfsanalyse bezüglich DV-Beratung im DV-Umfeld

7. Eigene Weiterbildung

Um das vorgenannte Konzept umsetzen zu können, muß ich mich in folgenden Bereichen weiterbilden:

— Organisationsberatung
— Software und DV-relevante Dienstleistungen
— Datenbanknutzung und Datenbankaufbau
— Expertensysteme
— Projektmanagement
— Moderationstechnik
— Analyse von Finanzierungs- und Förderungsmöglichkeiten (falls dies nicht möglich ist, mit geringen Mitteln und geringen Fixkosten starten; möglichst große Flexibilität durch Einstellung von freien Mitarbeitern in der Anfangsphase)

Wenn ich dieses Unternehmenskonzept noch etwas detailliert habe, dann werde ich ein Gespräch mit meinem Steuerberater sowie mit meiner Bank führen. Ich glaube aber, daß dieses Konzept Zukunft hat, da der Marktbedarf vorhanden ist, und ich hier sicherlich bei einer guten Konzeption Chancen habe, meine Vorstellungen zu verwirklichen. Um das Risiko in der Anfangsphase zu minimieren, werde ich einen 50%-Vertrag mit meiner Firma aushandeln, so daß ich bereits 6 Monate Zeit habe, um mein eigenes Geschäft aufzubauen. Ein weiterer Vorteil ist, daß ich Arbeiten, die meine Firma aus Kapazitäts- oder Strategiegründen nicht durchführen kann, bereits jetzt sukzessive übernehmen kann.

> „Vorausschauendes Handeln kann nicht durch übereifrige, kurzfristige Aktion ersetzt werden."
> (Niccolo Machiavelli)

5. Umsetzung der Szenario-Methode in der Planung

5.1 Wie kann die Szenario-Methode in der strategischen Planung eingesetzt werden?

5.1.1 Entwicklung und Überprüfung von Leitbildern

Unternehmensleitbilder oder moderner ausgedrückt, Corporate Identity und Corporate Philosophy, können auf die verschiedensten Arten erstellt werden. In vielen Fällen versucht man, das Selbstverständnis des Unternehmens durch Befragung der Führungskräfte und der Mitarbeiter herauszufinden und daraus, im Zusammenhang mit der Unternehmensstrategie, ein geeignetes Leitbild zu entwickeln. Um das Selbstbild durch das Fremdbild zu ergänzen, führen Unternehmen auch Befragungen bei Abnehmern und Lieferanten durch.

Sowohl bei der Entwicklung als auch bei der Überprüfung von Leitbildern kann die Szenario-Methode hilfreich sein. In den wenigsten Fällen wird man jedoch Szenarien lediglich zur Entwicklung des Leitbildes erstellen. In den meisten Fällen wird dies im Zusammenhang mit der Strategie-Entwicklung auf der Basis von Szenarien durchgeführt.

Diese Vorgehensweise hat den Vorteil, daß Unternehmen ihr neues Leitbild dann auch entsprechend der neuen Leitstrategie ausrichten, so daß also keine Diskrepanz mehr zwischen Leitbild und Leitstrategie entsteht.

An dieser Stelle einige grundsätzliche Anmerkungen zur Erstellung eines Unternehmensleitbildes:

1. Ein Leitbild ist nur so gut, wie es von den Mitarbeitern und Führungskräften des Unternehmens umgesetzt und gelebt wird (jeder Mitarbeiter sollte die Botschaft des Unternehmens verstehen, akzeptieren und selbstverständlich nach außen tragen).

2. Ein Leitbild sollte nicht zu detailliert ausgestaltet werden, da es ansonsten mit jeder Strategie-Änderung ebenfalls geändert werden müßte. Statt dessen sollte es die grundsätzliche Innen- und Außensicht des Unternehmens beinhalten und für einen längeren Zeitraum Bestand haben (Leitbilder erfolgreicher japanischer und amerikanischer Firmen belegen dies).
3. Ein gutes Leitbild sollte nicht mehr als 7 bis 10 Hauptpunkte umfassen (bekanntlicherweise kann das menschliche Kurzzeitgedächtnis nicht mehr als 7 unterschiedliche Aspekte gleichzeitig behalten, speichern und umsetzen). Zur Hilfestellung für die Leitbild-Entwicklung kann man vielleicht die 10 Gebote heranziehen, die relativ einfach und unmißverständlich ausdrücken, was gemeint ist. Darüber hinaus bieten die 10 Gebote, ähnlich wie ein Gesetz, Raum für Interpretationen, was durch die verschiedenen Religionen hinreichend bewiesen worden ist.
4. Ein gutes Leitbild sollte auf keinen Fall als geheimes Strategie-Papier in der obersten Führungsetage gehandelt werden, sondern im ganzen Unternehmen kommuniziert werden, so daß es auch entsprechend umgesetzt und gelebt werden kann.
5. Ein gutes Leitbild erkennt man daran, daß es bereits beginnend auf der untersten Unternehmensebene (z. B. Pförtner oder Empfang des Unternehmens) umgesetzt wird. Des weiteren erkennt man die Art, wie ein Unternehmensleitbild umgesetzt und gelebt wird, an den Verhaltensweisen der Mitarbeiter des Unternehmens am Markt, im Wettbewerb und in der Öffentlichkeit.

Ein typisch deutscher Fehler bei der Erstellung von Unternehmensleitbildern besteht darin, daß man das Leitbild viel zu umfangreich und zu kompliziert verfaßt. Die Folge davon ist, daß das Leitbild die klaren und präzisen Aussagen verwässert und damit für den einzelnen an seinen Arbeitsplatz nicht mehr einsetzbar ist. Darüber hinaus ist es dann auch noch in einer umständlichen und schwer verständlichen Sprache verfaßt.

Gute Leitbilder findet man oft bei amerikanischen und japanischen Unternehmen. Hier sind die wichtigsten Grundregeln des Unternehmens, die auch das Verhalten der Mitarbeiter und der Führungskräfte untereinander beinhalten, so formuliert, daß sie in allen Unternehmensbereichen und Hierarchie-Ebenen verstanden und umgesetzt werden können. Ein gutes Leitbild ist dadurch gekennzeichnet, daß es als Kriterium für wichtige Entscheidungen fungiert.

Ein solches Leitbild sollte folgende Aspekte umfassen:

- Wie verstehen wir uns selbst und wie sehen wir uns (wer oder was sind wir)?
- Wie ist unser Verhältnis zu unseren Kunden (Kundenorientierung)?
- Welchen Stellenwert hat die Technologie für uns (Technologieorientierung)?
- Wie ist unser Verhältnis zum Wettbewerb und unser Verhalten im Wettbewerb (Verhalten im Markt und im Wettbewerb)?
- Wie ist unser Verhältnis zu unseren Mitarbeitern und der Stellenwert unserer Mitarbeiter (Mitarbeiterorientierung)?
- Wie sehen wir unsere Aufgabe und unsere Verantwortung im gesellschaftspolitischen Rahmen (z. B. Umweltschutz, Marktwirtschaft, Sicherheitsaspekte etc.)?

Anhand dieser Fragen kann jedes Unternehmen auf Szenarien aufbauend ein Leitbild formulieren, das Zukunftsorientierung beinhaltet und gleichzeitig dem Selbstverständnis und der gewachsenen Corporate Culture des Unternehmens entspricht. Mancher Leser denkt sicher an dieser Stelle, daß man den Begriff Corporate Culture durch Unternehmenskultur ersetzen kann. Da der deutschsprachige Leser geneigt ist, Kultur mit traditionellen Werten wie Goethe, Schiller und Beethoven zu assoziieren, bevorzuge ich den Begriff Corporate Culture (= gewachsene Wertvorstellungen eines Unternehmens und seiner Mitarbeiter).

Darüber hinaus sollte man bei jedem neu erstellten Leitbild eine Synthese zwischen der zukünftigen Leitbildorientierung und der gewachsenen Corporate Culture herstellen. Dies sagt und schreibt sich zwar sehr leicht, aber die Synthese umsetzen, ist wesentlich schwieriger. Das wichtigste hierbei ist Geduld.

Stellen Sie sich ein eher traditionell und konservativ-orientiertes Unternehmen vor, in dem die bisherige alte Geschäftsleitung durch neue dynamische, zukunftsorientierte Manager ersetzt wurde. Man kann sich sehr gut vorstellen, daß zwischen diesem neuen Management und der alten Corporate Culture eine Kluft besteht, die Schritt für Schritt überwunden werden muß. Falsch wäre es, wenn das neue Management sich allein in eine Klausurtagung zurückzieht, ein neues Leitbild, neue Ziele und Strategien entwickelt und diese den Mitarbeitern präsentiert mit der Aufforderung, sie auch gut umzusetzen.

Der richtige Weg wäre, daß man z. B. die Mitarbeiter befragt, was sie bisher im Unternehmen gut gefunden haben, was sie als Schwäche oder ungünstig empfinden, was sie gerne ändern möchten und was sie von dem alten bewahren möchten. Diese Bestandsaufnahme wäre dann der Ausgangspunkt, um zukunftsorientiert mit Hilfe der Szenario-Technik gemeinsam zu überlegen, was wollen wir eigentlich für die Zukunft, wie wollen wir uns positionieren und wo wollen und müssen wir uns verändern, um in der Zukunft erfolgreich bestehen zu können. Wenn man so vorgeht, dann wird jedem Betroffenen klar, daß sich natürlich auch die Corporate Culture an den neuen Aufgaben orientieren muß. Wenn man sich dann grundlegend über die neuen Ziele, Strategien und das neue Selbstverständnis des Unternehmens geeinigt hat, ist es wichtig, auch die mittleren und unteren Ebenen einzubeziehen und jeden einzelnen zu fragen, wie er Ziele, Strategien und Corporate Culture an seinem Arbeitsplatz und in seinem Arbeitsumfeld umsetzen kann.

Eines ist sicher: Ein solches Vorgehen ist nicht innerhalb einer Woche zu bewältigen, sondern kostet Zeit, Geduld, Verständnis und Einfühlungsvermögen. Die Erfahrung von Unternehmen, die diesen Weg beschritten haben, zeigt jedoch, daß der zunächst mühselig erscheinende Weg der sicherste für eine erfolgreiche Umsetzung ist.

5.1.2 Entwicklung von Zielen und Strategien (Leit- und Alternativstrategien)

Die Hauptaufgabe, für die die meisten Szenario-Projekte eingesetzt werden, ist jedoch die Entwicklung von Zielen und Strategien. Dies bedeutet, daß man anhand von Szenarien zukunftsorientiert Ziele erkennen und definieren sowie geeignete Strategien entwickeln kann, um diese Ziele zu erreichen. Wie bereits in Schritt 6 und 8 der Methoden-Beschreibung dargestellt wurde, geht es den meisten Unternehmen darum, eine geeignete Leitstrategie, die robust und flexibel unter unterschiedlichen Umfeldbedingungen ist, zu erarbeiten. Eine robuste Strategie bedeutet, daß sie auf jeden Fall erfolgreich ist, unabhängig davon, welche externen Situationen eintreten werden. Dies ist der Weg, den die meisten Unternehmen heute auf der Basis der Szenarien einschlagen.

Hieraus wird klar, daß die Szenario-Anwendung eine breite Basis für das Gesamtunternehmen liefert, so daß man z. B. nicht nur die Marketing-

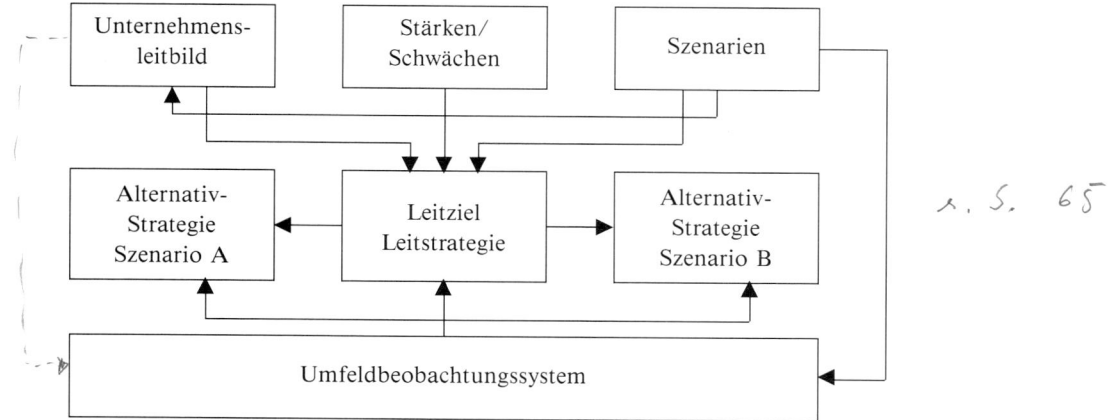

Abbildung 27: Einbettung der Szenarien und Strategien in das Planungssystem des Unternehmens

oder die Entwicklungsplanung auf der Basis der Szenarien erstellt, sondern generell eine abgestimmte Planung für das Gesamtunternehmen oder eine strategische Geschäftseinheit. Ein weiterer Vorteil liegt darin, daß die einzelnen Planungen der Bereiche auf einer gemeinsamen Basis aufbauen, nämlich den Szenarien, und hierdurch die oft nicht abgestimmten Planungen zwischen den einzelnen Bereichen vermieden werden.

Ein weiterer positiver Effekt ist, daß die verschiedenen Führungskräfte aus den unterschiedlichen Funktionen und Bereichen des Unternehmens in das Projekt eingebunden sind und dadurch von vornherein ein abgestimmtes Vorgehen auf der Basis einer gleichen Grundlage erzielt werden kann. Die für die Strategieumsetzung verantwortlichen Führungskräfte werden somit auf eine gemeinsame Basis eingeschworen; sie sitzen alle im selben Boot und arbeiten miteinander und nicht – wie leider oft bei anderen Vorgehensweisen der Fall – gegeneinander.

Als Alternativstrategien fungieren die Elemente, die unter Szenario A und B genannt wurden, aber nicht in die Leitstrategie übernommen werden konnten, da sie nur unter den jeweiligen Bedingungen des Szenarios A oder B erfolgreich sein würden.

Man kann sich dieses Bild auch graphisch so vorstellen, daß in der Mitte ein breiter Block der Leitstrategie vorliegt und aus der Leitstrategie heraus

Verzweigungen für einzelne Unternehmensbereiche gelten für den Fall, daß Szenario A oder B tatsächlich eintreten. Zur Entscheidung, ob man zusätzlich zur Leitstrategie weitere Elemente der Alternativstrategien A oder B integriert, hilft das Umfeldbeobachtungssystem (siehe Kapitel 5.2).

5.1.3 Überprüfung vorhandener Ziele und Strategien

Da viele Unternehmen heute bereits Ziele und Strategien für die Zukunft definiert haben, ist es immer wichtiger geworden, diese Ziele und Strategien anhand der externen Umfeldentwicklung mit Hilfe von Szenarien zu überprüfen.

Auch hierbei geht man von den vorhandenen Zielen und Strategien aus und entwickelt unabhängig davon Szenarien, die dann zur Überprüfung verwendet werden. Hierbei muß man jedoch darauf achten, daß das Szenario-Team nicht nur aus den Entwicklern der vorhandenen Strategie besteht, sondern daß vor allem andere Funktionen (Stab und Linie) hinzugezogen werden, die durch ihre Sicht des Unternehmens und der Unternehmensumwelt eine Bereicherung und Objektivierung der Szenarien bringen können.

Wenn die Szenarien fertiggestellt sind, werden vorhandene Ziele und Strategien gegen die verschiedenen Szenarien getestet. Dies erfolgt mit Hilfe einer Szenario-Kurzform, der sogenannten Szenario-Deskriptoren-Liste. Jedes Szenario wird durch seine wichtigsten Deskriptoren und deren typischen Entwicklungen für das jeweilige Szenario gekennzeichnet (dies bildet eine Achse einer Matrix). Auf der anderen Achse der Matrix werden die vom Unternehmen bereits erarbeiteten Strategien oder auch nur eine Strategie gegenübergestellt. Man kann dann prüfen (eventuell auch durch Gewichtung der verschiedenen Strategieelemente und durch Gewichtung der Szenarien-Deskriptoren), inwieweit diese Strategien zu den unterschiedlichen Szenarien passen (Abb. 28).

Bereits eingeschlagene oder anvisierte Strategien werden in die Szenarien projiziert und bewertet.

Bezüglich des Passens oder Nichtpassens einer Strategie zu den Szenarien werden verschiedene Wertungen vergeben, die dann zu einer Gesamtbewertung pro Strategie führen.

Szenario A   *Technophil?*

DESKRIPTORENSATZ		STRATEGIE 1	STRATEGIE 2	STRATEGIE 3
D 1 BSP:	ungünstig	+1	+1	+1
D 2 Neue Technologien:	schwache Zunahme	+1	0	0
D 3 Gesetzgebung:	verschärft	+1	−1	0
D 4 Einstellung der Gesellschaft zu neuen Technologien:	ablehnend	0	−1	0
		+3	−1	+1

Szenario B

DESKRIPTORENSATZ		STRATEGIE 1	STRATEGIE 2	STRATEGIE 3
D 1 BSP:	positiv	−1	0	0
D 2 Neue Technologien:	dynamisch	−1	+1	+1
D 3 Gesetzgebung:	liberal	0	0	−1
D 4 Einstellung der Gesellschaft zu neuen Technologien:	positiv	−1	+1	+1
		−3	+2	+1

Bewertungsskala:
+2 = sehr gut
+1 = richtig
 0 = indifferent, neutral
−1 = paßt nicht so gut
−2 = konträr

Abbildung 28: Bewerten von Strategien gegen die Szenarien

Darüber hinaus ist es aber auch wichtig, nicht nur eine quantitative Bewertung vorzunehmen, sondern auch eine qualitative Aussage zu machen, inwieweit eine bestimmte Strategie auf bestimmte Szenario-Entwicklungen agiert bzw. reagiert (Frage: Nutzt die Strategie die verschiedenen Szenario-Entwicklungen, bzw. erkennt sie Risiken rechtzeitig, und wie geht sie damit um?).

Durch dieses Vorgehen erhält man eine Gesamtbeurteilung pro Strategie und pro Szenario.

Hierbei kann es durchaus vorkommen, daß eine bestimmte Strategie zwar hervorragend zu Szenario A, aber nicht zu Szenario B paßt oder umgekehrt. In einigen Fällen kann es durchaus vorkommen, daß eine Strategie bereits zukunftsweisend richtig liegt im Hinblick auf beide Szenarien.

Wenn es sich jedoch herausstellt, daß die vorhandene Strategie oder beispielsweise zwei Strategien jeweils nur zu einem Szenario, aber nicht zum anderen passen, dann bietet es sich hier an, die Konsequenzanalyse, wie in Schritt 6 beschrieben, durchzuführen, um damit zu einer Strategie zu kommen, die unter unterschiedlichen Szenario-Bedingungen erfolgversprechend ist. Stellt man fest, daß eine Strategie beispielsweise nur mäßig gut zu beiden Szenarien paßt, ist es auch hier angebracht, die Szenarien noch einmal in Form von Chancen und Risiken zu analysieren und geeignete Aktivitäten zu entwickeln, die in die bisher mäßig passende Strategie integriert werden.

[Randnotiz: Mono-Szenario-Strategie]

Die übliche Vorgehensweise im Planungsprozeß konzentriert sich darauf, die Strategie zu verfolgen, die unter unterschiedlichen Szenario-Rahmenbedingungen Erfolg verspricht. Dies ist jedoch nicht im Sinne einer *Normstrategie* zu verstehen. Ein Unternehmen kann durchaus auch einen anderen Weg beschreiten; dies gilt z. B. für den Fall, daß ein Unternehmen ein bestimmtes Szenario als eine Art Leit- oder Zielvorstellung avisiert und jetzt alle seine Kräfte darauf konzentriert, die vom Unternehmen beeinflußbaren Entwicklungen in diese Richtung zu bringen und eine entsprechende Strategie darauf hin zu entwickeln. Es ist natürlich klar, daß ein solches Vorgehen mit weitaus mehr Risiken behaftet ist, als sich auf eine Strategie zu konzentrieren, die unter beiden Szenarien paßt.

Die Frage lautet: Welches Unternehmen kann sich ein solches Vorgehen erlauben? Als erstes denkt man dabei natürlich an Unternehmen, die eine starke Marktposition, eventuell sogar ein Monopol oder eine sonstige

Überlegenheit gegenüber den übrigen Wettbewerbern haben. Unter Betrachtung dieser Kriterien wäre natürlich der Kreis von Unternehmen, die eine solche Strategie favorisieren können, auf große multinationale und dominierende Unternehmen beschränkt. Es besteht aber auch die Möglichkeit für kleinere und mittlere Unternehmen, eine solche Strategie zu realisieren, wenn die folgenden Voraussetzungen erfüllt sind.

Zum Beispiel: Ein Unternehmen hat im Entstehen einer neuen Technologie eine oder mehrere neue Verfahren entwickelt, die einen völlig neuen Markt erschließen, für den es noch keine konkreten Abnehmerbedürfnisse und noch keine Wettbewerber gibt. Eine solche Entwicklung zeichnet sich seit Mitte der 80er Jahre in den USA bei einer Reihe von Biotechnologiefirmen ab, die durch das Entwickeln neuer Verfahren neue Märkte und damit neue Umfelder für diese Produkte geschaffen haben. Hier besteht die Möglichkeit, daß ein solches Unternehmen einen gewissen Einfluß auf die externen Entwicklungen ausüben kann. Durch die Tatsache, daß ein Unternehmen als Pionier einer neuen Entwicklung fungiert, hat es auch weitreichende Möglichkeiten, die Entwicklung seiner direkten Umfelder zu gestalten, wie z. B. Marktbedürfnisse durch neue Produkte und Verfahren zu wecken, dem Gesetzgeber Standards anzubieten, da es in diesem neuen Bereich noch keine Standards und Regelungen gibt.

Sowohl für große, marktbeherrschende als auch für kleinere Unternehmen, die *eine* Strategie verfolgen, die sich nur auf *ein* Szenario konzentriert, gilt vor allem eines: eine sehr gut ausgearbeitete Strategie, die zum ~~anderen~~ Szenario paßt, und ein gut funktionierendes Umfeldbeobachtungssystem, um *rechtzeitig* zu erkennen, ob die Entwicklung nicht doch in eine andere Richtung geht. Die größte Gefahr bei einem solchen Vorgehen liegt darin, daß man zu spät erkennt, daß der Trend nicht in die gewünschte Richtung verläuft und man bereits wichtige Entscheidungen (z. B. Investitionen) in Richtung *eines* Szenarios getroffen hat.

5.1.4 Bewertung von strategischen Entscheidungen

Dies ist die älteste Art der Szenario-Anwendung. Immer dann, wenn es für ein Unternehmen um existentielle, langfristige Zukunftsentscheidungen geht, wie z. B. Investitionsentscheidungen, Diversifikationen, Joint Ventures, Akquisitionen anderer Unternehmen oder Fusionen, ist es wichtig, diese Strategie so abzusichern, daß sie unter beiden Szenario-

Rahmenbedingungen realisierbar ist. In letzter Zeit werden Szenarien immer öfter eingesetzt, um entweder Firmenakquisitionen zu planen oder bereits anvisierte Akquisitionen im Hinblick auf ihre zukünftige Robustheit zu prüfen.

Hierbei geht man so vor, daß zunächst alle Entscheidungsalternativen präzisiert werden (nach Möglichkeit sollten es mehr als zwei Alternativen sein, da die Qualität einer Entscheidung im Management erfahrungsgemäß mit der Anzahl der Alternativen wächst). Hierzu einige Beispiele:

Statt zu sagen: Aufbau von Geschäftsaktivitäten in Osteuropa (ja oder nein), müßte dies folgendermaßen präzisiert werden:

1. Entscheidungsalternative: Joint Ventures mit einer regionalen Vertriebsgesellschaft und Belieferung dieser Vertriebsgesellschaft z. B. mit Produkten aus Westeuropa.
2. Entscheidungsalternative: Aufbau eines eigenen Vertriebs in Osteuropa mit Belieferung der eigenen Produkte.
3. Entscheidungsalternative: Aufbau eines eigenen Produktionsstandortes in Osteuropa und Joint Venture mit einer Vertriebsgesellschaft.
4. Entscheidungsalternative: Aufbau einer eigenständigen strategischen Geschäftseinheit in Osteuropa, die alle Funktionen von Produktion, Vertrieb, Marketing und Controlling beinhaltet, eventuell auch Entwicklung.
5. Entscheidungsalternative: Keine Aktivitäten in Osteuropa.

Nachdem die Entscheidungsalternativen in Schritt 1 der Szenario-Methode (Aufgabenanalyse) festgelegt worden sind, geht man nun daran, die wirtschaftlichen, politischen, gesellschaftlichen, technologischen, gesetzgeberischen, wettbewerbs- und absatzmarktspezifischen Umfeldsituationen in Osteuropa mit Hilfe von Szenarien zu erarbeiten. Nachdem die Szenarien fertiggestellt sind, werden diese fünf Entscheidungsalternativen in die beiden Szenarien projiziert, und man erstellt eine quantitative und qualitative Bewertung, wie gut die Entscheidungsalternativen zu jedem der Szenarien passen.

Wie kann man mit einer solchen Entscheidungsmatrix umgehen? Hier bieten sich zwei unterschiedliche Strategien an:

	Alternative				
	1	2	3	4	5
Einflußbereich Z					
Deskriptor 1	–	–	–	–	–
⋮	–	–	–	–	–
Deskriptor n	–	–	–	–	–
	3	2	2	2	1
Gesamtsumme Szenario A	13	8	12	3	1
Szenario B					
Einflußbereich X					
Deskriptor 1	–	–	–	–	–
⋮	–	–	–	–	–
Deskriptor n	–	–	–	–	–
	6	2	7	12	0
Einflußbereich Y					
Deskriptor 1	–	–	–	–	–
⋮	–	–	–	–	–
Deskriptor n	–	–	–	–	–
	4	1	4	5	0
Einflußbereich Z					
Deskriptor 1	–	–	–	–	–
⋮	–	–	–	–	–
Deskriptor n	–	–	–	–	–
	2	1	2	1	1
Gesamtsumme Szenario B	12	4	13	18	1
Gesamtsumme Szenario A+B	Rang 1 25	Rang 3 12	Rang 1 25	Rang 2 21	Rang 4 2
Störereignisanfälligkeit der Alternativen (× Faktor 3)	hoch 3×3 –9	mittel 2×3 –6	gering 1×3 –3	hoch 3×3 –9	0 0×3 0
Gesamtwertung aus Szenario-Verträglichkeit und Störereignisanfälligkeit	Rang 2 16	Rang 4 6	Rang 1 22	Rang 3 12	Rang 5 2

Abbildung 29: Bewertung von Entscheidungsalternativen gegen Szenarien und Störereignisse

Sicherheitsstrategie

Die Entscheidungsalternative, die letztlich ausgewählt wird, muß unter beiden Szenarien in etwa gleich gut passen und eine relativ geringe Störereignisanfälligkeit haben (dies bedeutet, daß mögliche Störereignisse die Strategie nicht wesentlich gefährden können bzw. daß man sich gegen eventuelle Störungen intern absichern kann).

Die unternehmerische Risikostrategie

Hierbei setzt man hauptsächlich auf ein Szenario und versucht, alles in der Macht des Unternehmens Stehende zu tun, damit dieses Szenario sich tatsächlich erfüllt. Um das Risiko einzugrenzen, sind hier eine sorgfältig erarbeitete Alternativstrategie erforderlich und ein intensives Beobachten der externen Entwicklungen, um gegebenenfalls, bevor wesentliche Investitionen getätigt werden, auf die Alternativstrategie umschwenken zu können. Auch bei dieser Strategie sollte nicht vergessen werden, die Störereignisanfälligkeit der einzelnen Entscheidungsalternativen zu betrachten.

Betrachtet man nur das Passen der Strategiealternativen in den beiden Szenarien, so zeigt sich, daß die Alternativen 1 und 3 mit gleicher Punktzahl in den Szenarien abschneiden, da beide gleich gut zu Szenario A und B passen (beide jeweils insgesamt 25 Punkte). An zweiter Stelle folgt die Strategie 4 mit 21 Punkten. Nach dieser Analyse des Passens in den Szenarien wird man jedoch noch unsicher sein, für welche der Strategiealternativen man sich letztendlich entscheidet. Schaltet man jetzt noch den Faktor Störereignisanfälligkeit der Alternativen dazu, dann wird dieses Bild deutlich differenzierter. Die Störereignisanfälligkeit der einzelnen Alternativen wird dadurch analysiert, daß man mögliche externe Störereignisse, die ja in den Szenarien noch nicht berücksichtigt sind, eingeführt und ihre Auswirkungen auf die verschiedenen Strategiealternativen prüft. Wenn bestimmte Strategiealternativen besonders anfällig gegen externe Störereignisse sind und man feststellen muß, daß das Unternehmen selbst nichts tun kann, was diese Störereignisse entweder verhindert oder das Unternehmen intern so weit absichert, daß es von diesen Störungen nicht signifikant getroffen wird, dann muß man hier eine hohe Störereignisanfälligkeit vergeben. Stellt man fest, daß eine bestimmte Strategiealternative zwar ebenfalls von externen Störungen signifikant beeinträchtigt werden kann, aber man sieht die Möglichkeit, hier präventiv etwas zu unternehmen, dann kann man die Störereignisanfälligkeit als mittelmäßig bezeichnen. Geringe Störanfälligkeit bedeutet, daß externe Störungen der betrachteten Strategiealternative relativ wenig anhaben können. Die Einschätzungen der Störanfälligkeit werden dann ebenfalls mit Zahlen versehen:

- hoch = 3
- mittel = 2
- gering = 1
- keine Störanfälligkeit = 0

Man multipliziert diesen Wert für die Störanfälligkeit mit dem Faktor 3 und zieht die Gesamtsumme von dem in den Szenarien erreichten Gesamtergebnis ab, so daß man dann zu einer zum Teil erheblich abweichenden Rangfolge gegenüber der reinen Szenario-Bewertung kommt. War man nach der ersten Analyse der Robustheit in beiden Szenarien noch unentschieden zwischen Strategiealternative 1 und 3, so zeigt sich nach der Bewertung der Störanfälligkeit, daß die Strategie 3 jetzt einen erheblichen Vorsprung gegenüber der Strategiealternative 1 hat.

Unternehmen, die also ihre Risiken soweit wie möglich minimieren wollen und gleichzeitig eine Strategiealternative favorisieren, die unter unterschiedlichen externen Rahmenbedingungen erfolgversprechend ist, wählen also nach dieser Analyse die Strategie 3.

Befürworter der eher unternehmerisch orientierten Risikostrategie (Strategiealternative 4) werden in der Regel durch eine solche Störanfälligkeitsanalyse davon überzeugt, daß die ursprünglich favorisierte Strategie doch zu viele Risiken beinhaltet, die die Grenzen eines kalkulierbaren unternehmerischen Risikos überschreiten.

Auf diese Art und Weise sollte man mit allen wichtigen zukunftsrelevanten unternehmerischen Entscheidungen umgehen. Zur weiteren Absicherung der getroffenen Entscheidung empfiehlt es sich auf jeden Fall, ein Umfeldbeobachtungssystem einzurichten, das als Feedback- oder Controlling-Instrument für die eingeschlagene Strategiealternative fungiert. Hierdurch ist trotz der klaren und eindeutigen Entscheidung für eine Alternative ein Optimieren und Anpassen der Strategie an die sich entwickelnden Verhältnisse möglich.

5.1.5 Überprüfung der kurz- bis mittelfristigen operativen Planung

Wenn ein Unternehmen zusätzlich zu seiner mittel- bis langfristigen Planung (diese umfaßt in der Regel drei bis fünf Jahre) einen Szenario-Prozeß durchläuft, dann bietet es sich an, diese eher aus der Vergangenheit heraus extrapolierte Planung ebenfalls mit Hilfe der Szenarien zu überprüfen und gegebenenfalls zu korrigieren.

Diese auf den Zahlen der Vergangenheit und Gegenwart aufbauende Planung beschäftigt sich in den meisten Fällen sehr detailliert mit dem ersten folgenden Planungsjahr. Hier sind genaue Angaben über Ziele, Strategien und Einzelmaßnahmen sowie über erforderliche Budgets festgelegt. Das zweite, dritte, vierte und fünfte Jahr ist meistens eine Fortschreibung des ersten Planungsjahres. Das Problem dieser Planung besteht darin, daß man sich relativ wenig Gedanken macht über das Zustandekommen der weiter in der Zukunft liegenden Planungszahlen. Man verlängert in diesem Fall einfach die Vergangenheit und Gegenwart in die Zukunft hinein ohne Berücksichtigung der Umfeldveränderungen (rückwärtsblickend in die Zukunft marschieren).

Wie kann man in diese Art von Planung mehr Zukunftsbezug hineinbringen? Da die Szenarien für ein Unternehmen in der Regel mit Hilfe von zwei Zeithorizonten erstellt werden (erster Zeithorizont; Gegenwartsjahr + fünf bis sieben Jahre), bietet sich der erste Szenario-Zeithorizont an, um die operative Planung zu überprüfen. Man fragt sich also, ob die aus den Vergangenheitsdaten extrapolierten Zahlen (z.B. Marktanteil des Produktes X im Marktsegment Y im Jahre Z) unter dem ersten Zeithorizont der beiden Szenarien realisierbar sind. Wenn sich auf der Basis der Szenarien keine Gefährdung für diese Planung ergibt, dann kann man mit der mittelfristigen Planung weiterarbeiten wie bisher. Sollte sich z.B. in einem der Szenarien zeigen, daß die extrapolierten Zahlen im ersten Zeithorizont nicht realisierbar sind, dann muß man hier noch einmal die langfristige Betrachtung der Szenarien heranziehen. Sollte sich dann unter beiden Szenarien zeigen, daß die mittelfristige Planung nicht durchführbar ist, dann bedeutet dies sehr schnell eine Änderung der bisherigen Planung. Erkennt man im ersten Zeithorizont der beiden Szenarien, daß die bisherige Planung sich nicht unter den verschiedenen Umfeldbedingungen realisieren läßt und im zweiten Szenario-Zeithorizont die externen Umfeldentwicklungen noch ungünstiger sind, dann bedeutet dies, daß man im kurzfristigen Bereich sehr schnell die Planung auf die Szenarien ausrichten und sich damit von der bisherigen Fünfjahresplanung lösen sollte.

Der Vorteil der Szenarien besteht nicht nur darin, daß sie dem Unternehmen zeigen, was in der Zukunft nicht realisierbar ist (in diesem Fall die mittelfristige Planung), sondern daß sie auch Möglichkeiten aufzeigen, was man statt dessen an Aktivitäten entwickeln sollte. Daher empfiehlt es sich, die Szenarien als neue Grundlage für die Planung zu nutzen. Die Frage lautet: Wie können wir die kurz-, mittel- und langfristige Planung auf langfristig erfolgreiche Entwicklungen abstellen (siehe auch Abb. 30)?

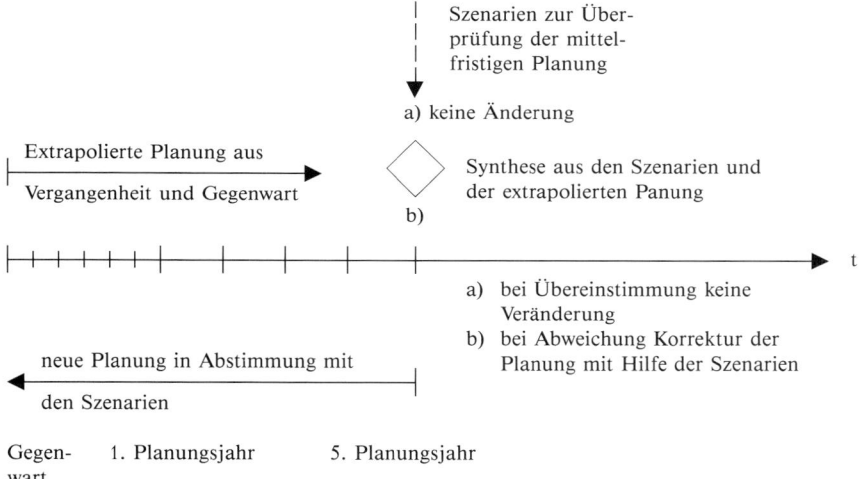

Abbildung 30: Überprüfung der 5-Jahres-Planung (aus Gegenwart und Vergangenheit heraus) mit Hilfe der Szenarien (1. Zeithorizont)

5.2 Wie kann die Szenario-Methode für die externe Beobachtung eingesetzt werden? (Umfeldbeobachtung)

5.2.1 Aufbau und Organisation eines Umfeldbeobachtungssystems

Die Umfeldbeobachtung sollte bei keiner Szenario-Entwicklung fehlen. Sie ist das Bindeglied zwischen den Möglichkeiten der externen Zukunft (Szenarien), den möglichen künftigen Störereignissen, den auf diese Zukunft ausgerichteten Strategien und der realen Entwicklung. Durch den Prozeß der Szenario-Entwicklung ist bereits ein Teil des Aufbaus eines solchen Umfeldbeobachtungssystems erfolgt, nämlich dadurch, daß die für das Unternehmen wichtigsten externen Entwicklungen in Form von Deskriptoren erarbeitet worden sind.

Man kann theoretisch auch ein Umfeldbeobachtungssystem im Unternehmen etablieren ohne eine vorangegangene Szenario-Entwicklung. Die Erfahrung zeigt aber, daß sich die meisten Unternehmen sehr schwer damit tun, zu erkennen, welche der externen Entwicklungen, speziell bezogen auf die Zukunft, einen entscheidenden Einfluß auf das Unternehmen selbst und auf seine unterschiedlichen externen Einflußbereiche haben.

Erfahrungsgemäß werden in Szenario-Projekten ca. 50 bis 100 verschiedene externe Faktoren ermittelt, die die Szenarien in unterschiedlicher Ausprägung gestalten und damit für das Unternehmen wichtig sind. Um die Vielzahl dieser Deskriptoren auf ein praktikables und überschaubares Maß zu reduzieren und gleichzeitig sicherzustellen, daß sich das Unternehmen auf die Beobachtung solcher Entwicklungen konzentriert, die wirklich *entscheidende* Bedeutung haben, empfiehlt es sich, zur Auswahl der Deskriptoren zwei weitere Analysen durchzuführen.

Die erste Analyse in Form einer Matrix ermittelt den direkten Einfluß der Szenario-Deskriptoren auf die verschiedenen extern ausgerichteten Leitstrategie-Parameter.

Leitstrategie-Parameter könnten z. B. sein:

– Diversifikation
– Kooperationen, Joint Ventures, Akquisitionen
– Forschung und Entwicklung
– Marketing
– Vertrieb
– Kommunikation

Diese Liste sieht jedoch je nachdem, um welches Unternehmen es sich handelt, unterschiedlich aus (Abb. 31).

Auf der senkrechten Achse der Matrix werden die Deskriptoren und auf der waagrechten Achse die Leitstrategie-Parameter aufgelistet. Da die Szenario-Deskriptoren in den beiden Szenarien unterschiedliche Ausprä-

Leitstrategie-Parameter Deskriptoren d. ext. Entw.	Forschung und Entwicklung	Marketing	Vertrieb	Diversi-fikation	Koop./JV Akquisi-tionen	Kommuni-kation	Summe
Wirtschaftsentwicklung	1	2	2	1	1	0	7
Neue Technologien	2	1	1	2	2	0	8
Einstellung der Gesellschaft zu neuen Technologien	1	2	2	2	0	0	7
Abnehmeransprüche	2	2	1	1	1	1	8
Innovationskraft der Wettbewerber	2	2	1	1	1	1	8
Produkthaftung	2	1	1	1	2	1	8
Summe der Abhängigkeit der Leitstrategie-Parameter von externen Entwicklungen	10	10	8	8	7	3	

Abbildung 31: Umfeldbeobachtungssystem – Matrix zum Erkennen der für das Unternehmen wichtigsten Szenario-Deskriptoren

203

gungen haben, beschränkt man sich in der Matrixbetrachtung auf *eine* Szenario-Entwicklung. Sollte z.B. eine Szenario-Entwicklung eine bedrohlichere Form für das Unternehmen annehmen, dann gilt der stärkere Einfluß dieses Szenarios für die Gesamtbewertung des Deskriptor. Dies ermöglicht, daß man nicht zwei Matrizen nacheinander schaltet und bearbeitet, sondern das Ganze in einer Matrix betrachtet. Man bewertet dann, wie stark die externen Faktoren die Leitstrategie-Aspekte direkt beeinflussen. Hierbei geht man üblicherweise von folgender Skala aus:

0 = kein Einfluß
1 = schwacher oder indirekter Einfluß
2 = starker Einfluß

Nachdem alle Einzelbewertungen vorliegen, addiert man die Zeilensummen pro Deskriptor und kommt dadurch zu einer Rangfolge aller Deskriptoren in ihrer Einflußstärke auf die verschiedenen Leitstrategie-Parameter. Man bildet dann eine Rangfolge oder sogenannte Hitliste der einflußstärksten Deskriptoren, die für die meisten Leitstrategie-Parameter von Bedeutung sind.

Man geht in der Regel so vor, daß die externen Faktoren, die für die meisten Leitstrategie-Parameter von Bedeutung sind (die ersten sechs bis zehn Ränge der Rangfolge) von Beobachtern in einigen Zentralbereichen permanent analysiert und an die übrigen Bereiche rückgekoppelt werden sollten. Externe Faktoren, die nur zu wenigen Aspekten einen starken Bezug haben, sollten dann von diesen Bereichen direkt beobachtet werden.

Eine weitere, ganz andere Analyse dieser Matrix ergibt sich, wenn man die Punktzahlen der internen Bereiche (ihre Beeinflußbarkeit von außen) addiert und hier ebenfalls eine Rangfolge erstellt. Dabei wird deutlich, welche internen Bereiche am stärksten von externen Entwicklungen abhängig sind. Dies bedeutet, daß man bei allen Aktivitäten im kurz-, mittel- und langfristigen Bereich genau analysieren muß, inwieweit man nicht gegen diese externen Entwicklungen, sondern mit diesen arbeitet (Nutzen der Synergie-Effekte aus der Systemdynamik).

Eine zweite Analyse zur Erkennung der wichtigsten externen Entwicklungen bezieht sich auf deren Umfeldsystemdynamik. Wie bereits in Schritt 2 und 5 erwähnt, werden die Vernetzungen der externen Einflußbereiche durch die Vernetzungsanalyse und das System-Grid analysiert und interpretiert. Hierbei erkennt man in der Regel, daß globale Einflußbereiche, wie Wirtschaft, Technologie, Gesellschaft und Gesetzgebung, oft eine dominierende Funktion im System haben. Übertragen auf das Beobachtungssystem heißt das, daß hier in den globalen Bereichen Entwicklungen und Veränderungen beginnen und sich erst über ihre Auswirkungen auf den Märkten und im Wettbewerb für das Unternehmen selbst bemerkbar machen; man kann also sagen, daß diese Faktoren mit der größten Dynamik oft eine eher indirekte Wirkung auf das Unternehmen haben. Bei der vorgenannten Matrix, mit der die direkten Einflüsse von außen nach innen ermittelt werden, kommt es daher oft vor, daß die globalen Faktoren eher eine untergeordnete Rolle spielen, da sie nur indirekte Wirkungen haben. Um sich aber rechtzeitig auf Veränderungen einstellen zu können und vor allen Dingen den Zeitraum der Veränderung zu nutzen (es vergeht in der Regel relativ lange Zeit, bis Veränderungen aus den globalen Bereichen sich auf den Märkten und dann im Unternehmen auswirken), ist es unbedingt erforderlich, auch diese globalen Faktoren in die Beobachtung einzubeziehen.

Zur weiteren Absicherung dieser Erkenntnis empfiehlt es sich bei einer rechnergestützten Konsistenzanalyse (Schritt 4), gleichzeitig eine gerichtete Sensitivitätsanalyse durchzuführen. Mit Hilfe der Sensitivitätsanalyse wird ermittelt, wie sich ein Szenario verändert, wenn ein Deskriptor in die gegenteilige Ausprägung des ursprünglichen Szenarios gekippt wird. Aufgrund solcher Sensitivitätsanalysen wird noch einmal die Systemdynamik der globalen Bereiche bestätigt. Es zeigt sich in den meisten Fällen, daß globale Deskriptoren aus Wirtschaft, Gesellschaft und Technologie bei ihrer Veränderung auch den größten Teil des übrigen Szenarios mit verändern.

Kippt man jedoch einen Deskriptor z. B. aus dem Absatzmarkt oder dem Wettbewerb eines bestimmten Szenarios in die gegenteilige Ausprägung, dann zeigt sich, daß dies in der Regel oft nur Veränderungen auf den Märkten, aber keine Veränderung des gesamten Szenarios nach sich zieht. Hieraus wird deutlich, daß es zwei Betrachtungsebenen gibt:

Die *erste* Betrachtungsebene ist die der direkten Wirkungsweise auf das Unternehmen; die hier erkannten Veränderungen wirken in den meisten Fällen sehr *schnell* und sehr *kurzfristig* auf das Unternehmen.

Die *zweite* Betrachtungsebene ist die der indirekten Ebene. Die hier erkannten Veränderungen wirken mit einer gewissen Zeitverzögerung über die direkten Einflußbereiche (Märkte und Wettbewerb) auf das Unternehmen. Veränderungen, die man hier erkennt, bewirken aber, und darin liegt ihre Gefährlichkeit und ihre Bedeutung, in den meisten Fällen ein Kippen des Szenarios und der direkten Einflußbereiche.

Der Vorteil bei Veränderungen in der indirekten Betrachtungsebene besteht darin, daß man oft mehr Zeit hat, sich auf diese Verschiebungen einzustellen und – falls eine Sensitivitätsanalyse vorliegt – man sehr genau erkennen kann, welche weiteren Szenariofaktoren sich ebenfalls mit einer Zeitverzögerung verändern können und dann zu direkten Auswirkungen auf das Unternehmen führen.

Die Organisation des Umfeldbeobachtungssystems sollte arbeitsteilig erfolgen. Es empfiehlt sich aufgrund der Sensibilisierung durch die Szenarien, die Szenario-Teammitglieder für die Beobachtung einzusetzen. In den meisten Fällen sieht es so aus, daß Mitarbeiter aus Entwicklung, Produktion, Technik externe Faktoren aus Wissenschaft, Technologie und eventuell Gesetzgebung analysieren, während Mitarbeiter aus Marketing und Vertrieb die externen Faktoren von Absatzmarkt und Wettbewerb beobachten. Faktoren aus den globalen Bereichen, wie Wirtschaft, Gesellschaft und teilweise Gesetzgebung, sollten von den Bereichen Planung, Controlling und Personal analysiert werden.

Desweiteren sollte ein Koordinator bestimmt werden, der in periodischen Abständen (ca. drei bis sechs Monate) die Beobachtungsergebnisse bei den einzelnen Teammitgliedern abfragt, diese zu einem Gesamtbild zusammengefügt und etwa ein- bis zweimal pro Jahr das Szenario-Team zu einer Sitzung einberuft, in der dann die Ergebnisse diskutiert und ausgewertet werden.

Es ist sicherzustellen, daß alle Szenario-Teammitglieder und Beobachter über die Gesamtentwicklungen informiert sind und nicht nur einen kleinen Ausschnitt des Bereiches, den sie selbst analysieren, sehen. Durch die Gesamtbetrachtung kann dann auch leicht erkannt werden, welche Globalentwicklungen entstehen, die mit gewisser Zeitverzögerung mögliche Auswirkungen auf die Märkte und auf das eigene Unternehmen haben können. Darüber hinaus wird durch ein solches Vorgehen die Fähigkeit der Teilnehmer zum Denken in vernetzten Systemen verbessert.

5.2.2 Umfeldbeobachtung zum Überprüfen und Angleichen der Leitstrategie

Der Hauptzweck zur Einrichtung eines solchen Beobachtungssystems ist nicht nur die Umfeldsensibilisierung der Teammitglieder, sondern gleichzeitig die Tatsache, daß man hiermit ein wertvolles Kontroll- und Feedback-Instrument für die Leitstrategie erhält.

Da sich die Leitstrategie in kurz-, mittel- und langfristige Aktivitäten, die auch bestimmte Entscheidungen beinhalten, aufteilt, ist es notwendig, vor dem Treffen von Entscheidungen innerhalb der Leitstrategie (z. B. Investitionen, Entscheidungen über mögliche Entwicklungsprojekte) zu prüfen, inwieweit die konzipierte und verabschiedete Leitstrategie zu den möglichen externen Entwicklungen und gegebenenfalls Veränderungen paßt.

Haben sich keine signifikanten Veränderungen im Umfeld des Unternehmens ergeben, dann kann die Leitstrategie weiterverfolgt werden, und die Entscheidungen können entsprechend den Planvorgaben getroffen werden. Erkennt man jedoch Abweichungen in der externen Entwicklung, dann ist hier sehr sorgfältig zu prüfen, ob die Leitstrategie wie bisher weiterverfolgt werden kann oder ob eventuell eine vorsichtige Anpassung erforderlich ist. Es wird hier bewußt von *vorsichtiger* Anpassung gesprochen, da es ein weitverbreiteter Fehler ist, beim Erkennen von Veränderungen die ursprüngliche Leitstrategie zu verlassen und völlig neue Aktivitäten zu beginnen, die zum Teil sogar im Widerspruch zur Leitstrategie stehen. Das *kurzfristige* und taktische Denken und Handeln führt unter Umständen dazu, daß man den Blick für die langfristige Ausrichtung des Unternehmens verliert und die Leitstrategie unnötigerweise verläßt. Es wäre also bei einem Abweichen eher zu prüfen, ob es kurzfristige Maßnahmen gibt, die eine Reaktion auf Veränderungen beinhalten, aber nicht die Leitstrategie verlassen bzw. im Widerspruch zu ihr stehen.

In den meisten Fällen hat sich gezeigt, daß, wenn ein Unternehmen aufgrund externer Veränderungen die Leitstrategie völlig verlassen hat, die Beobachtung nach kurzer Zeit ergab, daß die Entwicklung sich wieder in Richtung der ursprünglichen Leitstrategie einpendelt. Wenn also taktische Aktivitäten erforderlich sind, dann sollten diese im Rahmen der Leitstrategie liegen und auf keinen Fall im Widerspruch zu ihr stehen.

Im übrigen ist es nicht sehr imagefördernd sowohl auf den Märkten als auch im eigenen Unternehmen, wenn ein Unternehmen kurzfristig, meistens hektisch und nicht sehr gut überlegt, auf Veränderungen reagiert und nach kurzer Zeit feststellen muß, daß diese operative Hektik außer Verwirrung nichts weiter gebracht hat. Da die Leitstrategie als eine langfristige Orientierung mit großer Kontinuität zu sehen ist, sollte man also sehr vorsichtig die Leitstrategie anpassen bzw. justieren. Das Wort Justieren oder neudeutsch „Finetuning" soll hier deutlich machen, daß dies eine Feinanpassung und keine abrupte Veränderung oder ein Herumreißen des Steuers beinhaltet.

Zur Verdeutlichung, wie man Leitstrategie und Umfeldbeobachtungssystem als Instrument zur Absicherung der Planung und zum Treffen der richtigen Entscheidungen zum geeigneten Zeitpunkt nutzen kann, sollen die Abbildungen 32 bis 34 helfen.

1. Phase (Abb. 32)

Nach Abschluß eines Szenario-Projektes, wenn die Leitstrategie im Hinblick auf ihre kurz-, mittel- und langfristigen Aktivitäten verabschiedet ist, legt man auf der Zeitachse bestimmte Zeitpunkte fest, an denen Beobachtungen des Umfeldsystems als Feedback herangeholt werden. Zur Vorbereitung eines solchen Entscheidungspunktes zieht man also zum einen die Ergebnisse der Umfeldbeobachtung und zum anderen die Ergebnisse der internen Projekte, die aus der Leitstrategie heraus definiert wurden, heran. Den externen und internen Stand der Entwicklungen koppelt man dann zur Leitstrategie zurück und fragt sich: Ist die Leitstrategie unter den gegebenen Entwicklungen so wie geplant weiterzuführen? Man fragt sich, ob sich aus der externen und internen Entwicklung Anzeichen dafür ergeben, daß man z. B. bestimmte Projekte favorisieren oder fallenlassen sollte. Diese Frage stellt sich immer dann, wenn man zu Beginn der Leitstrategie z. B. festgelegt hat, an fünf verschiedenen Entwicklungsvorhaben zu arbeiten, und sich im Laufe der Zeit entscheiden muß, auf welche Entwicklungen man die Kräfte konzentriert.

2. Phase (Abb. 33)

Nach mehreren Beobachtungen hat sich herausgestellt, daß die externe Entwicklung einen gewissen Trend in Richtung Szenario B aufweist. Da diese leichte Verschiebung noch innerhalb des Rahmens der Leitstrategie liegt, wäre es hier noch nicht angebracht, die Leitstrategie zu verlassen

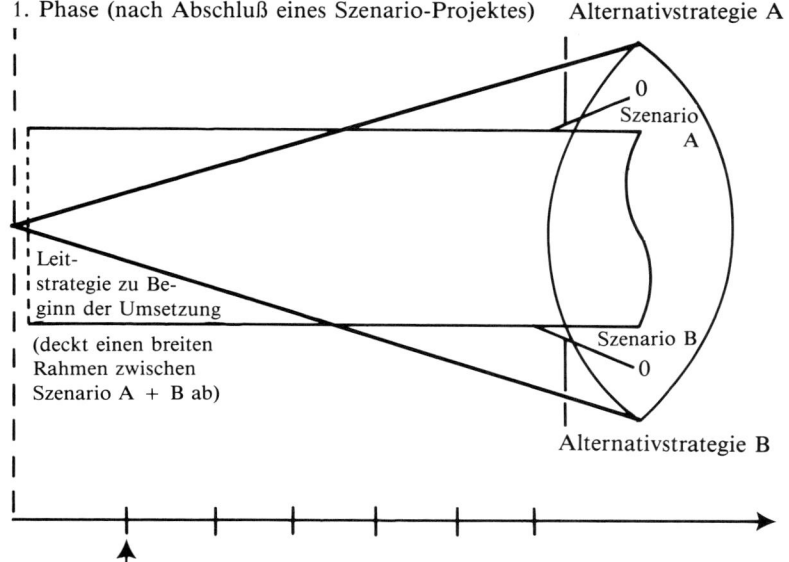

Entscheidungspunkte auf der Zeitachse
(zu Beginn der Szenario-Umsetzung festzulegen)
An den Entscheidungspunkten werden folgende Arbeiten durchgeführt:
a) Feedback aus dem Umfeldbeobachtungssystem
b) Analyse des Projektfortschritts der innerhalb der Leitstrategie festgelegten Projekte (z. B. Entwicklungsprojekte, Marktanalysen)
c) Rückkopplung der Ergebnisse aus a) und b) zur Leitstrategie
d) Entscheidung über die Auswahl von Projekten bzw. gegebenenfalls vorsichtige Korrektur der Leitstrategie

Abbildung 32: Follow-up einer Leitstrategie – Phase 1

und sich auf Szenario-B-Aktivitäten zu konzentrieren. Statt dessen führt man kurzfristig weitere Beobachtungszeitpunkte ein, um innerhalb kürzerer Zeitspannen Gewißheit darüber zu erhalten, ob die externe Entwicklung sich tatsächlich in Richtung Szenario B bewegt.

3. Phase (Abb. 34)

Aufgrund der zusätzlichen Beobachtungszeitpunkte hat sich ergeben, daß der Trend von Szenario B weg und in Richtung Szenario A geht. Man beobachtet jetzt, eventuell in verkürzten Zeitabständen, weiter, ob sich der Trend in Richtung Szenario A bestätigt oder nicht.

2. Phase (nach zwei bis drei Beobachtungs- und Entscheidungsphasen)

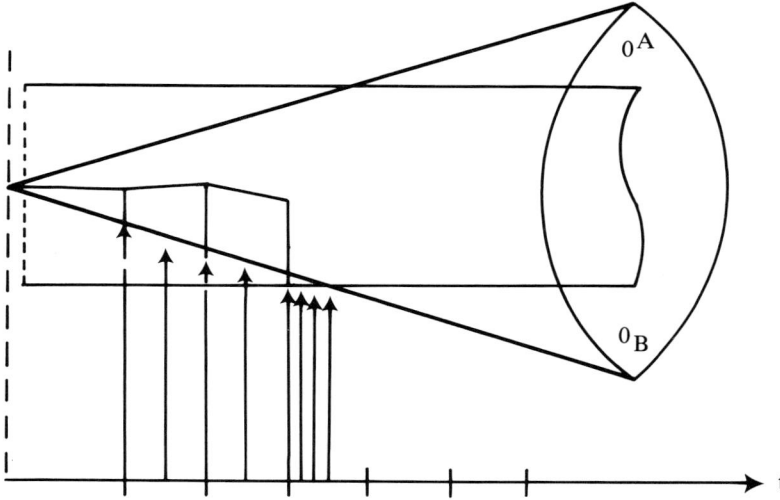

Aktivitäten:
a) Feedback aus dem Umfeldbeobachtungssystem
b) Analyse des Projektfortschritts der innerhalb der Leitstrategie festgelegten Projekte (z. B. Entwicklungsprojekte, Marktanalysen)
c) Rückkopplung der Ergebnisse aus a) und b) zur Leitstrategie
d) kurzfristig weitere Beobachtungspunkte festlegen zur Überprüfung, ob sich der Trend in Richtung B fortsetzt

Abbildung 33: Follow-up einer Leitstrategie – Phase 2

Nachdem man festgestellt hat, daß die Entwicklung sich deutlich in Richtung Szenario A verlagert, kommt man in die Phase der konkreten Entscheidungen (z. B. Investitionen). Hierbei kommt es auf die Mentalität und die Risikobereitschaft der Planer und Entscheider an. Unternehmerische und eher wagnisorientierte Planer werden also zu einem früheren Zeitpunkt ihre Leitstrategie auf Szenario A ausrichten und bestimmte Entscheidungen in Richtung Szenario A treffen. Eher vorsichtig operierende Planer und Entscheider warten noch einmal ab und sichern sich durch weitere Beobachtungen und Feedback so weit ab, daß sie bei Entscheidungen in Richtung Szenario A keine Fehler machen können.

Vorteil beim eher unternehmerisch- und wagnisorientierten Vorgehen: Hier hat man gute Chancen, als erster neue Entwicklungen aufzugreifen,

3. Phase (nach 5 bis 6 Beobachtungs- und Entscheidungsphasen)

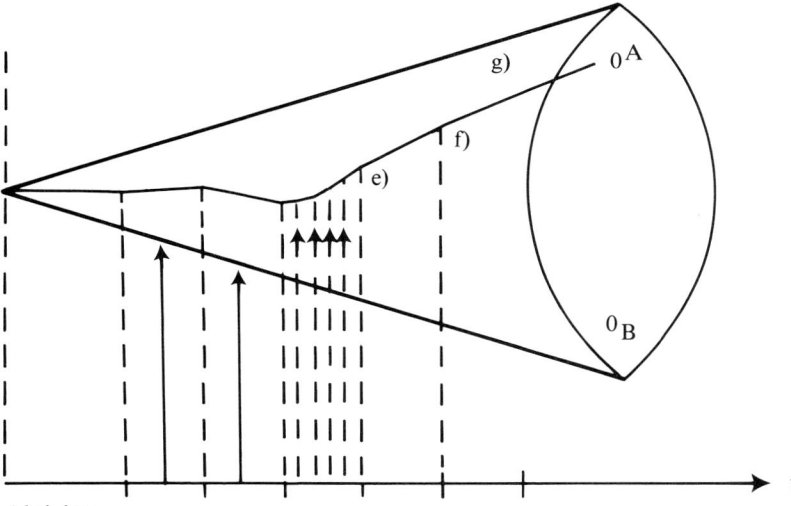

Aktivitäten:
a) Feedback aus dem Umfeldbeobachtungssystem
b) Analyse des Projektfortschritts der innerhalb der Leitstrategie festgelegten Projekte (z. B. Entwicklungsprojekte, Marktanalysen)
c) Rückkopplung der Ergebnisse aus a) und b) zur Leitstrategie
d) kurzfristig weitere Beobachtungspunkte festlegen zur Überprüfung, ob sich der Trend in Richtung A fortsetzt
e) unternehmerisch orientierte Planer richten in dieser Phase die Leitstrategie stärker auf Zukunft A aus; Treffen erster Entscheidungen in Richtung A
f) vorsichtig operierende Planer richten erst jetzt die Leitstrategie auf Szenario A aus; eher unternehmerisch orientierte Planer treffen hier bereits Entscheidungen in Richtung A (z. B. Investitionsentscheidungen)
g) Entscheidungen der vorsichtigen Planer in Richtung Szenario A

Abbildung 34: Follow-up einer Leitstrategie – Phase 3

der erste auf dem Markt zu sein und einen Wettbewerbsvorsprung zu erzielen.

Nachteil: Bei einer deutlichen Trendänderung ist die Entscheidung nur noch schwer zu korrigieren, bzw. könnte es Fehlinvestitionen geben.

Vorteil beim eher vorsichtig operierenden Vorgehen: Man wartet die wichtigsten Entscheidungen, z. B. über Investitionen, so lange ab, bis man gesichert davon ausgehen kann, daß der Trend in Richtung Szenario A verläuft.

Nachteil: Durch das Hinauszögern der Entscheidung kann der Wettbewerber einen Vorsprung erzielen; eine starke Marktposition ist möglicherweise nicht mehr zu erreichen.

Die Abbildungen 32 bis 34 zeigen, daß man bei der Szenario-Planung im Gegensatz zur Portfolio-Analyse nicht von Normstrategien sprechen kann. Die Umsetzung der Szenarien, gekoppelt mit dem Umfeldbeobachtungssystem und der Philosophie des Unternehmens, gibt dem Planer eine gesicherte Entscheidungshilfe für die Zukunft an die Hand und überläßt es seiner Mentalität, ob er eher progressiv oder eher vorsichtig handeln will.

5.2.3 Erfassung neuer Entwicklungen mit Hilfe des Umfeldbeobachtungssystems

Ein Umfeldbeobachtungssystem kann nicht nur zur Anpassung und Kontrolle der Leitstrategie genutzt werden, sondern auch gleichzeitig zum frühzeitigen Erkennen von möglichen Veränderungen bzw. Auftauchen von Störereignissen.

Beim Erkennen neuer Entwicklungen, die bisher noch nicht vorhanden oder noch nicht relevant für das Unternehmen waren, ist ebenfalls zu prüfen, in welcher Form sie auf die Unternehmensziele und auf die Leitstrategie einwirken. Erst dann sollte man prüfen, inwieweit solche neuen Entwicklungen eine Veränderung von Zielen und Leitstrategie bedingen.

Darüber hinaus ist das Umfeldbeobachtungssystem eine wertvolle Hilfe, um potentielle Störereignisse nicht erst, wenn es zu spät ist, sondern rechtzeitig vor ihrem Eintreten zu erkennen und sich darauf einzustellen. Es ist eine Hilfe für die Umfeldbeobachter, wenn sie die Liste der aus ihrem Bereich kommenden Störereignisse ebenfalls immer vor Augen haben, wenn sie ihre Beobachtungen durchführen. Darüber hinaus ist es sinnvoll, daß die Beobachter bei ihrer Lektüre von entsprechenden Fachjournalen und sonstiger Presse ebenfalls erfassen, welche möglichen Störereignisse es in anderen Bereichen gibt, die z. B. auch im eigenen Bereich auftreten könnten. Hierzu ein Beispiel:

Die Tatsache, daß die Japaner zuerst mit Innovationen im Bereich der Photoapparate auf die europäischen und amerikanischen Märkte gekommen sind, hätte die Beobachter aus anderen Branchen sensibilisieren müssen im Hinblick darauf, daß sich das, was in der Photobranche erstmals exerziert wurde, auch in anderen Branchen auftreten könnte. Beispiele hierfür gibt es genug: Das Engagement der Japaner in Consumer Electronics, Automobil und, wie wir es jetzt erleben, in der Halbleiterindustrie.

Was muß geschehen, wenn ein Beobachter erkennt, daß ein mögliches Störereignis auf das Unternehmen zukommt? Als erstes muß er alle Betroffenen und Verantwortlichen für das Unternehmen und für die Umsetzung der Leitstrategie hierüber informieren. Als zweites wäre es wichtig, die bereits gemachten Störereignisanalysen noch einmal sorgfältig durchzusehen bezüglich möglicher Präventivmaßnahmen. Sollte exakt dieses Störereignis bereits in der Störereignisanalyse bearbeitet worden sein, dann ist es relativ einfach. Sollte jedoch nur ein ähnliches Störereignis beearbeitet worden sein, dann empfiehlt es sich, die hierfür vorgesehenen Präventivmaßnahmen entsprechend auf das neue Störereignis zu präzisieren. Sollte aber kein Störereignis ähnlicher Art bisher bearbeitet worden sein, dann sollte man die verantwortlichen Kollegen zusammenrufen, um schnellstmöglich eine Auswirkungsanalyse sowie Präventiv- und Reaktivmaßnahmen zu erarbeiten. Wenn man so vorgeht, dann besteht eine gute Möglichkeit, möglichst unbeschadet aus der Störereignisauswirkung herauszukommen bzw. die unangenehmen Konsequenzen für das Unternehmen abzuwenden.

Man sollte jedoch hier nicht so vorgehen, wie ein Unternehmen, das nach einem Szenario-Projekt ganz stolz berichtet hat, wie viele der Störereignisse eingetroffen sind und daß man trotzdem von der ganzen Sache relativ überrascht wurde, weil man das Thema Störereignis nicht ernst genug genommen hat.

Darüber hinaus bietet es sich an, bei der Umfeldbeobachtung Checklisten möglicher Störereignisse anzulegen, wann immer man etwas hört, liest oder sieht, was im Umfeld des eigenen Unternehmens oder in einer anderen Branche passiert, was evtl. auch das eigene Unternehmen treffen könnte. Dies ist wesentlich einfacher, als sich zu einem bestimmten Zeitpunkt zusammenzusetzen und einmal kreativ zu überlegen, welche Störereignisse für das Unternehmen entscheidend sind.

5.2.4 Überarbeitung der Szenarien mit Hilfe des Umfeldbeobachtungssystems

In Szenario-Seminaren und -Projekten wird oft die Frage gestellt, wie oft man Szenarien neu entwickeln bzw. überarbeiten soll. Hier gehen die Meinungen deutlich auseinander. Es gibt Großunternehmen, die dank umfangreicher Planungsstäbe in der Lage sind, die Szenarien jedes zweite Jahr vorsichtig anzupassen bzw. verändern. Diese etwa zweijährigen Korrekturen verändern die Szenarien nicht signifikant, sondern sind lediglich Anpassungen. Man benötigt dann schon einen dicken Marker, um die Unterschiede deutlich zu machen. Der Aufwand für die Anpassung ist in den meisten Fällen größer als der direkte Nutzen für die Leitstrategie, der daraus gezogen werden kann.

Unternehmen, die den Aufwand in überschaubarem Rahmen halten wollen, sollten sich darauf konzentrieren, ihre Leitstrategie den geänderten Umfeldentwicklungen anzupassen und die Szenarien ca. alle vier bis sechs Jahre noch einmal zu überarbeiten. Wie oft ein Unternehmen die Szenarien überprüft und anpaßt, hängt natürlich sehr stark von der Veränderungsgeschwindigkeit in einer bestimmten Branche ab. Man kann z. B. sagen, daß die Entwicklungsgeschwindigkeit in der Halbleiterindustrie sehr groß ist; das bedeutet, daß die Szenarien sicher alle zwei Jahre überarbeitet und neu angepaßt werden müssen. Auf der anderen Seite gibt es Branchen, wie z. B. die Chemie, die in den letzten Jahren keine signifikanten Veränderungen erfahren hat, so daß daher der Zeitraum der Anpassung größer gehalten werden kann.

Zum Überarbeiten der Szenarien bieten sich zwei Vorgehensweisen an:

– Nutzung der bereits vorliegenden Ergebnisse,
– völlige Neuentwicklung der Szenarien.

Nutzung der bereits vorliegenden Ergebnisse

Bei dieser Überarbeitung ist es nicht nötig, den Szenario-Prozeß in vollem Umfang von vorne aufzurollen, sondern hier nutzt man die Ergebnisse des Umfeldbeobachtungssystems für die Überarbeitung der Szenarien. Man prüft folgendes:

1. Welche der in der ursprünglichen Szenario-Entwicklung bearbeiteten Deskriptoren/Kenngrößen sind weiterhin relevant (aufgrund ihres Ein-

flusses auf das Unternehmen als auch durch ihre Umfeldsystemdynamik)?
2. Welche bisherigen Szenario-Kenngrößen sind aufgrund des Beobachtungssystems als weniger wichtig bzw. vernachlässigbar einzustufen?
3. Welche Neuentwicklungen aufgrund des Beobachtungssystems sind in der neuen Szenario-Entwicklung zu betrachten, die bei der ursprünglichen Szenario-Entwicklung noch nicht vorhanden waren?

Auf dieser Basis läßt sich der Aufwand für die Schritte 2 und 3 erheblich reduzieren. Haben sich einige grundsätzliche Wirkungsweisen zwischen den Deskriptoren verändert bzw. sind relativ viele neue Faktoren mit zu berücksichtigen (dies kann sich auch aus einer geänderten Aufgabenstellung des Unternehmens ergeben), dann empfiehlt es sich auf jeden Fall, noch einmal eine Konsistenzanalyse analog Schritt 4 (Alternativenbündelung) durchzuführen. Der Szenario-Zeithorizont sollte für die Überarbeitung der Szenarien in der Regel 10 bis eventuell 15 Jahre über dem bisherigen Zeithorizont liegen, da man sich ja auf der Zeitachse dem ersten Szenario-Zeithorizont nähert und man jetzt für die Weiterverfolgung der Strategie wissen muß, wie es danach in den externen Entwicklungen weitergeht. Auf der Basis der neugerechneten Szenario-Grundstrukturen werden jetzt die Szenarien noch einmal neu interpretiert und in ihren Vernetzungen und den damit verbundenen Änderungen analysiert.

Bei Schritt 6 (Konsequenzanalyse) geht die Empfehlung dahin, bewußt nicht die Ergebnisse der ersten Konsequenzanalyse als Grundlage zu nehmen, sondern völlig neu aus den jetzt entwickelten Szenarien die Konsequenzen abzuleiten. Dieses Vorgehen ermöglicht, daß man sich etwas weiter von der bisherigen Leitstrategie in die Zukunft hinein bewegt und neue Ansätze, die sich aus den Szenarien ergeben könnten, nicht durch die Prägung der ursprünglichen Leitstrategie vernachlässigt.

Auch die Störereignisanalyse sollte jetzt noch einmal durchgeführt werden, vor allem unter Berücksichtigung neuer möglicher Störereignisse, die eventuell durch Komplettierung der Störereignis-Checkliste bereits vorliegen. Auf der Basis der neuen Konsequenzanalyse und der Präventivmaßnahmen zu Störereignissen sollte jetzt eine neue Leitstrategie konzipiert werden, die dann im Schritt 8 zu der bisherigen Leitstrategie zurückgekoppelt wird.

Als nächster Schritt erfolgt eine Harmonisierung zwischen der ersten bzw. mittelfristigen und der nun neu erstellten langfristigen Leitstrategie.

Völlige Neuentwicklung der Szenarien

Diese Vorgehensweise scheint zunächst nicht logisch, da ja bereits Informationen vorliegen. Trotzdem wählen viele Unternehmen diesen Weg und zwar aus folgenden Gründen:

1. Ca. 4–6 Jahre nach der ersten Szenario-Entwicklung hat sich das Managementteam i. d. Regel verändert (Mitarbeiter sind ausgeschieden und neue sind dazugekommen).
2. Man möchte bewußt einen Neuanfang mit einem neuen Team machen und die Kreativität sowie Erkenntnisse dieses Teams nicht durch alte Vorgaben hemmen. Durch das neue Team kommen neue Gedanken und Impulse in den Prozeß. Evtl. hat sich auch die Situation des Unternehmens gegenüber damals erheblich verändert.
3. Der Integrationsprozeß des neuen Teams kann leichter vollzogen werden, wenn das Team auf der Basis Null anfängt und sich neu zusammenfindet. In verschiedenen Phasen des Prozesses kann man dann auf die Unterlagen des alten Protokolls zurückgreifen und diese ggfs. auch übernehmen.

5.3 Die Szenario-Methode als Grundlage für Teilthemen

Obwohl die Szenario-Methode ein ideales Instrument für die strategische Planung ist, wird sie nicht nur hierfür, sondern auch für Teilthemen angewendet.

5.3.1 Szenarien für die Innovations- und Produktplanung

Szenarien für die Innovationsplanung können auf zwei verschiedene Arten eingesetzt werden. Zum einen, wenn man bereits ein neues Produkt in der Entwicklung oder Planung hat und erkennen will, in welchem zukünftigen Umfeld sich dieses Produkt durchsetzen muß. Zum zweiten, wenn man erkannt hat, daß man neue Produkte benötigt, aber noch nicht weiß, welche neuen Produkte die richtigen für die Zukunft sind.

Im ersten Fall, wenn sich bereits ein neues Produkt in der Planung oder Entwicklung befindet und man unsicher über die Markteinführung ist, empfiehlt es sich, Szenarien über die zukünftigen Umfelder dieses Produktes zu entwickeln. Der Szenario-Prozeß ist der gleiche wie beim üblichen strategischen Planungsvorgehen. Der einzige Unterschied besteht darin, daß in der Aufgabenanalyse das Produkt selbst in seiner Struktur und in seinen Stärken und Schwächen behandelt wird. In der Konsequenzanalyse kann man dann erkennen, welche neuen Anforderungen an dieses Produkt in der Zukunft gestellt werden bzw. wie das Anforderungsprofil aussehen könnte und welche Risiken und Bedrohungen sich für dieses Produkt ergeben können. Daraus lassen sich Produktmodifikationen bzw. bessere Planungen für vorhandene oder neue Produkte entwickeln.

Im zweiten Fall, wenn man noch nicht genau weiß, welche neuen Produkte geeignet sind, dann empfiehlt es sich, in der Aufgabenanalyse (Schritt 1) sowohl von der bisherigen Produktpalette des Unternehmens als auch von den Stärken und Schwächen des Unternehmens und den möglichen neuen Produktfeldern auszugehen. In der Konsequenzanalyse (Schritt 6) konzentriert man sich in diesem Fall auf die Ableitung von Ideen für neue Produkte und wählt dann in Form einer Leitstrategie letztlich solche Produktvorschläge aus, die unter beiden Szenario-Rahmenbedingungen erfolgreich sein können. Da die Szenarien einen umfassenden Einblick in die zukünftige Umfeldentwicklung geben, entsteht hieraus oft die Idee für eine neue Produktfamilie bzw. ein Produkt- und Dienstleistungssystem, das unterschiedlichen Umfeldentwicklungen gerecht wird.

5.3.2 Szenarien für die Diversifikationsplanung

Szenarien für die Diversifikationsplanung können ebenfalls wie bei der Innovationsplanung für zwei verschiedene Aufgabenstellungen eingesetzt werden:

1. Wenn man bereits eine Diversifikationsrichtung ausgewählt hat und noch relativ wenig Kenntnisse über die zukünftigen Umfelder oder Diversifikationsbereiche hat, empfiehlt es sich, Szenarien einzusetzen, um zum einen die geplante Diversifikation gegen zukünftige Szenarien zu testen und zum anderen geeignete Verbesserungen, Modifikationen und Ergänzungen einzubauen.

2. Wenn man jedoch vor der Aufgabe steht, eine Diversifikation für das Unternehmen zu planen, und noch nicht genau weiß, in welche Diversifikations- oder Suchfelder man gehen soll, empfiehlt es sich,

Szenarien durchzuführen, um zukünftige Diversifikationsfelder zu finden. Hierbei geht man von den vorhandenen Stärken des Unternehmens aus und erarbeitet zunächst einmal mit Hilfe einer Suchfeldmatrix, welche Stärken des Unternehmens zu speziellen Suchfeldern am besten passen. Nachdem man mit Hilfe einer Bewertung festgestellt hat, welche Suchfelder sich für eine Diversifikation eignen, werden diese Suchfelder in ihrer Struktur und in ihren Anforderungen zum Mittelpunkt der Aufgabenstellung gemacht. Die anschließende Einflußanalyse sowie die Projektionen sind dann auf die externen Umfelder dieser Suchfeldbereiche ausgerichtet.

In der Konsequenzanalyse (Schritt 6) konzentriert man sich auf die Ableitung von Chancen und Risiken der im ersten Schritt ausgewählten Suchfelder sowie auf die Entwicklung geeigneter Aktivitäten innerhalb der Suchfelder. Darüber hinaus kann man die verschiedenen Suchfelder gegen die Szenarien testen (siehe „Überprüfung vorhandener Ziele und Strategien" sowie „Szenarien zur Bewertung von strategischen Entscheidungen").

Es kristallisieren sich oft recht deutlich bestimmte zukunftsrelevante Suchfelder heraus, die unter beiden unterschiedlichen Szenarien bestehen und attraktive Chancen bieten.

Es empfiehlt sich dann, die Diversifikationslinien auf der Zeitachse aufzutragen, z. B. kurz- bis mittelfristig:

- vorhandene Produkte für neue Märkte mit der Erschließung von neuen Vertriebssystemen bzw.
- neue Produkte für vorhandene Märkte

Im mittel- bis langfristigen Zeithorizont kommt dann in Frage:

- die Entwicklung neuer Produkte für neue Märkte, wobei man hier die Erfahrung aus der kurz- bis mittelfristigen Diversifikation nutzen kann (siehe auch Abb. 35 und 36).

Gekoppelt mit einem Umfeldbeobachtungssystem läßt sich hierdurch eine Diversifikationsplanung, die sich vom ursprünglichen Geschäft wegbewegt, sehr gut absichern und zukunftsorientiert ausrichten.

Wenn ein Unternehmen plant, eine weiterreichende Diversifikation (neue Produkte für neue Märkte) mit Hilfe eines Joint Venture oder einer Firmenakquisition zu realisieren, dann ist besonders wichtig, diese Strategie

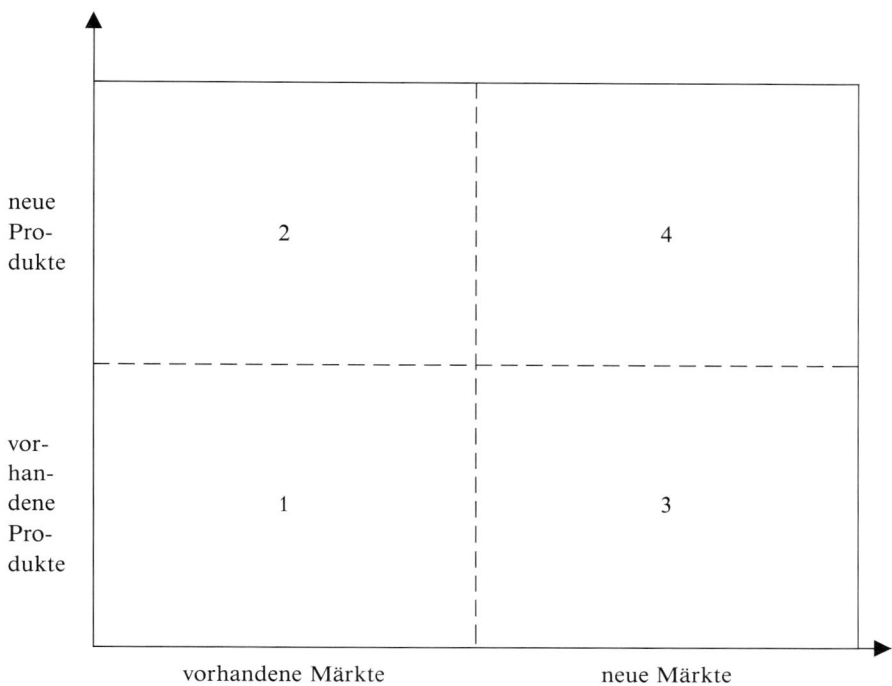

Abbildung 35: Diversifikationsmatrix

mit Hilfe von Szenarien zu überprüfen und entsprechend abzusichern und ggfs. zu modifizieren, da die Risiken hier erheblich größer sind.

5.3.3 Szenarien für die Produktionsplanung

Die Produktionsplanung eines Unternehmens ist in der Regel abhängig von der strategischen und langfristigen Planung eines Unternehmens sowie von Investitionsplanungen. Wenn man für ein produzierendes Unternehmen Szenarien entwickelt, bei denen es um die Zukunft des Gesamtunternehmens geht, dann wird hier auch innerhalb der Leitstrategie das Thema Produktion behandelt. Aus den Szenarien heraus ergeben sich künftige Anforderungen für Rationalisierung, Automatisierung und Qualitätskontrolle. Die Behandlung der Produktionsplanung im Rahmen eines gesamtstrategischen Planes reicht in den meisten Fällen aus, wenn

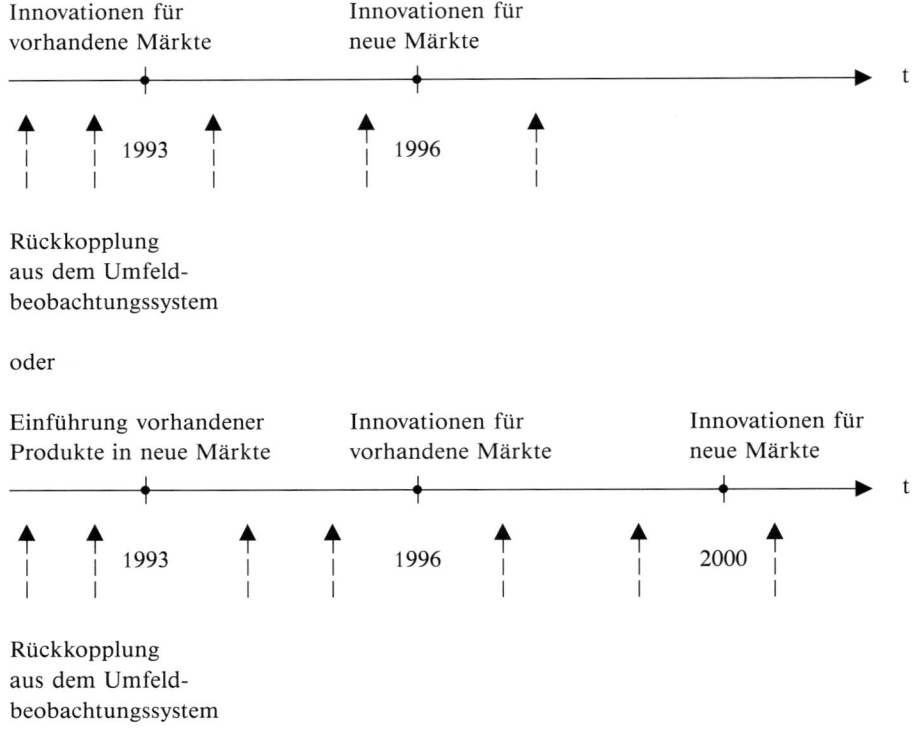

Abbildung 36: Ablauf von Diversifikationen

es sich um die vorgenannten Aspekte handelt. Plant ein Unternehmen jedoch die Einführung eines neuen Systems, wie z. B. CIM, dann muß diese Entscheidung auch unter strategischen Gesichtspunkten betrachtet werden, da es sich um eine Investition mit langfristigen Auswirkungen handelt. Hierbei ist es wichtig, daß die langfristigen Ziele und Strategien des Unternehmens ein zentraler Punkt bei den Szenarien für die Produktplanung sind.

Hierzu ein Beispiel: Wenn in der strategischen Planung eines Unternehmens festgelegt worden ist, daß man diversifizieren will und in ca. vier bis fünf Jahren die bisherige Produktpalette reduzieren oder gar aufgeben will und man eine neue Produktpalette produzieren und anbieten möchte, dann muß natürlich die Produktionsplanung nicht nur auf die bisherigen, sondern vor allem auch auf die neuen Produkte ausgerichtet werden. In einem solchen Fall bietet es sich an, Diversifikations- und Produktionsplanung durch einen Szenario-Prozeß zu verknüpfen, damit diese Aspekte nicht voneinander abgekoppelt und letztlich fehlgeplant werden.

In Schritt 1 (Aufgabenanalyse) werden sowohl die langfristigen Ziele und Strategien des Unternehmens als auch die langfristigen Ziele und Strategien für die Produktion erfaßt. Bei der Analyse von Stärken und Schwächen orientiert man sich an den Stärken und Schwächen der derzeitigen Produktion. Da bei einem solchen Teilthema die internen Rahmenbedingungen des Unternehmens einen wichtigen Einfluß auf die Produktionsplanung haben, müssen sie in Schritt 1 als sogenannter interner Einflußbereich bzw. in Form von internen Rahmenbedingungen behandelt werden. Dieser interne Einflußbereich ist als ein weiterer Kreis um das zentrale Thema Produktionsplanung zu verstehen und sollte auf keinen Fall in gleicher Form wie die externen Einflußbereiche betrachtet werden. Dieses Vorgehen stellt sicher, daß man später in der Konsequenzanalyse sowohl auf die internen Rahmenbedingungen und das Unternehmen als auch auf die Produktionsplanung eingeht.

In Schritt 6 (Konsequenzanalyse) geht man zweistufig vor: Als erstes leitet man aus den Szenarien Konsequenzen für das Unternehmen selbst ab und bearbeitet diese wie im üblichen Szenario-Vorgehen in Form von Chancen und Risiken ~~sowie geeigneten Aktivitäten~~.

In einer zweiten Stufe werden, ausgehend von den Chancen und Risiken, Aktivitäten für das Unternehmen und künftige Anforderungen an die Produktion ermittelt. Darauf aufbauend werden dann Konzepte für die Produktion, mögliche neue Fertigungssysteme sowie die Organisation der Produktion entwickelt. Hieraus lassen sich nicht nur Entscheidungsgrundlagen für ein neues System ableiten, sondern gleichzeitig auch Konzepte zur Organisation der Produktion und des Produktionsumfeldes sowie zur Personalplanung. Wichtig ist hierbei auch die Personalplanung im Zusammenhang mit einem neuen Produktionssystem.

Bei der Planung des Personals für die Produktion sollte man sowohl quantitativ als auch qualitativ vorgehen. Die qualitative Analyse ergibt, welche Mitarbeiter mit welchen Anforderungsprofilen und Qualifikationen man hierfür benötigt, inwieweit das bereits vorhandene Personal diesen Anforderungen entspricht bzw. welche Umschulungs- und Weiterbildungsmaßnahmen erforderlich sind. Die anschließend zu erstellende quantitative Analyse gibt Aufschluß über Anzahl und Ausbildung der benötigten Mitarbeiter.

Auch hier wird oft der Fehler gemacht, daß man sehr viele Gedanken auf das neue technische System verwendet und entsprechenden Rat von Experten einholt, ~~und~~ daß man jedoch zu spät berücksichtigt, welche neuen Anforderungen auf die Mitarbeiter, die dieses neue System bedienen sollen, zukommen. Daher muß von vornherein nicht nur die Anlage selbst und die Organisation rund um die Produktion geplant, sondern auch ermittelt werden, welche Konsequenzen dies für das Personal hat. Wenn man Mitarbeiter nicht rechtzeitig und umfassend informiert bzw. auf die Umstellung vorbereitet, dann entstehen aus Unsicherheit Ängste, vor allem Ängste um einen möglichen Arbeitsplatzverlust. Dem kann man vorbeugen, wenn man sie rechtzeitig informiert, sie an der Gestaltung von organisatorischen Prozessen beteiligt und vor allem entsprechend schult.

Des weiteren gilt die Frage zu klären, welche Mitarbeiter mit der bisherigen Qualifikation noch gebraucht werden, ob man sie umschulen kann und soll oder ob sie an andere Arbeitsplätze im Unternehmen versetzt werden sollten.

Zusammengefaßt kann man sagen, daß bei Szenarien für die Produktionsplanung auf jeden Fall, die langfristige strategische Planung, mögliche Diversifikationsabsichten des Unternehmens und eine quantitative und qualitative Personalbedarfsanalyse erstellt werden muß (welche Qualifikationen und wieviel?). (s. Abb. 37)

5.3.4 Szenarien für die Marketingplanung

Der Einsatz der Szenario-Methode für die Marketingplanung verläuft analog der Produktionsplanung. Mitte bis Ende der 70er Jahre, als die Bedeutung der Szenario-Technik für die strategische Planung noch nicht in vollem Umfang erkannt war, hat man vielfach die Szenario-Methode als Basis für die zukunftsorientierte Marktplanung eingesetzt. Mittlerweile gehen die meisten Unternehmen so vor, daß sie im Rahmen der strategischen Planung, die auf der Basis der Szenarien erstellt wird, ebenfalls die Marketingplanung einarbeiten. Dieses Vorgehen ist der empfehlenswertere Ansatz, da sich die Marketingplanung im wesentlichen an das anlehnt, was in der strategischen Planung an langfristigen Zielen und Strategien verabschiedet wird.

Szenario-Entwicklungen	Chancen/ Risiken für das Unternehmen	Aktivitäten zur Chancennutzung/ Risikominimierung bzw. Umwandlung von Risiken in Chancen	Aus den Szenarien und den Unternehmensaktivitäten entstehende Anforderungen an die Produktion	Konzepte für die Produktion, Fertigungssysteme, Organisation der Produktion, benötigte Mitarbeiter etc.

Abbildung 37: Konsequenzanalyse für die Produktionsplanung

Will ein Unternehmen jedoch speziell für eine zukunftsorientierte strategische Marketingplanung die Szenarien einsetzen, dann empfiehlt es sich, den gleichen methodischen Ansatz (Schritt 1: Aufgabenanalyse und Schritt 6: Konsequenzanalyse) wie bei der Produktionsplanung durchzuführen (siehe auch Abb. 38).

5.3.5 Szenarien für die Personalplanung

In der Vergangenheit hat man oft die Personalplanung nicht so sehr unter strategischen Gesichtspunkten gesehen und behandelt. Man erstellte üblicherweise strategische Pläne, verabschiedete Projekte, veränderte die Aufgabenstellung, die die Organisation vieler Bereiche betraf und sah sich dann mit der Tatsache konfrontiert, daß diese Aktivitäten nicht ohne Einbeziehung des Personalbereichs und der Mitarbeiter durchzuführen waren. Oft mußte man auch erkennen, daß man für die Durchführung dieser Aufgaben nicht die richtigen Mitarbeiter und Führungskräfte hatte bzw. Mitarbeiter und Führungskräfte mit neuen Qualifikationen benötigte.

Szenario-Entwicklungen	Chancen/Risiken für das Unternehmen	Aktivitäten zur Chancennutzung und Risikominimierung bzw. Umwandlung von Risiken und Chancen	Aus den Szenarien und den Unternehmensaktivitäten entstehende Anforderungen/Aufgaben für das Marketing	Konzepte für ein strategisches Marketing (alle Instrumente des Marketing-Mix umfassend)

Abbildung 38: Konsequenzanalyse für die Marketingplanung

Heute hat sich das Bewußtsein der Unternehmen dahingehend geändert, daß man die Personalplanung als einen wichtigen Bestandteil der strategischen Planung des Gesamtunternehmens betrachtet und sie im Rahmen eines strategischen Planungskonzeptes genau wie alle anderen Bereiche berücksichtigt. Bei einer isolierten Personalplanung besteht die Gefahr, daß die Personalplanung von anderen Voraussetzungen ausgeht und nicht weiß, welche zukünftigen Strategien das Unternehmen plant, die signifikante Auswirkungen auf das Mitarbeiterpotential sowohl von der Quantität als auch von der Qualität her haben.

Daher ist es empfehlenswert, daß in Szenario-Teams, die sich mit der strategischen Ausrichtung des Unternehmens beschäftigen, auch ein Mitarbeiter von der Personal-Seite dabei ist.

In bestimmten Fällen ist es sinnvoll, Szenarien für die Personalplanung zu erstellen. Dies kommt dann in Frage, wenn ein Unternehmen in neue Märkte diversifiziert, eine neue Produkt- und Dienstleistungslinie aufbaut, die sich deutlich von den bisherigen Produkten und Dienstleistungen unterscheidet, oder wenn eine Umstellung auf völlig neue Technologien erfolgt, die Mitarbeiter mit neuen Qualifikationen erfordern und bei einer Veränderung der Corporate Identity bzw. bei Fusionen und Akquisitionen. Gerade bei Fusionen und Akquisitionen werden oft unterschiedliche Corporate Cultures aufeinanderprallen. Daher wären solche Personal-Szenarien der geeignete Weg, zu einer gemeinsamen neuen, zukunftsorientierten Corporate Identity und Corporate Culture zu kommen.

In diesem Fall soll man methodisch ähnlich vorgehen wie bereits bei Produktionsplanung und Marketingplanung erwähnt; dies gilt für Schritt 1 (Aufgabenanalyse) und Schritt 6 (Konsequenzanalyse); siehe auch Abbildung 39. (Szenario-Technik in der Personalentwicklung s. S. 220)

Szenario-Entwicklungen	Chancen/Risiken für das Unternehmen	Aktivitäten zur Chancennutzung und Risikominimierung bzw. Umwandlung von Risiken in Chancen	Aus den Szenarien und den Unternehmensaktivitäten entstehende neue Anforderungen an Mitarbeiter und Führungskräfte	Konzepte für die quantitative und qualitative Personalplanung, z. B. − wie viele Mitarbeiter mit welchen Qualifikationen − erforderliche Weiterbildungs-, Umschulungs- und Trainingsmaßnahmen

Abbildung 39: Konsequenzanalyse für die Personalplanung

5.3.6 Szenarien für die persönliche Planung (s. S. 170)

Das vorangegangene Beispiel einer Existenzgründung, das mit Hilfe der Szenario-Technik vorbereitet wird, hat gezeigt, daß man die Szenario-Technik auch auf einen einzelnen Menschen anwenden kann. Im Gegensatz zu Unternehmens-Szenarien, an denen üblicherweise ein Projektteam arbeitet, kann ein persönliches Szenario-Vorhaben durchaus von einem einzelnen alleine durchgeführt werden. Auch solche, die sich das erste Mal mit der Szenario-Technik beschäftigen, können ihre persönliche

Szenario-Planung als Testlauf durchführen, bevor sie an die Umsetzung im Unternehmen unter Beteiligung von mehreren Personen gehen.

Hier stellt sich natürlich die Frage, wann ist es zweckmäßig, persönliche Szenarien zu entwickeln. Die Antwort ist ganz einfach: Immer dann, wenn man vor einer persönlichen Entscheidung steht, die das weitere Leben beeinflußt oder den Wunsch nach Veränderungen hat oder sich in einer Sackgasse befindet. Demnach wäre es sinnvoll, das erste Mal eine Szenario-Planung zu starten als junger Mensch, wenn man vor der Entscheidung steht, welches Studium und welchen Berufsweg man wählen soll. Das zweite Mal ist die Szenario-Planung erforderlich vor Abschluß des Studiums, wenn man sich entscheiden muß, in welches Unternehmen man einsteigen will und welche Karriereambitionen man hat. Die nächste persönliche Szenario-Planung sollte vor wichtigen beruflichen Veränderungen stattfinden, z. B. vor einem Wechsel innerhalb des Unternehmens (wenn ein Ingenieur plant, von der Entwicklungsabteilung ins Marketing zu wechseln etc.) vor dem Wechsel in ein anderes Unternehmen oder gar eine andere Branche und natürlich vor der beruflichen Selbständigkeit.

Eine persönliche Anmerkung: Bevor ich den Sprung in die eigene Selbständigkeit gewagt habe, habe ich versucht, mit Hilfe der Szenarien, mir über meine persönlichen und beruflichen Zukunftsmöglichkeiten Gedanken zu machen. Die Szenario-Betrachtung hat mir geholfen, ein vernünftiges Konzept für die berufliche Selbständigkeit zu entwickeln und mich sensibilisiert bezüglich möglicher Störereignisse.

Wann sollte man das letzte Mal in seinem Berufsleben die Szenario-Planung anwenden? Ein paar Jahre bevor man plant, in die Pension zu gehen, damit man sich auf den dritten Lebensabschnitt entsprechend vorbereiten kann. Dies gilt vor allem für Manager, die ein ganzes Leben lang nur gearbeitet, aber keine Hobbies aufgebaut haben, und die dann einen Pensionsschock erleiden.

Hiermit wird deutlich, daß die persönliche Szenario-Planung ein Instrument ist, das man nicht früh genug erlernen kann, und das durch das ganze Leben hindurch eine wichtige Planungs- und Entscheidungshilfe ist.

Einige Firmen setzen die Szenario-Technik in der Personalentwicklung ein. Dies bedeutet, daß eine Gruppe von Personen, die an einem solchen Personalentwicklungsprogramm teilnimmt, informiert wird, wie die Szenario-Technik anzuwenden ist und dann individuell unter methodischer Anleitung eigene Szenarien erstellt. Im Anschluß daran, oder wenn es während des Prozesses Fragen gibt, können diese mit dem Leiter der Personalentwicklung diskutiert werden. Der Vorteil eines solchen Vorgehens ist, daß der Einzelne mehr Initiativen bezüglich eigener Karriereplanung in einem Unternehmen entwickelt und daß er Alternativen vorbereiten kann, falls ein ganz bestimmter Karriereweg aus Gründen, die vielleicht im Unternehmen liegen, ihm verschlossen bleibt.

Des weiteren zeigt die Erfahrung, daß gerade Menschen, die in einer beruflichen Sackgasse sind oder kurz vor dem Burn-out-Syndrom stehen, durch diese Art der Planung neue Wege, Möglichkeiten und damit neuen Mut und neue Motivation finden können.

Im folgenden nun der Ablauf für ein persönliches Szenario-Vorhaben. Im Mittelpunkt steht jetzt hier nicht, wie in den sonstigen Fällen, ein bestimmtes Unternehmen oder eine strategische Geschäftseinheit, sondern der Planer, also der Mensch selbst.

Schritt 1: Aufgabenanalyse

Frage: Mit welchem Aspekt meiner persönlichen Zukunft will ich mich warum beschäftigen?

Für viele stellt sich hier die Frage, ob man nur die eigene berufliche Zukunft plant, oder aber auch persönliche und berufliche Zukunft verknüpfen will. In den meisten Fällen ist es sinnvoll, persönliche und berufliche Aspekte zu verknüpfen, da zwischen beiden gewisse Wechselwirkungen bestehen. Z. B. ein Beruf, der mit viel Reisetätigkeit verbunden ist, hat natürlich auch seine Rückwirkungen auf das Privatleben, auf die Familie etc. Andererseits fordert auch eine Familie von einem Berufstätigen ein gewisses zeitliches Engagement.

Ein großer Vorteil des persönlichen Szenario-Vorhabens besteht darin, daß dies nicht so komplex und vielschichtig ist wie ein Firmen-Szenario. Daher ist der Zeitbedarf hierfür auch wesentlich geringer. Man kann dies ohne große Schwierigkeiten an einem Tag des Wochenendes erarbeiten. Ein Hinweis: Brüten Sie diese Dinge nicht nur im eigenen Kopf und im stillen Kämmerlein aus, sondern besprechen Sie Ihre Gedanken und Ergebnisse mit Menschen, die Sie gut kennen. Hierfür kommen in Frage:

Ehepartner, gute Freunde oder Kollegen, kurzum, Menschen, zu denen man ein Vertrauensverhältnis hat.

Frage: Welche Ziele verfolge ich derzeit und welche Strategien habe ich, um diese Ziele zu erreichen?

Wenn man sich diese Frage einmal ernsthaft überlegt und sie auch versucht, seriös zu beantworten, dann wird vielen klar, daß es an persönlichen Zielen und erst recht an persönlichen Strategien fehlt. Dies sollte jedoch in dieser Phase keine Entmutigung sein, sondern nur der Ansporn, das Defizit jetzt zu beseitigen.

Frage: Welche Stärken und Schwächen besitze ich selbst bezogen auf mein ausgewähltes Thema (rein berufliche oder berufliche und private Zukunft)?

Hierbei ist es wichtig, besonders ehrlich zu sich selbst zu sein und eine möglichst umfangreiche Stärken- und Schwächenliste zu erstellen. Eine Objektivierung der persönlich erstellten Stärken und Schwächenliste kann durch Gespräche mit vertrauten Menschen erfolgen, so daß das Eigenbild durch das Fremdbild ergänzt und korrigiert wird.

Nach dieser ersten Phase der Ist-Analyse, also der kritischen Selbstbetrachtung, ist es angebracht, eine kurze Phase der Besinnung und Reflexion einzulegen und sich einmal aufzuschreiben, welche neuen Erkenntnisse man über sich gewonnen hat und welche Dinge man anders sieht als bisher.

Diese Phase der Besinnung und Reflexion sollte sinnvollerweise nach jedem Schritt erfolgen.

Schritt 2: Einflußanalyse

Frage: Welche externen Einflußbereiche wirken auf mich ein?

Dies können, je nachdem wie das Thema formuliert ist, z. B. folgende Einflußbereiche sein: Familie, Arbeitgeber, Branche, in der man arbeitet, Freunde und Bekannte, Erziehung und Bildungshintergrund, gesellschaftliches Umfeld, Arbeitsmarkt und Wirtschaft, Gesetzgebung und Technologie.

Diese Auflistung ist jedoch nicht allgemeingültig, sondern nur ein Hinweis für denjenigen, der ein solches persönliches Szenario erstellen will.

Frage: Welche Einflußfaktoren innerhalb dieser Bereiche sind für mich relevant?

Innerhalb der Bereiche sollten die Faktoren aufgelistet werden, die nach persönlicher Einschätzung einen starken Einfluß auf einen selbst ausüben.

Frage: Wie sind die Faktoren innerhalb eines jeden Einflußbereiches nach ihrer Bedeutung für mich heute zu ordnen?

Auch diese Einschätzung soll nach persönlichem Urteil und nicht nach einem angeblich objektiven oder von außen bestimmten Urteil erfolgen.

Frage: Wie beeinflussen sich die Bereiche und der Untersuchungsgegenstand (das sind Sie, der Ersteller des Zukunftsbildes selbst) gegenseitig?

Bei dieser Analyse erkennt man, welche der Einflußbereiche sogenannte treibende Kräfte sind und welche sich eher passiv verhalten. Hieraus sollte man dann ganz konkret ableiten, wie man mit dem Umfeldsystem und seinen Verhaltensweisen umgeht.

Bei sogenannten aktiven Bereichen stellt sich die Frage für den Betrachter, wie man die ohnehin wirkenden Kräfte der aktiven Einflußbereiche für die eigene Zielsetzung und Strategie nutzen kann.

Z. B. wie kann ich die Veränderungen an meinem Arbeitsplatz nutzen, um eine Position zu erreichen, die meinen Fähigkeiten, Neigungen und Interessen besser entspricht? Wie kann ich Veränderungen am Arbeitsplatz als Chance für meine berufliche Weiterentwicklung nutzen? Wie kann ich berufliche Veränderungen für mein Privatleben nutzen (z. B. Versetzung ins Ausland, um meinen beruflichen und privaten Horizont zu erweitern)?

Der Betrachter selbst findet sich oft eher in einer ambivalenten oder passiven Situation, was nicht verwunderlich ist, weil Faktoren wie Arbeitsplatz und gesellschaftliches Umfeld auf einen selbst einen stärkeren Einfluß haben als man selbst umgekehrt auf diese Bereiche Einfluß ausüben kann. Dies sollte aber nicht dazu führen, daß man sich selbst als Spielball der externen Kräfte betrachtet, sondern genau diese externen Kräfte dazu nutzt, um für sich selbst mehr Lebensqualität, Arbeitszufriedenheit etc. zu erreichen. Evtl. kann dies auch ein Anstoß sein, die eigene Trägheit in Richtung persönliche Weiterbildung zu überwinden und die Chancen des Umfeldes gezielt zu nutzen.

Schritt 3: Projektionen

Frage: Welcher Zeitraum für die Projektionen soll zugrundegelegt werden?

Da erst mit Schritt 3 die Beschäftigung mit der Zukunft beginnt, muß man jetzt den Zeithorizont für das persönliche Szenario festlegen, und zwar so, daß vernünftige Aussagen für zukünftige Entscheidungen erarbeitet werden können. Anmerkung: Ein Zeitraum von 10 Jahren oder vielleicht 15 Jahren ist durchaus nicht zu weit gefaßt und eröffnet dadurch, daß man weiter in die Zukunft blickt, neue Dimensionen der Betrachtung.

Frage: Wie entwickeln sich die verschiedenen Einflußfaktoren in die Zukunft hinein?

Hierbei wird man feststellen, daß man gerade bezüglich des persönlichen Umfeldes bestimmte Dinge bisher als gesichert oder wahrscheinlich angesehen hat, die sich aber jetzt, bei einer neutralen Betrachtung, in ihrer Entwicklung in die Zukunft durchaus sehr unterschiedlich gestalten können. Man sollte die Entwicklung dieser Faktoren durchaus ohne eigene Beeinflussung sehen und praktisch den Standpunkt als neutraler Beobachter einnehmen. Ein Beispiel hierfür:

Hat sich der eigene Arbeitsplatz vielleicht durch organisatorische Veränderung oder den Einfluß neuer Techniken verändert oder könnte er evtl. wegrationalisiert werden? Entscheidend ist, daß man bei allen Betrachtungen, bei denen heute ein gewisses Gefühl der Unsicherheit herrscht, Alternativentwicklungen für die Zukunft aufzeigt. Um das Beispiel von vorhin aufzugreifen: Veränderungen des Arbeitsplatzes bezüglich Aufgaben und Art der Arbeit als eine Alternative und als die andere Alternative: Wegfall des bisherigen Arbeitsplatzes. Dabei ist weiterhin wichtig, daß man alle Alternativen, die man für die Zukunft aufzeigt, fundiert begründet, um später auch das Ganze nachvollziehen zu können und auch die Szenarien entsprechend ausgestalten zu können.

Schritt 4: Alternativenbündelung

Frage: Welche der verschiedenen Alternativen, die ich vorher in Schritt 3 erarbeitet habe, passen als Grundlage von Zukunftsbildern widerspruchsfrei und stimmig zueinander?

Hierzu schreibt man am besten alle Alternativentwicklungen in der Rangfolge der Einflußbereiche untereinander auf und versucht sie, so passend wie möglich, einem Zukunftsbild A und einem Zukunftsbild B zuzuordnen. Bei einem persönlichen Szenario kann man mit ziemlicher Sicherheit davon ausgehen, daß sich eher ein optimistisches (Ziel-Szenario) und ein eher pessimistisches (ein unerwünschtes Szenario) ergeben. Auch das unerwünschte Szenario ist eine Herausforderung, die man durchaus ernst nehmen sollte und die in vielen Fällen schon zu signifikanten beruflichen Veränderungen geführt hat.

Schritt 5: Szenario-Interpretation

Frage: Wie könnte die Zukunft der beiden alternativen Szenarien aussehen?

Hier empfiehlt es sich, zunächst einmal ganz neutral, die eigene Umwelt innerhalb der beiden Szenarien auszugestalten, wobei auf jeden Fall auch Phantasie und Kreativität hineingebracht werden kann. Erfahrungsgemäß macht es jedem einzelnen viel Spaß, solche Zukunftsbeschreibungen zu entwickeln, weil sie einen sehr stark berühren und weil man sie selbst gestaltet hat. Man sollte sich aber davor hüten, eigene Wünsche in die Szenarien hineinzubringen.

Schritt 6: Konsequenzanalyse

Frage: Welche Chancen und Risiken sind für den Szenario-Bearbeiter persönlich mit Zukunftsbildern zu erkennen?

Hier zeigt sich oft, daß die gleiche Szenario-Aussage sowohl Chancen als auch Risiken beinhaltet. Um sich etwas mehr Klarheit zu schaffen, ist es wichtig, eine Bewertung von Chancen und Risiken bezüglich der Wichtigkeit für die eigene Entwicklung durchzuführen. Hierzu ein Beispiel: Eine Veränderung des eigenen Arbeitsplatzes kann sowohl eine Chance als auch ein Risiko bedeuten. Ein Risiko, wenn ich nicht bereit und in der Lage bin, mich rechtzeitig darauf einzustellen; aber auch eine Chance, wenn ich die Veränderung als Herausforderung begreife, mich entsprechend weiterbilde und dadurch auf der Karriereleiter ein Stück weiterkommen kann.

Frage: Welche eigenen Aktivitäten kann ich entwickeln, um die Chancen so früh wie möglich zu nutzen und die Risiken soweit wie möglich einzugrenzen bzw. in Chancen umzuwandeln?

Hierbei muß der Bearbeiter alle als wichtig bewerteten Chancen und Risiken mit geeigneten Aktivitäten versehen.

Frage: Welche eigenen Aktivitäten können unter unterschiedlichen Szenario-Rahmenbedingungen durchgeführt werden?

Die Beantwortung dieser Fragen bildet die erste Basis für eine persönliche Leitstrategie, die man in jedem Fall erfolgreich verfolgen kann und will, unabhängig davon, welches Szenario des persönlichen Umfeldes eintritt.

Schritt 7: Störereignisanalyse

Frage: Welche wichtigen, plötzlichen, einmaligen, nicht in den Zukunftsbildern enthaltenen Ereignisse können eintreten?

Hierbei kann es sich um negative Ereignisse, wie Unfall, Arbeitslosigkeit, aber auch positive Ereignisse wie ungeahnte Berufschancen, Erbfall etc. handeln.

Frage: Wie kann ich präventiv mit diesen Ereignissen umgehen?

Dies bedeutet, in einigen Fällen bei positiven Ereignissen, den Gang oder die Entwicklung dieser Ereignisse zu beschleunigen, bei negativen Ereignissen aber sich rechtzeitig abzusichern und zu immunisieren, damit die Störungen keine Schockwirkung zeigen. Hierzu gehört durchaus auch die Überlegung, was kann ich tun, um meine Unfallgefährdung abzubauen, z. B. Wechsel des Verkehrsmittels, rechtzeitige Abfahrt, um nicht auf der Autobahn zu schnell zu fahren etc.

Frage: Was kann ich reaktiv tun, wenn ein solches Störereignis eingetreten ist?

Die Realität beweist, daß viele Menschen immer wieder sehr überraschend, plötzlich und ganz hart von Störereignissen getroffen werden, die eigentlich im Rahmen des Möglichen lagen und daher vorhersehbar waren. Die Reaktivmaßnahmen kann man am besten entwickeln, wenn man in einer relativ entspannten Atmosphäre sich vorher darüber Gedanken macht, wie reagiere ich beispielsweise im Fall von Arbeitslosigkeit, Scheidung oder Tod des Partners. Wer sich rechtzeitig über solche Dinge Gedanken macht, wird um so weniger von den Ereignissen selbst überrascht und ist dann in der Lage, rechtzeitig und vernünftig zu reagieren. Eine solche Analyse zeigt auch sehr deutlich, wo die eigene Gefährdung bzw. die Achillesferse steckt. Persönliche Anmerkung: Als ich mein erstes Szenario für meine eigene berufliche und persönliche Zukunft entwickelt habe, wurde mir schlagartig klar, wie viel von meinem Leben, meiner beruflichen Zukunft eigentlich an meiner Gesundheit hängt. Die Konsequenz daraus war, daß ich versuche, so viel wie möglich, Geschäftsreisen mit öffentlichen Verkehrsmitteln durchzuführen und eine Reihe von Dingen tue, um mich gesund und fit zu halten.

Schritt 8: Szenario-Transfer

Frage: Wie können die gleichartigen Aktivitäten zu unterschiedlichen Chancen und Risiken der Szenarien in Form einer persönlichen Leitstrategie zusammengefaßt werden und wie kann man Präventivmaßnahmen zu Störereignissen in diese Leitstrategie integrieren?

Hierbei ist es oft interessant zu erkennen, daß man trotz unterschiedlicher günstiger oder weniger günstiger Entwicklungen bestimmte Strategien für sich persönlich realisieren und durchsetzen kann.

Des weiteren ist genau zu überlegen, mit welchen Detailmaßnahmen man diese Strategien umsetzen kann (Entwicklung von Maßnahmen zu jeder einzelnen Strategie). Man kommt also von diesem Punkt an wieder in die Gegenwart zurück und überlegt, wie man kurz-, mittel- und langfristig bestimmte Ziele erreichen kann. Ganz wichtig ist es, daß man die externen Entwicklungen, die ohne eigenes Zutun ablaufen, als Motor für die eigene persönliche Strategie nutzt.

Solche persönlichen Szenarien können sich natürlich auch ändern. Daher ist es erforderlich, sie von Zeit zu Zeit (alle 3 – 4 Jahre) zu prüfen, zu korrigieren und anzupassen, um mögliche Änderungen zu berücksichtigen.

Frage: Wann erstellt man ein solches persönliches Szenario am besten?

Meine Empfehlung (so mache ich es selbst): Entweder im Urlaub oder in der ruhigen Zeit zwischen den Jahren, einmal Rückschau zu halten und zu überprüfen, welche der Szenario-Annahmen noch stimmen und welche sich geändert haben.

Abschließende Bemerkung: Die Reise in die Zukunft ist für den Bearbeiter sicherlich nicht nur spannend, sondern in der Regel auch sehr erkenntnisreich und hilft vernetzte Zusammenhänge besser zu erkennen, sich darauf einzustellen und diese zu nutzen.

Und als Ermunterung noch ein Satz von Laotse zum Schluß: „Wer andere erkennt, ist gelehrt, wer sich selbst erkennt, ist weise, wer andere besiegt, hat Muskelkräfte, wer sich selbst besiegt, ist stark, wer zufrieden ist, ist reich, wer seine Mitte nicht verliert, der dauert."

> „Es ist nicht das Problem, daß wir
> zu wenig Zeit haben, das Problem
> besteht darin, daß wir zu viel Zeit
> verschwenden." (Seneca)

6. Erstellung von Szenarien

6.1 Auswahl des Untersuchungsthemas

Für Unternehmen stellt sich in den meisten Fällen die Frage: Soll man Szenarien für das Gesamtunternehmen oder für eine strategische Geschäftseinheit oder eine Sparte durchführen? In kleineren Unternehmen bzw. mittleren und großen Unternehmen mit einer relativ homogenen Produktstruktur bietet es sich an, Szenarien für das Gesamtunternehmen zu erstellen. Die Erfahrung zeigt, daß Dienstleistungsunternehmen, wie z. B. Handel, Banken, Versicherungen, und Beratungsinstitute bevorzugt Szenarien für das gesamte Unternehmen erstellen. Das gleiche gilt für Produktionsunternehmen, die nur ein Produkt oder eine Produktfamilie haben. Beispielsweise wird ein Hersteller von PCs inkl. aller Peripheriegeräte und Zubehör keine getrennten Szenarien für Monitore, Drucker etc., sondern Szenarien für die gesamte Produktgruppe erstellen. Ist ein Unternehmen jedoch sehr breit diversifiziert, so daß die verschiedenen Sparten relativ wenig gemeinsame Berührungspunkte haben und die externen Einflußbereiche auch sehr unterschiedlich sind, dann empfiehlt es sich, jeweils Szenarien für die einzelnen strategischen Geschäftseinheiten durchzuführen.

6.1.1 Szenarien für eine strategische Geschäftseinheit (SGE)

Szenarien für eine strategische Geschäftseinheit sind relativ leicht durchzuführen, da hier eine vorher nach strategischen Gesichtspunkten ausgerichtete einheitliche Struktur von Produktmarktkombinationen festgelegt worden ist. Bei den Szenarien für eine strategische Geschäftseinheit sollte jedoch auch berücksichtigt werden, welche strategischen Gesamtziele das Unternehmen hat und wie das Unternehmensbild aussieht, da diese als interne Rahmenbedingungen in die Aufgabenanalyse einfließen. Bei den Szenarien für eine strategische Geschäftseinheit oder eine Sparte eines

Unternehmens hat man die besten Chancen, die Entscheidungsträger der strategischen Geschäftseinheit oder der Sparte für die Teilnahme am Szenario-Projekt zu gewinnen. Dies ist auch eine hervorragende Voraussetzung, um die Strategie, die auf der Basis der Szenarien entwickelt wird, erfolgreich umzusetzen und die Entscheidungsträger direkt zu beteiligen.

6.1.2 Szenarien für ein Gesamtunternehmen

Szenarien für ein Gesamtunternehmen werden dann erstellt, wenn ein Unternehmen eine Neuorientierung bezüglich seiner strategischen Ausrichtung benötigt. Vielfach sind die Gründe hierfür ein Unbehagen mit den vorhandenen, meist quantitativ orientierten und aus der Vergangenheit extrapolierten Planungen und ein Gefühl der Unsicherheit bezüglich externer Entwicklungen. Oft hat man auch Mißerfolge mit konventionellen Planungen erlebt. Szenarien für ein Gesamtunternehmen bieten sich auch dann an, wenn das Unternehmen eine relativ homogene Produkt- und Marktstruktur hat und hierdurch die Einflußbereiche für die verschiedenen Einheiten des Unternehmens nicht sehr unterschiedlich sind. Szenarien für ein Gesamtunternehmen werden ebenfalls dann erstellt, wenn es sich um ein relativ kleines Unternehmen handelt.

Der Vorteil von Szenarien für ein Gesamtunternehmen liegt darin, daß hierbei eine gemeinsame Basis geschaffen wird für *alle* Ziele und Strategien und Entscheidungen. Im Anschluß an die generelle Ausrichtung des Unternehmens kann dann eine Detailplanung (zweistufige Konsequenzanalyse) erfolgen, welche Auswirkungen dies auf die einzelnen Unternehmensbereiche hat und wie diese Unternehmensbereiche mit den Auswirkungen umgehen müssen. Die Konsequenzanalyse wird dann ähnlich wie für Teilthemen (siehe Produktions-, Marketing- und Personalplanung) durchgeführt.

Wie verknüpft man Szenarien für eine SGE und ein Gesamtunternehmen?

Im Idealfall fängt man mit dem Gesamtunternehmen an und überträgt die globalen Informationen auf die SGEs. Hierbei müssen noch die SGE-spezifischen Informationen hinzukommen. Die Leitstrategie ist – unter Berücksichtigung der Gesamt-Unternehmensvorgaben – SGE-spezifisch ausgerichtet.

Hat man mit einer SGE begonnen und möchte im Anschluß daran das Ergebnis für das Gesamtunternehmen nutzen, dann geht man wie folgt vor:

- Erweiterung des alten Teams um Vertreter der übrigen SGEs und der Geschäftsleitung
- Nutzung der vorhandenen Informationen und Erweiterung um Informationen, die für das gesamte Unternehmen relevant sind
- Erarbeitung einer neuen Konsequenzanalyse und Leitstrategie für das gesamte Unternehmen; die bisherige SGE-Leitstrategie ist dann ein Teil der Unternehmens-Leitstrategie

6.1.3 Szenarien für Themen außerhalb des Unternehmens

Szenarien für Themen *außerhalb* des Unternehmens werden in folgenden Fällen erstellt:

1. Als Pilotfall, um die Methode kennenzulernen, zu erproben und dann zu entscheiden, ob man die Methode für das Unternehmen oder eine strategische Geschäftseinheit anwendet.
2. Wenn ein Unternehmen in einen völlig neuen Bereich diversifizieren will, in dem es sich bisher noch nicht betätigt hat, um durch die Szenarien Erkenntnisse und Informationen über diesen neuen Bereich zu erlangen (s. Szenarien für die Diversifikationsplanung). Hierbei ist es erforderlich, daß die relevanten Informationen über diesen neuen Untersuchungsbereich in Form von Expertenwissen oder Expertenbefragungen eingebracht werden, da das Unternehmen, das bisher nicht in diesem Bereich gearbeitet hat, auch über wenig Erfahrung in diesem neuen Bereich verfügt. Auf der anderen Seite ist hier der Bedarf nach einer Szenario-Anwendung sehr groß, da man noch zu wenig Vorstellungen über die zukünftige Entwicklung des Diversifikationsbereichs hat und, um sichere Entscheidungen treffen zu können, zukunftsorientierte Informationen als Entscheidungsgrundlage benötigt.
3. Szenarien für den öffentlichen Bereich, die von Behörden oder anderen Organisationen z. B. zu Themen wie Regionalplanung, Wirtschaftsförderung, Verkehrsplanung, Bildungssysteme etc. erstellt werden.

6.2 Zeitaufwand für die Szenario-Erstellung

Die Szenario-Methode ist sehr flexibel im Hinblick auf den Aufwand, den man betreiben will und kann. Die Frage des Aufwandes orientiert sich daran, für welche Aufgabe man Szenarien erstellen will. Plant man z. B. Szenarien für ein Gesamtunternehmen, dann ist dies nur im Rahmen eines Szenario-Projektes durchführbar, während bei Teilthemen oder bei kleineren Unternehmen durchaus Szenarien in verkürzter Form in Frage kommen können.

6.2.1 Öffentliche Szenario-Seminare

Öffentliche Szenario-Seminare dauern zwei Tage und werden von renomierten Seminar-Veranstaltern in verschiedenen Ländern angeboten. Öffentliche Seminare sind die ideale Gelegenheit für jeden, der an der Szenario-Technik interessiert ist, die Methode zunächst einmal kennenzulernen, um im Anschluß daran zu beurteilen, ob sie für Probleme oder Planungsfälle des eigenen Unternehmens geeignet ist. Zu solchen öffentlichen Seminaren kommen – wie der Name sagt – Teilnehmer aus verschiedenen Firmen. Daher gibt es natürlich keine firmenspezifische Anwendung der Szenario-Technik, sondern es werden die verschiedenen Schritte der Szenario-Technik an einem durchgängigen Fallbeispiel, das die Gruppe auswählt, trainiert. Als Fallbeispiele hierfür nimmt man Themen wie Auto, Bank, Computer, Freizeitprodukte, Flugzeug, Handel, Maschinenbau etc.

6.2.2 Firmeninterne Szenario-Seminare

Firmeninterne Szenario-Seminare werden dann durchgeführt, wenn ein Unternehmen die Szenario-Technik kennenlernen möchte und gleichzeitig eine Gruppe von Teilnehmern in der Szenario-Technik trainieren möchte. Diese Seminare dauern üblicherweise 3 Tage. Als Fallbeispiel kann man, wenn es sich um ein reines Training handelt, auch hier einen neutralen Fall außerhalb des Unternehmens als Vehikel zum Kennenlernen der Methode nutzen, oder aber ein kleines eingegrenztes Fallbeispiel aus dem Unternehmen einsetzen. In einem solchen firmeninternen Seminar werden ebenfalls alle 8 Schritte der Szenario-Technik anhand des ausgewählten Fallbeispieles durchgearbeitet. Wenn das Szenario-Seminar den Zweck hat, die Teilnehmer in der Anwendung der Szenario-Technik zu trainieren, dann ist es erforderlich, ca. 3 bis 4 Monate nach dem ersten Seminar, ein Follow-up oder Vertiefungs-Seminar durchzuführen.

Hierbei richtet sich das Training der Teilnehmer ausschließlich nach den Erfahrungen und Problemen, die diese in der Zwischenphase mit der Szenario-Anwendung hatten.

6.2.3 Firmenspezifische Szenario-Workshops

Diese vom Aufwand her kleinste Szenario-Erstellung bietet sich dann an, wenn es sich um ein kleines Unternehmen handelt oder um ein ganz spezifisches Produkt, das in seiner Struktur und in seinem Produktumfeld wenig Komplexität besitzt. Firmenspezifische Workshops dauern in der Regel 3 Tage, in dem die 8 Schritte des Szenario-Prozesses durchlaufen werden. Darüber hinaus ist es sinnvoll, das Thema in einem etwa halbtägigen Planungsgespräch entsprechend vorzubereiten, das Szenario-Team zusammenzustellen und festzulegen, wer welche Informationen aufbereitet. Nach Abschluß des 3-tägigen Workshops wird ein Bericht über die Szenario-Ergebnisse erstellt und es empfiehlt sich dann nach ca. 3–4 Wochen, einen halb- bis eintägigen Umsetzungsworkshop durchzuführen. Hierbei wird die auf der Basis des Berichtes erstellte vorläufige Leitstrategie diskutiert und von den Teilnehmern verabschiedet sowie das weitere Vorgehen geklärt.

6.2.4 Szenario-Mini-Projekte

Szenario-Mini-Projekte sind geeignet für Teilthemen, strategische Geschäftseinheiten oder Sparten von mittleren Unternehmen bzw. für kleinere Unternehmen. Ein Szenario-Mini-Projekt umfaßt zwei Szenario-Workshops à 2–3 Tage. Hinzu kommt noch ein halbtägiges Planungsgespräch, bei dem Zielsetzung, Teilnehmerzusammenstellung, Informationsbeschaffung und -aufbereitung vorbesprochen werden, sowie ein etwa eintägiger Abschlußworkshop, in dem die Leitstrategie verabschiedet und das weitere Vorgehen geklärt wird.

Im ersten Workshop werden die Schritte 1–4 (Aufgabenanalyse, Einflußanalyse, Trendprojektionen und Alternativenbündelung) bearbeitet. Zum Schritt 1 erhalten die Szenario-Teammitglieder anläßlich des Planungsgespräches einige Fragen, über deren Beantwortung sie sich bis zum ersten Workshop Gedanken machen sollten. Die Antworten werden dann im ersten Workshop zusammengetragen, gewichtet und bewertet. Diese Fragen beziehen sich z. B. auf:

- Leitbild des Unternehmens
- derzeitige Ziele und Strategien (kurz-, mittel- und langfristig)
- Stärken und Schwächen des Unternehmens oder Unternehmensbereiches
- interne Rahmenbedingungen

Hierbei ist es wichtig, daß *nur die* Leitbildvorstellungen, Ziele und Strategien, die *tatsächlich* im Unternehmen existieren, aufgelistet werden. Wenn man beispielsweise Lücken oder Unzulänglichkeiten erkennt, ist es nicht erforderlich, daß die Teilnehmer jetzt diese Mängel beseitigen. Hier handelt es sich lediglich um die Analyse des Ist-Zustandes (Diagnose, aber noch nicht die Therapie).

Der Schritt 4 (Alternativenbündelung) wird im ersten Szenario-Workshop auch nur bis zur Konsistenzbewertung durch die Teilnehmer durchgeführt. Die Eingabe der Daten und die Verarbeitung mit Hilfe eines Rechnerprogrammes erfolgt in einer Pause zwischen dem ersten und zweiten Szenario-Workshop. Diese Pause dauert in der Regel vier bis sechs Wochen. Wenn die Ergebnisse der Konsistenzberechnungen vorliegen, erfolgt ebenfalls in der Pause zwischen dem ersten und zweiten Szenario-Workshop die Ausgestaltung und vernetzte Interpretation der Szenarien. Die Ausgestaltung der Szenarien wird auf der Basis der berechneten Ergebnisse, der Trendprojektionen und der Vernetzungsanalyse aus Schritt 2 durchgeführt. Es ist empfehlenswert, die Szenario-Interpretation nicht von einem Team, sondern von einem einzelnen, am besten dem methodisch verantwortlichen Projektleiter, durchführen zu lassen.

In einigen Fällen ist es aus zeitlichen oder sonstigen technischen Gründen nicht möglich, die Konsistenzbewertung durch die Teilnehmer im Workshop durchführen zu lassen. In einem solchen Fall kann dies entweder in der Zwischenphase geschehen, was jedoch aufgrund der zeitlichen Koordinierung und der methodischen Betreuung gelegentlich schwierig ist, oder aber das Team delegiert die Konsistenzbewertung an den methodisch verantwortlichen Projektleiter. Dieser erstellt die Bewertungen und koppelt sie an die Teilnehmer zurück, damit eventuelle Korrekturen von den

Teilnehmern eingebracht werden können. Ansonsten ist der Ablauf wie oben beschrieben.

Das zweite Szenario-Workshop beginnt mit der Präsentation der Szenarien, die dann von den Szenario-Teammitgliedern redigiert werden. Die Änderungen, die jetzt erfolgen, sollten die berechneten Ergebnisse nicht in Frage stellen.

Das Wort „redigieren" sagt eigentlich schon aus, daß dies lediglich eine redaktionelle Überarbeitung durch die Szenario-Teammitglieder bedeutet. Dies hat folgende Vorteile:

1. Die Szenario-Teammitglieder können sich intensiv mit ihren Szenarien auseinandersetzen, was zu einer Identifikation mit den Ergebnissen führt; die Teammitglieder müssen das Szenario-Bild plastisch vor Augen haben.
2. Der Prozeß der Szenario-Interpretation ist durch das Vorformulieren wesentlich verkürzt, und die Teammitglieder können für solche Aufgaben eingesetzt werden, bei denen sie als Team vom Ergebnis her mehr Output bringen.

Des weiteren umfaßt der zweite Szenario-Workshop die Schritte 6 (Konsequenzanalyse), 7 (Störereignisanalyse) und 8 (Szenario-Transfer). Das Formulieren einer Leitstrategie kann in den meisten Fällen nicht innerhalb des zweiten Szenario-Workshops erfolgen, sondern wird nach Vorliegen der Ergebnisse aus der Konsequenzanalyse und den Präventivmaßnahmen am besten durch den Projektleiter bearbeitet. Den Zeitrahmen für ein solches Szenario-Mini-Projekt, beginnend mit dem Planungsgespräch und endend mit dem Abschlußgespräch, kann man auf ca. drei Monate veranschlagen. Der Aufwand, den das Unternehmen kalkulieren muß, errechnet sich aus der Anzahl der Projekttage mal der Anzahl der Teilnehmer plus der Zeit, die der Projektleiter für die Projekttage und die Zwischenarbeiten (Berichterstellung, rechnergestützte Analysen, Szenario-Interpretation, Entwicklung der Leitstrategie) benötigt.

6.2.5 Szenario-Projekte

Szenario-Projekte eignen sich für die Erstellung von Gesamtunternehmens-Szenarien mittlerer und großer Unternehmen. Hierbei muß jedoch sichergestellt sein, daß die strategischen Geschäftseinheiten oder Sparten des Unternehmens nicht in zu unterschiedlichen Märkten arbeiten, sondern daß eine relativ homogene Struktur besteht. Desweiteren bieten sich Szenario-Projekte an für die strategischen Geschäftseinheiten von großen Unternehmen, wobei man die strategische Geschäftseinheit praktisch als ein selbständig operierendes Unternehmen ansehen kann.

Szenario-Projekte umfassen ein halbtägiges Planungsgespräch, vier Szenario-Workshops à zwei bis drei Tage und einen etwa eintägigen Abschlußworkshop. Planungsgespräch und Abschlußworkshop umfassen dieselben Inhalte wie bei den Szenario-Mini-Projekten. Im Anschluß daran sollte eine Präsentation der Ergebnisse durchgeführt werden.

Szenario-Workshops sind wie folgt gegliedert:

1. Erster Szenario-Workshop
   Bearbeitung des Schrittes 1 (Aufgabenanalyse) und des Schrittes 2 (Einflußanalyse)
2. Eine etwa vierwöchige Pause, um die Ergebnisse aus dem ersten Szenario-Workshop in Form eines Berichtes auszuwerten, die Interpretation des System-Grids zu erarbeiten und, falls erforderlich, noch Informationen zu sammeln.
3. Zweiter Szenario-Workshop
   Bearbeitung des Schrittes 3 (Trendprojektionen) und des Schrittes 4 (Alternativenbündelung)
4. Zwischenphase (Schritt 4)
   In dieser Phase werden die Konsistenzbewertungen des Teams mit Hilfe der Szenario-Software verarbeitet (Konsistenz-, Stabilitäts-, Cluster- und Sensitivitätsanalyse). Die berechneten Szenarien werden (Schritt 5) dann ebenfalls vom Projektleiter ausgestaltet und interpretiert, ähnlich wie im Szenario-Mini-Projekt.
5. Dritter Szenario-Workshop
   Dieser Workshop beginnt ebenfalls wie der zweite Workshop bei den Mini-Projekten mit der Präsentation der Szenarien und dem anschließenden Redigieren der Szenarien durch die Teammitglieder. Der Hauptbestandteil des dritten Workshops ist allerdings die Konsequen- (Schritt 6) zanalyse, für die man ca. eineinhalb bis zwei Tage veranschlagen kann.
6. Zwischenphase
   Aufbereitung der Ergebnisse in Form eines Berichtes und Entwickeln einer vorläufigen Leitstrategie, aufbauend auf den Ergebnissen des Schrittes 6 (Konsequenzanalyse)

7. Vierter Szenario-Workshop
   Bearbeitung des Schrittes 7 (Störereignisanalyse) und des Schrittes 8 (Szenario-Transfer)
8. Nachphase
   Neben der Protokollierung der Ergebnisse wird die vorläufige Leitstrategie ergänzt durch die Präventivmaßnahmen zu Störereignissen.
9. Abschlußworkshop   *Schritt 8*
   Hierbei wird die <u>endgültige Leitstrategie</u> verabschiedet, Projekte innerhalb der Leitstrategie werden definiert und mit Verantwortlichkeiten versehen, ein Projektplan wird für die einzelnen Aktivitäten aufgestellt und das Umfeldbeobachtungssystem mit Verantwortlichkeiten, Aufgabenverteilung und Organisation etabliert. Außerdem wird die Präsentation der Ergebnisse für den Vorstand oder die Geschäftsleitung, sofern diese nicht selbst am Projekt mitgewirkt hat, vorbereitet.
10. Ergebnispräsentation für die Geschäftsleitung. Der Zeitbedarf hier schwankt zwischen 2 bis 5 Stunden, je nach dem wieviel Zeit die Geschäftsleitung sich bei einer solchen Präsentation nehmen kann und will. Vorgestellt wird in kurzer Form noch einmal die Methode und der Gesamtablauf. Dann folgt eine ausführlichere Darstellung der Szenarien. Anschließend muß die Leitstrategie umfassend präsentiert werden. Besonders hilfreich ist es natürlich, wenn die Szenario-Teammitglieder arbeitsteilig die Leitstrategie präsentieren und auch gleich vorschlagen, wer welche Projekte mit welcher Verantwortlichkeit in der Umsetzung übernimmt.

Der Zeitrahmen für die Durchführung eines Szenario-Projektes umfaßt, beginnend mit dem Planungsgespräch und endend mit dem Abschlußgespräch, ca. fünf bis acht Monate. Der Zeitaufwand für das Unternehmen errechnet sich aus der Anzahl der Projekttage mal Anzahl der Szenario-Teammitglieder sowie den entsprechenden Zeiten für den Projektmanager, wobei auch die Arbeitstage zwischen den einzelnen Szenario-Workshops mitgerechnet werden müssen. Insgesamt sollte ein Szenario-Projekt nicht länger als neun Monate dauern (auch ein Kind benötigt nur neun Monate, um auf die Welt zu kommen), da ansonsten die Zusammenhänge und die Motivation für das Projekt verlorengehen können.

Zur Entscheidung, welche Art der Szenario-Bearbeitung und des Umfanges für ein Unternehmen in Frage kommt, siehe auch Abbildung 40.

Zielsetzung des Unternehmens	Kennenlernen und Training der Methode, Anwendung eines nicht unternehmensspezifischen Falles	Szenario-Ergebnisse für ein kleines, nicht komplexes Firmenproblem	Szenario-Ergebnisse als Grundlage für die Planung einer SGE	Szenario-Ergebnisse als Grundlage für die Planung des Gesamtunternehmens
Unternehmensgröße	klein, mittel groß	klein, mittel, groß	klein	klein
Komplexität des Themas	gering	gering	gering bis mittel	mittel
Art der Szenario-Erstellung				
1. 3tägiges Szenario-Seminar mit 2-tägigem Follow-up-Training	x			
2. 3-tägiger Szenario-Workshop + 1/2 Tag Planung + 1 Tag Abschlußworkshop		x	x	
3. Szenario-Mini-Projekt (2 Szenario-Workshops à 3 Tage + 1/2 Tag Planung + 1 Tag Abschlußworkshop)		x	x	x
4. Szenario-Projekt (4 Szenario-Workshops à 2–3 Tage + 1/2 Tag Planung + 1 Tag Abschlußworkshop)				x
5. Szenario-Projekt (5 Szenario-Workshops à 2–3 Tage + 1/2 Tag Planung + 1 Tag Abschlußworkshop)*				

Abbildung 40: Szenario-Aufwand in Relation zu Unternehmensgröße, Zielsetzung und Komplexität des Themas

Szenario-Ergebnisse als Grundlage für die Planung einer SGE	Szenario-Ergebnisse als Grundlage für die Planung des Gesamtunternehmens	Szenario-Ergebnisse als Grundlage für die Planung einer SGE	Szenario-Ergebnisse als Grundlage für die Planung des Gesamtunternehmens
mittel	mittel	groß	groß
mittel	mittel bis hoch	mittel bis hoch	hoch
x	x		
x	x	x	x
		x	x

* Anmerkung: Der zusätzliche Workshop kann bei einer zweistufigen Konsequenzanalyse erforderlich sein.

245

Projekt:

Projektleiter (Fachpromotor): **Machtpromotor:**

Projekt-Teilschritte	Start	Meilen-stein	Ende	Projekt-Team	Kooperation mit: – anderen Projekt-Teams – Externen	Kostenschätzungen a) intern b) extern c) einmalige Kosten d) permanent an-fallende Kosten	Nutzen

Abbildung 41: Projektplan für die Umsetzung der Szenario-Ergebnisse

Damit eine Leitstrategie auch erfolgreich umgesetzt wird, empfiehlt es sich, die verschiedenen Strategien in Projektform umzusetzen (siehe Abb. 41). Neben den Projektleitern muß es einen Gesamtkoordinator geben, der die Umfeldbeobachtung überwacht, rückkoppelt und die Projektfortschritte kontrolliert.

Um einen Überblick über den nach einem Szenario-Projekt erforderlichen Aufwand zu erhalten, empfiehlt es sich, eine Zeit-Kosten-Matrix zu erstellen, bei der die einzelnen Projekte auf der Zeitachse aufgetragen werden und gleichzeitig durch ihre bestimmte Höhe auf der Kostenachse, die Kosten erfaßt werden. Dies ist besonders dann hilfreich, wenn mehrere Projekte gleichzeitig laufen, so daß man die Gesamtkosten der einzelnen Projekte relativ leicht addieren kann, wenn man die Projekte übereinander auf der Kostenachse schachtelt. Siehe hierzu Abbildung 42. Dies ermöglicht eine laufende Kostenkontrolle sowie eine Korrektur, falls Projekte mehr Zeit- und Kostenaufwand benötigen als ursprünglich kalkuliert wurde.

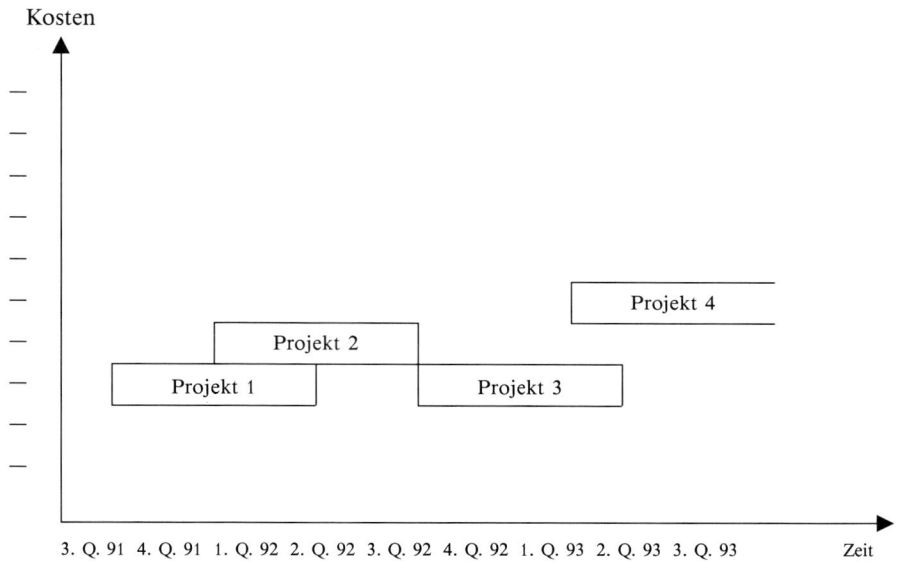

Erläuterungen:
— Festlegung der erforderlichen Projektkosten und Projektdauer
— Eintragung der Projekte in das Kosten/Zeit-Grid
— Falls zwei oder mehr Projekte zur selben Zeit ausgeführt werden müssen, addiert man die Kosten für jedes zusätzliche Projekt gemäß Kosten-Skala
Q = Quartal

Abbildung 42: Kosten und Kontrolle der Leitstrategie-Projekte

6.3 Organisatorisches

6.3.1 Team-Zusammensetzung

Für die Qualität der Szenario-Ergebnisse und den Erfolg der Umsetzung ist die Zusammensetzung des richtigen Teams entscheidend. Bei einem firmenspezifischen Szenario-Projekt müssen die Teammitglieder nach folgenden Kriterien zusammengestellt werden:

1. Entscheidungs- und Umsetzungskompetenz
2. Wissen, Erfahrungen und Know-how zum Thema und zu den Einflußbereichen des Themas
3. fachliche Heterogenität
4. altersmäßige Heterogenität
5. soziale Homogenität

Entscheidungs- und Umsetzungskompetenz

Da mit Hilfe der Szenarien Grundlagen für die strategische Planung und andere Planungen des Unternehmens erarbeitet werden, ist es wichtig, die Entscheider des Unternehmens von Anfang an in diesen Prozeß einzubeziehen. Das bedeutet, daß man die Führungskräfte der ersten, zweiten und gelegentlich dritten Ebene (dies gilt für Großunternehmen) als Szenario-Teammitglieder gewinnen soll. Natürlich kommt an dieser Stelle immer der Einwand, daß diese Personen einen sehr vollen Terminkalender haben und nicht die nötige Zeit aufbringen können, sich einem solchen Szenario-Projekt zu widmen. Hier kann man entgegenhalten, daß es die wichtigste Aufgabe der Unternehmensführung ist, sich um die langfristige Zukunftssicherung des Unternehmens und damit um strategische Planung und die Szenario-Entwicklung zu kümmern. Die Zukunftssicherung des Unternehmens sollte im Bewußtsein der Unternehmensleitungen als eine der wichtigsten Aufgaben stehen und nicht an untere Führungsebenen weiterdelegiert werden.

Versucht man, die Aufgabe der Szenario-Erstellung und Strategie-Entwicklung an das mittlere Management zu delegieren, dann zeigt sich in den meisten Fällen, daß diese Ergebnisse sehr schwer umgesetzt werden können, da sie von diesem Szenario-Team sowohl nach oben zu den Entscheidungsträgern als auch auf der gleichen Ebene zu den Kollegen und nach unten kommuniziert und „verkauft" werden müssen. Ein Projekt mit einer solchen Team-Zusammensetzung hat von vornherein schlechtere Aussichten. Bei dem oft zitierten und allgemein bekannten Zeitmangel sollten sich die Verantwortlichen für die Unternehmensgeschicke nicht fragen: „Mache ich meine Arbeit richtig?" sondern: „Mache ich die richtige Arbeit?"

Wissen, Erfahrungen und Know-how zum Thema und einzelnen Einflußbereichen des Themas

Der nächste Einwand, der oft bei der obersten Führungsebene gemacht wird, lautet: Ist denn dort das erforderliche Know-how, das man für die Durchführung des Projektes benötigt, auch verfügbar? In den meisten Fällen reicht das bei den Teilnehmern vorhandene Know-how aus. Falls spezielle, über den Kreis hinausgehende Informationen benötigt werden, können diese Aufgaben an weitere Mitarbeiter von Stäben delegiert werden, die die Informationen zwischen den Szenario-Workshops zusammstellen, analysieren und aufbereiten, so daß sie in den Szenario-Workshops verwendet werden können.

Da Szenario-Projekte sich grundsätzlich mit den externen Einflußfaktoren für ein Thema beschäftigen, ist es ausgesprochen wichtig, ein entsprechend breites Know-how zu besitzen.

Wie kann man die Frage des im Unternehmen nicht vorhandenen aber dringend benötigten Experten-Know-hows lösen? Hierzu bieten sich mehrere Möglichkeiten an:

– Man kann sich bestimmte Analysen über Teilthemen von verschiedenen Marktforschungs- und Forschungsinstituten beschaffen.
– Des weiteren sind Datenbankrecherchen und -analysen weltweit zu bestimmten Teilthemen abrufbar und verfügbar.
– Außerdem kann man zu bestimmten Teilthemen externe Expertenbefragungen in Form von Interviews durchführen und diese Ergebnisse dann in das Szenario-Projekt einfließen lassen. Hierbei ist auf jeden Fall zu beachten, daß man sich nicht nur auf *eine* externe Expertenmeinung oder *eine* Befragung oder Analyse stützt, sondern *verschiedene* Quellen heranzieht. Durch das Nutzen verschiedener Quellen hat man von vornherein schon die Basis für Alternativentwicklungen.
– Einbeziehung von externen Experten in die Workshops.

Bei der Beteiligung von externen Experten als Teammitglieder treten jedoch oft bestimmte Probleme auf wie z. B.:

- Externe Experten, die „Stars" oder „Päpste" ihres Fachgebietes sind, lassen sich oft nur schwer oder gar nicht in einen Gruppenprozeß integrieren.
- Sie lassen kaum oder gar nicht Alternativen zu ihrer Expertenmeinung zu, schließlich sind sie die „Gurus" ihres Fachgebietes mit unbestrittener Autorität. Alternativen sind jedoch ganz wesentlich für den Erfolg eines Szenario-Prozesses.
- Probleme der Offenheit innerhalb des Teams: Durch weitere Externe kann es passieren, daß die Teammitglieder die Karten nicht so offen auf den Tisch legen, wie es für den Prozeß erforderlich wäre.

Wie kann man dieses Problem lösen? Wenn man unbedingt externe Experten benötigt, dann helfen strukturierte Interviews vorab oder in Zwischenphasen oder ein Experten-Hearing.

Fachliche Heterogenität

Um sowohl die unterschiedlichen internen Funktions- und Unternehmensbereiche als auch die verschiedenen externen Einflußbereiche bezüglich Wissen, Erfahrungen und Informationen abzudecken, sollte ein Szenario-Team immer fachlich heterogen zusammengesetzt sein. Hierbei ist es sinnvoll, sich vor Beginn des Projektes (dies geschieht in der Regel während des Planungsgespräches) Gedanken zu machen, welche internen Funktionen und Bereiche für die Aufgabe relevant sind und von den Ergebnissen betroffen werden. Desweiteren empfiehlt es sich, vorab einmal eine Kurzanalyse der externen Einflußbereiche durchzuführen und festzustellen, welche Einflußbereiche für das ausgewählte Thema relevant sind und welches Know-how man hierfür benötigt. Hierbei ist es auch wichtig, Informationen über Wettbewerber, deren Umfelder und Technologien, die z. B. etwas weiter vom eigenen Unternehmen entfernt sind, aber eine mögliche Substitutionsgefahr für die Zukunft bedeuten können, über die Teammitglieder einzuspeisen.

Ein fachlich heterogenes Team, das an einem Szenario arbeitet, könnte z. B. aus Führungskräften folgender Bereiche zusammengesetzt werden:

- Unternehmensleitung
- Strategische Planung

- Entwicklung, evtl. Forschung und Entwicklung
- Produktion
- Beschaffung
- Marketing
- PR
- Werbung
- Vertrieb
- Personal
- Controlling
- Finanzwesen

Altersmäßige Heterogenität

Betrachtet man das erste Kriterium für die Teilnehmer-Zusammensetzung, die Entscheidungs- und Umsetzungsebene, dann scheint die nächste Forderung nach einer altersmäßigen Heterogenität ein gewisser Widerspruch zu sein, da in den meisten Fällen jüngere Mitarbeiter nicht in den Führungsebenen des Unternehmens zu finden sind. Wenn man sich jedoch vorstellt, daß die Führungsebene eines Unternehmens weitgehend aus Personen mit etwa gleicher Altersstruktur besteht (im Extremfall könnte das Team aus Mittfünfzigern bestehen), dann wird klar, daß hier durch Erfahrung und altersmäßige Prägung eher eine Homogenität in den Aussagen zu erwarten ist. Da man jedoch möglichst unterschiedliche Alternativen entwickeln und verarbeiten will und sich besonders auf die Zukunft ausrichtet, empfiehlt es sich, z. B. Vorstandsassistenten, Stabsmitarbeiter aus der Strategischen Planung, dem Marketing, der Marktforschung oder anderen Bereichen, die jünger sind, mit in das Team einzubinden. Durch die jüngeren Teammitglieder werden oft Aspekte in Frage gestellt oder anders gesehen, die von einer Gruppe mit homogener Altersstruktur eher in *einer* Richtung gesehen und festgelegt werden. Eine solche altersmäßige Mischung des Szenario-Teams funktioniert in solchen Unternehmen besonders gut, wo ohnehin ein offener und partizipativer Führungsstil herrscht. Bei einem Unternehmen mit einem eher autoritären oder hierarchischen Führungsstil wäre eine solche Teamarbeit die erste Chance, das bisherige Führungsverhalten in eine neue Richtung positiv zu ändern.

Soziale Homogenität

Um sicherzustellen, daß die Teilnehmer in etwa eine gemeinsame Sprache sprechen und sich auf dem gleichen intellektuellen Niveau verständigen können, sollte eine gewisse soziale Homogenität das Team bestimmen. Es ist daher nicht zu empfehlen, die Teammitglieder von der Vorstandsebene bis zur Sachbearbeiterebene zusammenzustellen. Je offener und partizipativer der Führungsstil in einem Unternehmen ist, desto weniger bereitet es Schwierigkeiten, Teammitglieder aus unterschiedlichen Hierarchiestufen einzubinden.

Abschließend noch eine Anmerkung zur Teamgröße: Da die Arbeiten in den einzelnen Schritten der Szenario-Methode arbeitsteilig durchgeführt werden (z. B. werden die Projektionen von allen Teammitgliedern erarbeitet, aber in unterschiedlichen Arbeitsgruppen, die an verschiedenen externen Einflußbereichen arbeiten), ist es empfehlenswert, das Team aus ca. zehn bis max 16 Personen zusammenzustellen; die Idealgröße liegt bei 12 Teilnehmern.

6.3.2 Szenario-Projektplanung

Die Planung eines solchen Vorhabens umfaßt natürlich auch solche Aspekte wie Veranstaltungsort, Räumlichkeiten und benötigte Materialien.

Als Veranstaltungsort sollte in jedem Fall ein Ort außerhalb des Unternehmens gewählt werden, damit die Teammitglieder sich gedanklich und gefühlsmäßig vom Tagesgeschäft des Unternehmens lösen können. Hierzu bieten sich gute Tagungshotels bzw. Schulungszentren von Unternehmen an. Eine weitere Voraussetzung für das Gelingen eines solchen Projektes ist der vom Tagesgeschäft absolut störungsfreie Verlauf. Die physische Distanz zum eigenen Unternehmen ermöglicht es, das Unternehmen mit einem gewissen Abstand zu betrachten und sich ohne die Belastungen des Tagesgeschäftes auf die Zukunftssicherung des Unternehmens zu konzentrieren.

Szenario-Projekt-Durchführung

Da die Teilnehmer ohnehin zu einem Ort außerhalb des Unternehmens anreisen müssen, empfiehlt es sich, am Vorabend mit dem Szenario-Workshop zu beginnen. Der Vorabend kann zum Warming-up und nach dem ersten Zusammentreffen zum Auffrischen der Ergebnisse genutzt werden. Hierbei wird ein kurzer Rückblick gegeben über das, was beim letzten Mal erarbeitet worden ist; die Analysen und Berichte werden diskutiert, und Verständnisfragen können geklärt werden, so daß man am ersten Tag morgens gleich mit der eigentlichen Projektarbeit beginnen kann. Szenario-Workshops sind immer sehr arbeitsintensiv und beinhalten in den meisten Fällen auch Abendarbeit.

Nach Abschluß eines jeden Szenario-Workshops protokolliert der Projektleiter die Ergebnisse, vermerkt, in welchen Fällen noch zusätzliche Informationen beschafft werden müssen und sendet das Protokoll baldmöglichst an das Team zurück. Jedes der Teammitglieder sollte bis zum nächsten Workshop noch ausreichend Gelegenheit haben, sich mit den Ergebnissen zu beschäftigen und eventuell noch fehlende Informationen zu beschaffen und einzufügen.

6.3.3 Szenario-Projektverfolgung und organisatorische Verankerung

Nach dem Abschlußworkshop am Ende eines Szenario-Projektes – in den meisten Fällen werden die Ergebnisse anschließend auch der Geschäftsleitung und einem größeren Teilnehmerkreis präsentiert und vorgestellt – muß im Beisein aller Teammitglieder genau festgelegt werden, wer welche Aufgaben bis zu welchen Terminen nach Abschluß des Projektes wahrnimmt.

Hierbei sollte man sich von der Illusion lösen, daß mit Abschluß eines Szenario-Projektes die Arbeit getan ist. Die eigentliche Arbeit, das Umsetzen der Projektergebnisse, fängt nämlich jetzt erst an. Es empfiehlt sich, aus der Leitstrategie heraus bestimmte Projekte für die Weiterverfolgung zu definieren, einen verantwortlichen Projektleiter zu benennen und Termine und Ergebniserwartungen von vornherein festzulegen. Desweiteren sollte ein Verantwortlicher für die Umsetzung des Projektes benannt werden; am besten eignen sich hierzu Mitarbeiter aus der Strategischen Planung, die als Koordinatoren für die Umsetzung fungieren. Ihre Aufgabe ist es, z. B. im Rahmen des Umfeldbeobachtungssystems die Beobachtungsergebnisse anzufordern, das Szenario-Team von Zeit zu Zeit einzuberufen und Ergebnisse und Projektstand zu diskutieren. Die organisatorische Verankerung sollte ähnlich wie beim Innovationsmanagement analog dem Promotorenmodell erfolgen. Das bedeutet, daß jemand aus dem Vorstand oder der Geschäftsleitung als Machtpromotor für das Projekt und seine Weiterverfolgung verantwortlich ist. Er sichert die Budgets und den Freiraum für die Mitarbeiter und wird von Zeit zu Zeit über den Stand der einzelnen Projekte informiert.

Außerdem benötigt man einen sogenannten Fach-Promotor; dies sollte in der Regel ein Mitarbeiter der Strategischen Planung sein, der alle übrigen Aufgaben, wie Terminkontrolle, Abfragen der Projektergebnisse und der Umfeldbeobachtungsergebnisse sowie Verabschiedung von Vorschlägen und Formulierung von Anträgen an die Geschäftsleitung übernimmt. Bei Marketing-, FE- oder Diversifikationsprojekten kann der Fachpromotor natürlich auch ein Mitarbeiter der jeweiligen Abteilung sein. Auf jeden Fall sollte am Ende eines Abschlußworkshops ein Projektplan erstellt werden, der z. B. wie in der Abbildung 41 aussehen könnte.

> „Auch ein Weg von tausend M[ei]-
> len beginnt mit einem Schritt."
> (Japanisches Sprich[wort])

7. Arbeitstechniken in der Szenario-Methode

7.1 Gruppenarbeitstechniken

Eine Arbeitstechnik, die während des gesamten Szenario-Prozesses eingesetzt wird, ist die Metaplan-Methode. Durch dieses Vorgehen können alle einzelnen Entwicklungs- und Bewertungsschritte für das Gesamtteam transparent gemacht und visualisiert werden. Der Weg zu den verschiedenen Ergebnissen ist dadurch leicht erkennbar und kann besser begründet werden, was gleichzeitig auch zu einer höheren Akzeptanz und zu einem besseren Verständnis der Teilnehmer führt.

Neben der Metaplan-Methode werden in bestimmten Phasen, vor allem in Schritt 3, 6 und 7, Kreativitätstechniken eingesetzt. Hierfür eignen sich die meisten der bekannten Kreativitätsmethoden. Besonders gute Erfahrungen habe ich mit den Methoden des lateralen Denkens nach Dr. Edward de Bono gemacht.

Außerdem wird in der Szenario-Methode mit der Konsistenzanalyse gearbeitet, die ebenfalls in Schritt 4 (Alternativenbündelung) beschrieben ist. Das Ausfüllen der Konsistenzmatrix ist der methodisch anspruchsvollste Bewertungsschritt in der gesamten Szenario-Technik, da man hier versucht, das logische Zusammenpassen oder Nicht-Zusammenpassen von bestimmten Alternativentwicklungen in der Zukunft einzuschätzen. Bei diesem Schritt ist es außerdem wichtig, keine Wahrscheinlichkeitseinschätzungen zugrunde zu legen. Es ist weiterhin empfehlenswert, diesen Schritt auf jeden Fall unter Anleitung eines methodisch versierten Projektleiters durchzuführen. Ein typischer Fehler, der Erstanwendern der Konsistenzanalyse immer wieder unterläuft, besteht darin, daß man beim Verknüpfen von zwei Alternativentwicklungen oft mit „Gewalt" eine Beziehung herstellt, die nur durch Zuhilfenahme einer Reihe anderer Faktoren gegeben ist. Hierbei kommt es jedoch nur darauf an, die einzelnen Alternativentwicklungen miteinander in Beziehung zu setzen, ohne Zuhilfenahme dritter, vierter und fünfter Faktoren.

In der Szenario-Methode wird sehr oft mit Matrizen gearbeitet, die entweder dazu dienen, Einflußstärken der Parameter einer Achse auf die Parameter der anderen Achse festzustellen oder Bewertungen von Strategien und Strategieelementen im Hinblick auf die verschiedenen Szenarien durchführen.

7.2 Rechnergestützte Methoden in der Szenario-Technik

Um die zum Teil recht komplexen und rechenintensiven Aufgaben innerhalb der Szenario-Methode, wie z.B. die Konsistenzberechnung, die Stabilitäts- und Sensitivitätsanalyse sowie die Simulation von Störereignissen, schneller und qualitativ besser durchführen zu können wurde eine Software entwickelt, die alle Rechenschritte innerhalb der Szenario-Methode umfaßt. CAS (Computer Aided Scenarios) ist ein Softwarepaket für den IBM PC (XT oder AT) bzw. kompatible Rechner, das die Planung mit Hilfe der Szenario-Technik unterstützt.

Als erster Baustein von CAS entstand die Konsistenzanalyse, die ab einer gewissen Datenmenge (mehr als 15 Alternativdeskriptoren) manuell kaum zu bewältigen ist. Aufbauend auf den in der Konsistenzbewertung ermittelten Daten und Verknüpfungen zwischen allen Alternativdeskriptoren konnten dann weitere Analysen, wie die Stabilität berechneter Szenarien und die Sensitivitätsanalyse für alle Deskriptoren bzw. Szenarien, angeschlossen werden. Als nächste Bausteine folgen die Vernetzungsanalyse und ihre Verknüpfung mit der Konsistenzanalyse sowie die Möglichkeit der Simulation von Störereignissen. Zur Abrundung der Szenario-Software wurde dann als letztes Modul die Verknüpfung der Szenarien mit internen Parametern/Deskriptoren und die Überprüfung der ausgewählten Leit- und Alternativstrategien gegenüber den Szenarien entwickelt. Es steht also heute eine Software zur Verfügung, die schnell und unkompliziert im Dialog mit dem Rechner durchspielen kann, welche Auswirkungen Datenänderungen haben. Auch nachträglich können Deskriptoren oder Störereignisse eingeführt und in ihren Auswirkungen analysiert werden. So kann man ohne großen Aufwand nach Abschluß eines Szenario-Projektes die Strategien laufend überprüfen und die Szenarien fortschreiben.

Durch genauere und aussagefähigere Auswertungen, als sie manuell möglich sind, kann man die mit teilweise viel Aufwand in den einzelnen Schritten des Szenario-Prozesses erhobenen Daten adäquat einsetzen. CAS verwendet optimierende Verfahren anstelle der sonst gebräuchlichen heuristischen Verfahren. Dadurch erhält man nicht nur genauere Ergebnisse, man kann auch sicher sein, daß die Qualität der Ergebnisse nur von den eingegebenen Daten und nicht von Zufälligkeiten im Auswertungsverfahren abhängig ist.

Die Vernetzungsanalyse

Nachdem Einflußbereiche und gegebenenfalls noch Unterteilungen der Einflußbereiche genannt sind, werden mit der Vernetzungsmatrix die Einflüsse der Umfelder (bzw. Bereiche) aufeinander erfaßt und ausgewertet.

Als Ergebnis erhält man eine Klassifikation der Einflußbereiche nach aktiv, passiv, puffernd und ambivalent. Die aktiven Einflußbereiche und an nächster Stelle die ambivalenten Einflußbereiche strukturieren die Szenarien besonders stark. Dies kann durch eine entsprechende Gewichtung in den weiteren Auswertungen von CAS noch verstärkt werden. Die Gewichtung wird automatisch vom Rechner ermittelt, kann aber auch von Hand eingegeben bzw. verändert werden.

Die Abhängigkeitsanalyse

Bei sehr vielen alternativen Deskriptoren – das Programm kann bis zu 50 alternative Deskriptoren verarbeiten – ist die Konsistenzmatrix kaum noch zu überschauen. Die Abhängigkeitsanalyse zeigt auf, zwischen welchen Bereichen keine direkten Verbindungen bestehen. Für die Konsistenzanalyse werden dann Deskriptorenpaare, die zu voneinander unabhängigen Bereichen gehören, nicht berücksichtigt. Der Erfassungsaufwand und damit auch der Bewertungsaufwand für die Bearbeiter läßt sich dadurch um bis zu 50% reduzieren. CAS berücksichtigt dies beim Ausdruck der Erfassungsformulare für die Konsistenzwerte. Des weiteren läßt sich die Rechnerzeit hierdurch verkürzen.

Die Konsistenzanalyse

Der Kernpunkt der Szenario-Technik ist die Konsistenzanalyse: Die Ermittlung hochkonsistenter, möglichst unterschiedlicher Szenarien. Sie ist manuell nur bei wenigen Deskriptoren möglich, und auch dann muß ein Hilfsverfahren verwendet werden, das in vielen Fällen schlechte Ergebnisse liefert: Die erreichbaren Höchstwerte hinsichtlich Konsistenz und Unterschiedlichkeit werden in vielen Fällen weit unterschritten.

Im manuellen Verfahren ist keinerlei Kontrolle möglich, wie gut die ermittelte Lösung ist. So kann es sein, daß man viel Sorgfalt und Zeit in die Ermittlung der Konsistenzwerte für die einzelnen Deskriptoren investiert, durch eine mangelhafte Auswertung dieser Daten jedoch mit ungeeigneten Szenarien weiterarbeitet und den Fehler nicht einmal merkt.

Mit CAS können bis zu 50 alternative und 50 eindeutige Deskriptoren verarbeitet werden, zu denen die optimalen Szenarien hinsichtlich hoher Konsistenz berechnet werden. Dies wird möglich durch einen neuartigen, sehr effizienten Algorithmus der kombinatorischen Optimierung, der eigens für CAS entwickelt wurde.

Aus den so ermittelten besten Szenarien (bis zu 1024 Szenarien können berechnet werden) sucht CAS dann zwei möglichst unterschiedliche Szenarien aus. Der Anwender bestimmt dabei im Dialog mit dem Rechner, wie die zwei Ziele: hohe Konsistenz einerseits, hohe Unterschiedlichkeit andererseits, zu gewichten sind. Das Ergebnis ist wieder optimal in bezug auf die kombinierte Zielsetzung der Auswahl (hohe Unterschiedlichkeit und hohe Konsistenz). Mit CAS kann man das Bestmögliche aus den Konsistenzdaten herausholen und so eine sichere Grundlage für die weiteren Schritte der Planung schaffen.

Die Clusteranalyse

Die Clusteranalyse bildet Gruppen von Szenarien mit einem Mittelpunkt, der aus einem stabilen Szenario besteht. Im Umkreis um diesen Mittelpunkt werden Szenarien mit einer definitiven Abweichung vom Mittelpunkts-Szenario gruppiert. Erhöht man die Abweichungstoleranz sukzessive, dann kommt man über mehrere Stufen zu letztlich zwei Clustern, deren Mittelpunkts-Szenarien mit den optimalen stabilen Szenarien aus der Stabilitätsanalyse übereinstimmen müssen. So kann durch zwei verschiedene Verfahren das Ergebnis abgesichert werden. Bei einer solchen

Clusteranalyse ist es auch interessant, nicht nur die letztendlich übriggebliebenen zwei Cluster, sondern die im Laufe des Verfahrens erstellten letzten Cluster zu analysieren. Dabei zeigt sich auch, daß die Szenario-Cluster nicht gleichmäßig im gedachten Trichter verteilt sind, sondern daß sich bei sechs oder acht Cluster die meisten in der Nähe des einen Hauptszenario-Clusters befinden. Was heißt dies für den Planer? Das bedeutet, daß dieses eine Szenario in einer gewissen Varianz, nämlich der der abgebildeten Cluster entstehen könnte. Das zweite Szenario, um das herum keine weiteren Cluster gruppiert sind, wird dann wohl nur in der einen vorher berechneten Struktur eintreten.

Die Stabilitätsanalyse

Die Ausbaustufen von CAS helfen dabei, die komplexe Struktur der vernetzten Systeme, die den Gegenstand der Planung bilden, besser zu verstehen. Hierbei wird aufgebaut auf den bereits ermittelten zwei Szenarien. Die Stabilitätsanalyse zeigt auf, wie empfindlich ein Szenario auf kleine Störungen reagiert: Behauptet es sich, d.h. können kleine Störungen an seiner Struktur nichts wesentliches ändern, dann ist es stabil. Kann eine kleine Störung ein „Umkippen" der ganzen Szenario-Struktur auslösen, dann ist es instabil.

Ausgehend von der Theorie, daß Szenarien immer nach ihrem größtmöglichen Gleichgewichts- und Synergiezustand streben, bedeutet dies für die Stabilitätsanalyse, daß, wenn ein Szenario nach Einführung von kleinen Störungen eine höhere Konsistenz erreicht, es instabil ist. Verhält es sich gleich oder strebt es einer geringen Konsistenz nach Einführung einer kleinen Störung zu, dann kann man es als stabil betrachten. Das heißt, dieses Szenario hat den höchsten synergetischen Effekt und den höchsten inneren Zusammenhalt erreicht.

Die Sensitivitätsanalyse

Die Sensitivitätsanalyse bringt Struktur in die Menge der alternativen Deskriptoren: Meist prägen einige wenige Deskriptoren die Struktur des Szenarios. Ändert solch ein „Schlüsseldeskriptor" die Ausprägung, wird die bisherige Trendlinie verlassen und das Szenario entwickelt sich in eine neue Richtung. Die Kenntnis der Schlüsseldeskriptoren ermöglicht den Aufbau eines Umfeldbeobachtungssystems, um das Umkippen eines Trends mit seinen Auswirkungen im Szenario rechtzeitig zu erkennen.

Andere Deskriptoren passen sich an die Schlüsseldeskriptoren an, sie sind „passiv". Wenn sie im Zeitablauf ihre Ausprägung ändern, beruht es in der Regel auf einer kleinen Störung, die keinen Einfluß auf die Szenario-Struktur hat. Sobald die Störung verschwindet, nimmt der Deskriptor häufig wieder die alte Ausprägung an.

Bei einer dritten Gruppe von Deskriptoren ergibt die Analyse, daß sie bei vernünftigen Konsistenzwerten immer die gleiche Ausprägung aufweisen. Sie können daher genauso wie die eindeutigen Deskriptoren behandelt werden. Dies verringert die Variablen, die man in der Planung berücksichtigen muß.

Einbezug von Störereignissen durch Simulation

Die Simulation der Szenario-Entwicklung unter dem Einfluß eines oder mehrerer Störereignisse zeigt zunächst auf, ob sich ein Szenario relativ stabil bei einem bestimmten Störereignis verhält. In diesem Fall ist das Störereignis unkritisch für die Planung auf der Basis dieses Szenarios.

Im anderen Fall ermittelt die Simulation eine Reihe plausibler Entwicklungen, die durch das Störereignis ausgelöst werden können. Die Endpunkte dieser Entwicklungen sind Szenarien, die beim Fortbestand des Störereignisses stabil sind. An ihnen läßt sich ablesen, in welche Richtung ein Störereignis ein Szenario drängt. Auch sieht man, welche Deskriptoren vom Störereignis nicht betroffen sind.

Es zeigt sich immer wieder, daß durch die Einführung von Störereignissen bestimmte Szenariostrukturen, die durch die Simulation neu entstehen, in einer gewissen Verteilung auftreten. Ein Unternehmen kann sich also auf solche Szenarien konzentrieren, die in einer bestimmten Höchstverteilung (70 bis 80%) immer wieder auftreten. Dies bedeutet für den Planer, daß aufgrund von Störereignissen die Szenarien nicht in unendlich viele unterschiedliche Richtungen abdriften, sondern daß sich bestimmte Neukonstellationen immer wieder bestätigen, die man dann als ernstzunehmende Auswirkungen von Störereignissen ansehen kann. Dies erleichtert auch die Planung im Hinblick auf die Vielfältigkeit der durch Störereignissimulation auftretenden Szenarien.

Strategie-Vorschläge im Vergleich zu den Szenarien

Die Strategieplanung wird durch die Analyse der internen Deskriptoren unterstützt. Das Programm bildet die Entscheidungsparameter der Planung als Auswahl aus einigen wenigen, deutlich unterschiedlichen Möglichkeiten ab. Wegen der Verwandtschaft zu den externen Deskriptoren werden sie als interne Deskriptoren bezeichnet. Zu ihnen ermittelt der Rechner drei Strategien:

– optimale Strategie (Leitstrategie), gut an beide Szenarien angepaßt
– Alternativstrategie 1, optimal an das erste Szenario angepaßt
– Alternativstrategie 2, optimal an das zweite Szenario angepaßt

Aufschluß über die Bedeutung der einzelnen Entscheidungsparameter gibt eine SensitivitätsAnalyse, die die Abhängigkeit eines Entscheidungsparameters vom Umfeldszenario sowie seinen Einfluß auf die Strategie ermittelt. Das Ergebnis wird auch graphisch als Portfolio dargestellt.

Der Masken- und Menü-Manager (MMM)

CAS ist ein Programm, das durch eine aufwendig gestaltete Benutzeroberfläche besonders bedienerfreundlich arbeitet. Grundlage hierzu ist ein Softwarepaket, das die Verwaltung des Bildschirms, insbesondere die Behandlung von Auswahlmenüs und Eingabemasken, übernimmt. Daher der Name MMM, was für Masken- und Menü-Manager steht.

Alle Ein- und Ausgabevorgänge laufen über dieses Paket, was eine einheitliche Bedienung in allen Programmteilen gewährleistet. Darin enthalten ist auch ein Text-Editor, der alle Leistungsmerkmale eines professionellen Textsystems bietet.

Mit dem Text-Editor können alle Ausgaben von CAS vor dem Ausdruck noch manuell überarbeitet werden, auch lassen sich die Texte auf Disketten/Festplatte speichern.

Über sogenannte ASCII-Daten können Texte mit den meisten auf dem Markt befindlichen Textsystemen ausgetauscht werden. Man kann die CAS-Protokolle also auch mit den üblicherweise verwendeten Textsystemen weiterbearbeiten.

Hardware-Anforderungen von CAS

CAS läuft unter MS-DOS bzw. PC-DOS ab Version 2 auf allen PC's von IBM sowie kompatiblen Systemen. Es wird ein Hauptspeicher von mindestens 256 KB benötigt. Das Programm kann mit zwei Diskettenlaufwerken arbeiten oder auf Festplatte installiert werden. Es empfiehlt sich die Verwendung eines schnellen Prozessors (8086 oder 80286 mit 8 MHz oder schneller), da einige Programmteile sehr rechenintensiv sind. Der Einsatz eines Arithmetik-Co-prozessors bringt keine nennenswerte Geschwindigkeitssteigerung.

CAS unterstützt den Monochrom-Adapter und Farbgraphik-Adapter für den Bildschirmanschluß. Da alle auf dem Markt befindlichen Bildschirmadapter mindestens einen der vorgenannten Anschlüsse emulieren können, gibt es keine Probleme mit dem Bildschirmanschluß.

Das Programm kann an jeden Drucker angepaßt werden. Fertige Installationen für den IBM Graphik-Drucker, die EPSON-FX-Serie und die EPSON LQ-Serie sind im Lieferumfang enthalten.

8. Verbreitung der Szenario-Technik in der deutschen Wirtschaft

Im Herbst 1989 wurden 460 Unternehmen, darunter die umsatzstärksten Industrieunternehmen sowie die 20 größten Kreditinstitute und die 20 größten Versicherungsunternehmen, in einem umfassenden Fragebogen angesprochen, um über die Anwendung der Szenario-Technik in der deutschen Wirtschaft Auskunft zu erhalten. Zielgruppe waren Planungsabteilungen sowie Planungsstabstellen, aber auch Linienmanagement, das Planungsverantwortung hat. Diese Befragung war Gegenstand einer Dissertation von Mirko Meyer-Schönherr aus Hannover; Lehrstuhl war die Johann-Wolfgang-Goethe-Universität, Frankfurt a.M. Die Rücklaufquote betrug 73%, genaue Daten zu den befragten Unternehmen entnehmen Sie den beiliegenden Tabellen: Selbständigkeit der Unternehmen und Größe der Unternehmen (Abb. 43 und 44).

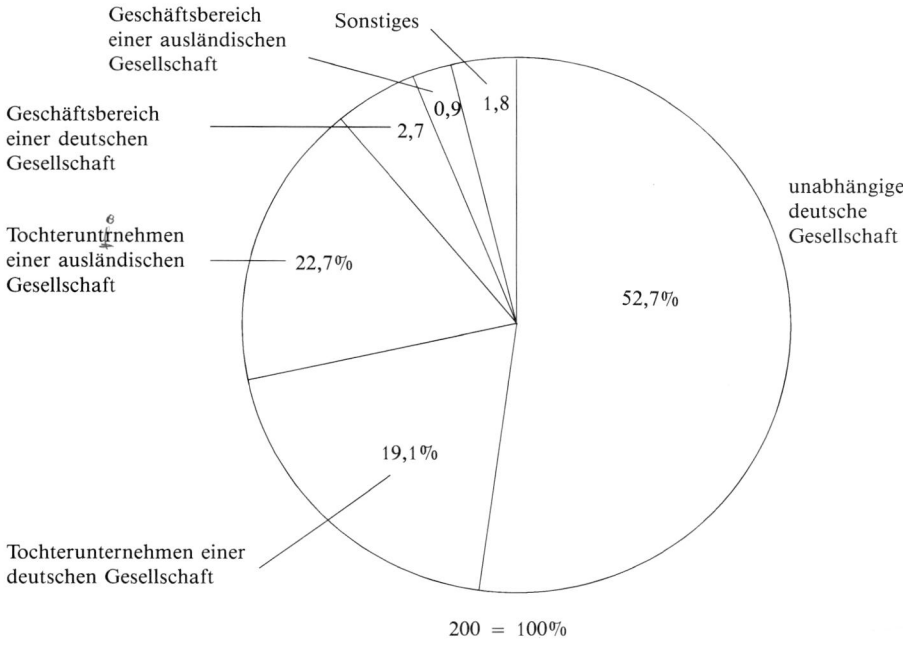

Abbildung 43: Auswertungsgesamtheit nach Selbständigkeit der Unternehn

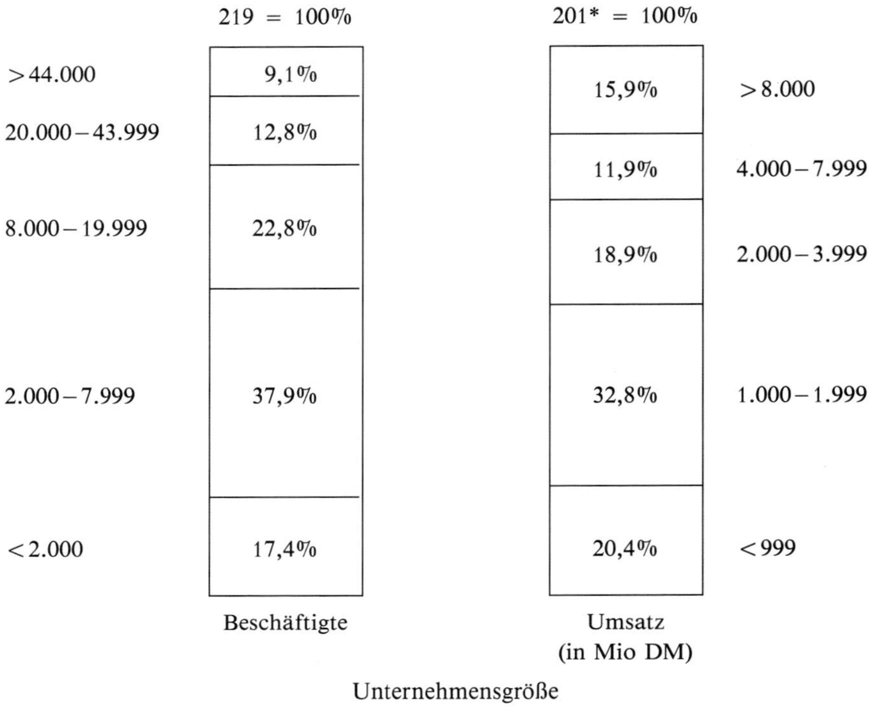

	219 = 100%	201* = 100%	
>44.000	9,1%	15,9%	>8.000
20.000–43.999	12,8%	11,9%	4.000–7.999
8.000–19.999	22,8%	18,9%	2.000–3.999
2.000–7.999	37,9%	32,8%	1.000–1.999
<2.000	17,4%	20,4%	<999
	Beschäftigte	Umsatz (in Mio DM)	

Unternehmensgröße

* excl. Banken und Versicherungen

Abbildung 44: Auswertungsgesamtheit nach Größe der Unternehmen

Nutzung der Szenario-Technik in der strategischen Planung

Die Antworten zeigen, daß lediglich 26,4% der Unternehmen über konkrete Erfahrungen mit der Szenario-Technik in ihrer strategischen Planung verfügen.

Ein Vergleich hierzu bieten Untersuchungen in den USA und im gesamteuropäischen Raum. Eine Befragung von Linnemann/Klein, stellte 1981 fest, daß 50% der untersuchten amerikanischen Industrieunternehmen die Szenario-Technik nutzen, wenn auch mit stark unterschiedlicher Intensität. Eine Untersuchung europäischer Unternehmen durch Malaska zeigt 1983, daß lediglich 36% mit der Szenario-Technik arbeiten.

Im deutschsprachigen Raum dagegen gibt es kaum vergleichbare Untersuchungen. In einer 1983 durchgeführten Untersuchung von P. Skrobarczyk („Der Einsatz von Planungsinstrumenten in der Praxis", Diplomarbeit, Lehrstuhl Prof. Kirsch, München 1983, S. 67; auszugsweise veröffentlicht in: Blick durch die Wirtschaft, 18. November 1983, S. 4) geben nur 14% der Unternehmen an, mit der Szenario-Technik zu arbeiten.

1990 stellte T. Günther „Erfolg durch strategisches Controlling?", eine empirische Studie zum Stand des strategischen Controlling und dessen Beitrag zum Unternehmenserfolg und -risiko, Dissertation, Augsburg 1990 fest, daß bereits 60,7% der befragten Unternehmen die Szenario-Technik in der strategischen Planung einsetzen. Diese Befunde können jedoch nicht direkt verglichen werden, da definitorische Abgrenzungen in diesen Untersuchungen fehlen und der Begriff Szenario-Technik, da er Mode geworden ist, sehr unterschiedlich interpretiert wird.

Bei einer detaillierten Analyse des Datenmaterials fällt auf, daß 20,9% der Unternehmen angeben, bereits mit konkreten Szenario-Anwendungen in der strategischen Planung zu arbeiten; dagegen nur 5,5% der Unternehmen, die die Anwendung der Szenario-Technik in der strategischen Planung beabsichtigen und z.Zt. im Rahmen von Pilotprojekten versuchen, Erfahrungen zu sammeln. Fast 80% aller Nutzer arbeiten mit konkreten Anwendungen in der strategischen Planung, was auf ein breites Erfahrungspotential im Einsatz dieses Planungsinstrumentes hinweist. Der größte Teil aller befragten Unternehmen (46,8%) hat keine Erfahrung mit der Szenario-Technik und auch kein Interesse an der Nutzung, während 19,1% zwar keine Erfahrungen vorweisen, jedoch Interesse an einer baldigen Nutzung zeigen.

Um genauer festzustellen, welche Kriterien Einfluß auf die Szenario-Nutzung haben, wurden verschiedene Merkmale zu Gruppen zusammengefaßt und entsprechend bearbeitet:

- Allgemeine Unternehmensmerkmale
- Merkmale des Unternehmensumfeldes
- Merkmale des Planungsprozesses und der Organisation
- Merkmale der Umfeldanalyse und Prognose

Im folgenden werden die Antworten in der Gruppe der Nutzer und Nichtnutzer der Szenario-Technik unterteilt.

Ein Vergleich der verschiedenen Selbständigkeitsformen der Unternehmen hinsichtlich der Nutzung der Szenario-Technik zeigt keine wesentlichen Unterschiede in den Verteilungen. Mutter- und Tochterunternehmen sowie deutsche Unternehmen und Unternehmen ausländischer Gesellschaften mit Sitz in Deutschland scheinen gleichermaßen häufig die Szenario-Technik als Planungsinstrument zu nutzen.

Ein weiteres Unterscheidungskriterium ist die Größe der Unternehmen, das nach Anzahl der Beschäftigten und Umsatz operationalisiert wurde. Das Ergebnis zeigt, daß mit zunehmender Unternehmensgröße die Quote der Unternehmen steigt, die die Szenario-Technik als strategisches Planungsinstrument nutzen.

Ein weiteres interessantes Unterscheidungsmerkmal ist die Zugehörigkeit der Unternehmen zu Branchen und volkswirtschaftlichen Sektoren. Hierbei zeigt sich, daß Unternehmen der mineralölverarbeitenden Industrie, der Kreditwirtschaft, der Energiewirtschaft und Wasserversorgung, der Genußmittelindustrie sowie der Elektrotechnik, der Verkehrs- und Nachrichtenübermittlung die Szenario-Technik überproportional nutzen. Unterproportional vertreten ist die Szenario-Technik bei Unternehmen der Eisen-, Stahl- und NE-Metallerzeugung, bei Maschinenbau und bei der Kfz-Zuliefererindustrie. Dies deutet darauf hin, daß kapitalintensive Branchen, deren Investitionsvorhaben sich erst langfristig amortisieren, die Szenario-Technik eher nutzen.

Bei einer weiteren Frage, die auf eine Einordnung der industriellen Sektoren hinzielt, zeigt es sich, daß die Nutzung der Szenario-Technik nur bei Dienstleistungsunternehmen überproportional ausgeprägt ist. In allen anderen Sektoren liegt der relative Anteil der Nichtnutzer über dem der Nutzer. In der Investitionsgüterindustrie ist ebenfalls eine eher unterproportionale Nutzung festzustellen; die Begründung liegt hier im wesentlichen darin, daß viele Unternehmen der Investitionsgüterindustrie mittelständische Unternehmen sind, die immer noch glauben, daß die Szenario-Technik ein Instrument der Großunternehmen ist.

Das Kriterium der Konsumentennähe scheint keinen Einfluß auf die Nutzung der Szenario-Technik zu besitzen.

Die Vermutung, daß Unternehmen, die zukünftig starke inhaltliche Veränderungen bestimmter Aufgaben bzw. Bereiche erwarten, sich eher mit der Szenario-Technik beschäftigen würden, wird durch die Untersuchung nicht bestätigt. Das gleiche gilt für die ökonomische Effizienz der Unternehmen (relative Umsatz- und Ergebnisentwicklung). Auch dies besitzt keinen Einfluß auf die Nutzung der Szenario-Technik.

Ein weiterer Punkt, der untersucht wurde, war die Frage der Veränderung im Umfeld des Unternehmens. Hierbei zeigt sich, daß Unternehmen, die in einem instabilen politischen, sozialen und wirtschaftlichen Umfeld operieren, die Szenario-Technik häufiger als strategisches Planungsinstrument nutzen. Anmerkung: Dies bestätigt auch meine Erfahrung als Berater. Es zeigt sich, daß Unternehmen, die mit externen Veränderungen konfrontiert werden und mit ihren bisherigen Planungssystemen nicht mehr den gewünschten Erfolg erzielen, verstärkt auf die Szenario-Technik umsteigen. Ein Beispiel hierfür ist das größere Interesse der Pharmaindustrie während und nach der Einführung des Gesundheitsreformgesetzes. Ebenso zeigt sich, daß das Thema osteuropäischer Markt seit 1987/1988 dank Perestroika und Glasnost-Politik von Gorbatschow verstärkt zum Thema von Szenario-Untersuchungen wurde. Das gleiche gilt für Firmen, die in der Wehrtechnik arbeiten.

Weitere Merkmale der Befragung waren das Planungssystem und die Planungsorganisation von Unternehmen. Hierbei zeigt sich, daß die Szenario-Technik überwiegend von Unternehmen eingesetzt wird, die eine (formale) strategische Planung betreiben. Interessanterweise läßt sich die Vermutung, daß Unternehmen, die über eine vergleichsweise große strategische Planungserfahrung verfügen, eher auch die Szenario-Technik nutzen, nicht bestätigen.

Ein weiteres Kriterium war die Frage nach quantitativen Zielen (z. B. Rendite, Marktanteile), qualitativen Zielen (Image, Produktqualität) und sozialen Zielen (Beschäftigung, Arbeitsbedingungen etc.). Hierbei zeigt sich, daß die Szenario-Technik eher von solchen Unternehmen genutzt wird, die auch qualitativen und sozialen Zielen eine entsprechend große Bedeutung in ihrer Unternehmensplanung beimessen.

Eine weitere Frage zielt auf die Langfristigkeit der strategischen Planung. Hierbei zeigt es sich, daß Unternehmen, die ihrer strategischen Planung einen vergleichsweise langen Betrachtungs-Zeithorizont zugrundelegen, eher die Szenario-Technik nutzen als Unternehmen mit kürzeren Planungszeithorizonten.

Die Frage nach den Eigenschaften des strategischen Planungssystems (z. B. Vorgaben und Freiräume hinsichtlich der Form, der verwendeten

Verfahren und Methoden, des Ausmaßes der Erstellung und des zeitlichen Rahmens der Erstellung) zeigen folgendes Ergebnis: Unternehmen, deren strategisches Planungssystem weniger starr ist und den Beteiligten gewisse individuelle Freiräume läßt, nutzen die Szenario-Technik häufiger.

Der organisatorische Rahmen, in dem strategische Planung betrieben wird, zeigt, daß die Nutzer der Szenario-Technik im mittel 11 Mitarbeiter, die Nichtnutzer im mittel hingegen nur 7 Mitarbeiter in ihrer mit Aufgaben der Unternehmensplanung betrauten Abteilungen beschäftigen.

Es wurden Merkmale der Umfeldanalyse und Prognose abgefragt, wie z. B.:

— Verwendung von Analyse- und Prognoseinstrumenten
— Management von unternehmensspezifischen Umfelddaten
— Existenz von Frühwarn- oder Umfeldbeobachtungssystemen
— Verwendung allgemein verfügbarer Studien zur Zukunftsforschung
— Durchführung eigener unternehmensspezifischer Zukunftsforschungen
— Potential zur Verbesserung der Analyse- und Prognoseaktivitäten.

Es zeigt sich, daß die meisten Unternehmen bei der Analyse und Prognose ihres Unternehmensumfeldes mit wenigstens einem deskriptiven (85,5%), wie auch mit wenigstens einem extrapolativen Verfahren (80,0%) arbeiten. Hingegen verwenden nur 44,5% der Unternehmen wenigstens ein kausales strukturiertes Verfahren. Unter den Einzelinstrumenten ist die Trendanalyse (67,3%) das am häufigsten eingesetzte Instrument. Die differenzierte Analyse zeigt, daß die Nutzer der Szenario-Technik ausnahmslos jedes Instrument relativ häufiger verwenden, als es die Nichtnutzer tun.

Zusammengefaßt kann man sagen, daß die Nutzer der Szenario-Technik bei der Analyse und Prognose ihres Unternehmensumfeldes vergleichsweise häufig auch mit kausalen/strukturierten Verfahren wie Korrelationsanalysen, Simulationsmodellen etc. arbeiten. Dabei setzen sie im Durchschnitt erheblich mehr verschiedene Instrumente pro Unternehmen ein als Nichtnutzer der Szenario-Technik. Unternehmen, die ein systematisches Management ihrer unternehmensspezifischen Umfelddaten betreiben, sind eher Nutzer der Szenario-Technik.

Etwas überraschend ist die Tatsache, daß es eine geringe Verknüpfung zwischen Frühwarn- oder Umfeldbeobachtungssystemen und der Anwendung der Szenario-Technik gibt. Hier scheint es so zu sein, daß die meisten Unternehmen noch nicht richtig wissen, wie Umfeldbeobachtung und Szenario-Ergebnisse sowie deren Umsetzung verknüpft werden.

Bei einer Frage nach der Verwendung von Studien zur Zukunftsforschung als direkten Input in die strategische Planung zeigt sich, daß Unternehmen, die dies einsetzen, eher auch Nutzer der Szenario-Technik sind. Bei der Frage nach einer unternehmenseigenen Zukunftsforschung zeigt sich, daß dies relativ gering ist (30,1%); wobei sich ein hoher Prozentsatz (51,7%) dieser Unternehmen als Nutzer der Szenario-Technik ausweist. Zusammengefaßt kann man folendes sagen: Wenn Unternehmen eine eigene unternehmensspezifische Zukunftsforschung betreiben, dann arbeiten sie dabei insbesondere mit der Szenario-Technik. Die Mehrzahl der Unternehmen erstellt jedoch keine eigenen Zukunftsstudien und hält dieses auch nur für bedingt sinnvoll.

Bei der Frage nach der Verbesserung der Analyse- und Prognoseaktivitäten zeigt sich folgendes: Beinahe alle befragten Unternehmen sehen Möglichkeiten zur Verbesserung ihrer Analyse- und Prognoseaktivitäten — insbesondere durch die Schaffung eines größeren Problembewußtseins bei den Verantwortlichen — unabhängig davon, ob sie heute schon mit der Szenario-Technik arbeiten oder nicht.

Eine weitere Frage, die auf die Begründungen der Nichtnutzer und die Ablehnung der Szenario-Technik hinzielt, zeigt folgendes Bild: Die Nichtnutzer der Szenario-Technik begründen ihr ablehnendes Verhalten überwiegend mit vermuteten Akzeptanzproblemen sowie fehlendem methodischen Know-how im Unternehmen. Demgegenüber steht, daß die Mehrzahl der Nichtnutzer sich den Zukunftseinsatz der Szenario-Technik in ihrer strategischen Planung vorstellen kann, sobald es Veränderungen im Unternehmensumfeld erforderlich machen.

Weitere Fragen zielen auf die Anzahl der Jahre, die ein Unternehmen mit der Szenario-Technik in der strategischen Planung arbeitet und die Anzahl von Szenario-Anwendungen. Hier zeigt der Befund eine auffallend breite Streuung über die gebildeten Jahresklassen. Während die meisten Unternehmen (29,1%) erst seit 1 bis 2 Jahren mit der Szenario-Technik arbeiten, gibt es andererseits auch eine große Gruppe von Unternehmen (27,3%) die schon seit 9 Jahren und länger Erfahrung mit der Szenario-Technik gesammelt haben. Der Mittelwert über alle Nutzer liegt bei 5,7 Jahren.

Vergleicht man die Branchen mit der Nutzungsdauer, dann zeigt sich, daß Unternehmen der Mineralölverarbeitung, des Fahrzeugbaus und der chemischen Industrie über die größte Erfahrung mit der Szenario-Technik verfügen und als Pioniernutzer bezeichnet werden können. Zu den Branchen, die die Szenario-Technik überwiegend erst seit jüngerer Zeit einsetzen, gehören insbesondere Unternehmen des Maschinenbaus, der Kfz-Zuliefererindustrie, der Elektrotechnik, der Genußmittelbranche und des Dienstleistungsbereichs.

Zusammenfassend läßt sich feststellen, daß die erstmalige Nutzung der Szenario-Technik in der Unternehmensplanung vermutlich durch entsprechende Problemsituationen in einzelnen Branchen bzw. Sektoren motiviert wurde. Bei den ersten Nutzern handelt es sich um Ölkrise-geschädigte Unternehmen der Mineralölwirtschaft, der Kfz-Industrie und der chemischen Industrie. Heute dagegen erfordern Themen wie – Globalisierung, Europa '92, Erschließung des osteuropäischen Marktes – auch, daß Unternehmen anderer Branchen die Szenario-Technik einsetzen. Zusammengefaßt kann man sagen, daß die Nutzung der Szenario-Technik in der strategischen Planung seit Mitte der 80er Jahre kontinuierlich mit steigender Tendenz zunimmt.

Eine weitere Frage analysiert die Methodik der Szenario-Erstellung. Hierbei kommt man in den Untersuchungen zu folgendem Ergebnis: Obwohl sich die Mehrzahl der Nutzer bei der Erstellung von Szenarien stets auf einen bestimmten Prozeß stützt (eine vorbestimmte Abfolge gewisser Schritte), scheint die Praxis insgesamt ein weit weniger komplexes Vorgehen zu bevorzugen, als es von der Theorie vorgeschlagen wird. Bei der Frage nach der Logik und der evtl. Software-Unterstützung zeigt sich, daß in der Praxis die intuitive Logik als methodischer Ansatz bei der Szenario-Erstellung dominiert. Nur wenige Nutzer arbeiten mit modellorientierter Logik (Software-Programme, die angeboten werden).

Weitere Fragen richten sich nach der Anzahl der Szenarien und den Betrachtungszeithorizonten. Das Ergebnis ist, daß die Mehrzahl aller Nutzer pro Anwendung zwei bzw. drei unterschiedliche Szenarien erstellt, die im allgemeinen jeweils einzeln in kurzer schriftlicher Form dokumentiert werden. Ihre Differenzierung erfolgt meistens anhand der aus ihnen erwachsenen ökonomischen Konsequenzen (optimistisch – pessimistisch) für den Untersuchungsgegenstand, aber auch anhand bestimmter Themen bzw. einzelner wichtiger Faktoren. Der Zeithorizont entspricht meistens dem strategischen Planungszeitraum des Nutzers und übersteigt nur selten einen Zeitraum von 10 Jahren.

Die organisatorische Gestaltung der Szenario-Arbeit zeigt folgendes Bild: Szenarien werden sowohl interaktiv in Gruppenarbeit als auch als Desk-Research-Projekte erarbeitet. Besonders erfahrene Nutzer scheinen den Desk-Research-Ansatz der Gruppenarbeit vorzuziehen.

Die Frage, wer an der Erstellung von Szenarien mitwirkt, zeigt folgendes Bild: Beteiligte aus dem Management der SGE oder des Geschäftsbereichs bzw. der Unternehmensleitung (50%), Leiter der Abteilung Unternehmensplanung (75%), Mitarbeiter aus anderen Stabsabteilungen (50%), Liniemitarbeiter anderer Funktionsbereiche (37,5%). Die Hinzuziehung externer Berater (methodische Berater für den Szenario-Prozeß) ist relativ gering (16,1%). Bei der Frage nach der Hinzuziehung externer methodischer Berater zeigt sich, daß die Mehrzahl aller Nutzer für ihre Szenario-Anwendungen selten einen externen methodischen Berater konsultiert.

Bei der Frage nach dem Aufwand zeigt sich, daß ein Szenario-Team im Durchschnitt aus ca. 5–7 Personen besteht, die zusammen ca. 20 Mannwochen mit einer Szenario-Anwendung beschäftigt sind.

Die Frage nach den Gründen für die Einführung der Szenario-Technik zeigt, daß das auslösende Motiv für die Nutzung der Szenario-Technik meistens der generelle Wunsch zur Verbesserung der eigenen Planungsaktivitäten ist.

Die Frage nach den Promotoren oder Initiatoren der Szenario-Technik im Unternehmen zeigt, daß dies nicht nur die Leiter von Planungsabteilungen sind, sondern in sehr starkem Maße auch das Top-Management ist.

Die Frage nach der Integration der Szenario-Technik in der strategischen Planung zeigt, daß diese meistens via eine vorgeschaltete Test- bzw. Pilotphase erfolgt, bevor man die Szenario-Technik für konkrete Anwendungen im Planungsprozeß nutzt.

Die Frage nach dem Einsatz der Szenario-Technik im Rahmen von Teilplänen ergibt folgendes Bild: Die intensivste Nutzung befindet sich im Rahmen der Marketing- bzw. Absatzplanung, dann bei der Investitions- und Kapazitätsplanung. Die geringste Nutzung hat sie in der Organisations- und Beschaffungsplanung.

Die Frage nach der Nutzung der Szenario-Technik in Abhängigkeit von hierarchischen Ebenen zeigt folgendes Ergebnis: Ihre häufigste Anwendung findet die Szenario-Technik auf der obersten Konzern- bzw. Unternehmensebene, wobei in diesen Fällen untergeordnete Hierarchieebenen nur bedingt mit in die Szenario-Arbeit einbezogen werden.

Die Frage, ob ein Unternehmen strategische Szenarien, Kommunikationsszenarien oder didaktische Szenarien einsetzt, zeigt folgendes Ergebnis: Eine Gruppe von Nutzern verwendet Szenarien ausschließlich für Zwecke der strategischen Planung (36,2%), eine andere gleich große Gruppe arbeitet mit ihren Szenarien nicht nur in der strategischen Planung, sondern verwendet diese auch zur internen Kommunikation (36,2%). Dies läßt den Rückschluß zu, daß diese Unternehmen ihre strategischen Szenarien direkt im Unternehmen kommunizieren und diskutieren. Nur 13,8% der Nutzer verwenden ausschließlich Kommunikationsszenarien, ohne auch gleichzeitig strategische Szenarien zu erstellen. Didaktische Szenarien werden überhaupt nicht, sondern nur im Zusammenhang mit strategischen bzw. Kommunikationsszenarien eingesetzt. Überraschend ist allerdings, wie wenige Unternehmen (5,2%) Szenarien für alle drei Ziele nutzen. Mit zunehmender Erfahrung ergänzen sich die einzelnen Zielsetzungen mehr.

Die Frage zur Flexibilität der entwickelten Strategien zeigt, daß die Mehrzahl der Nutzer (65,5%) keine Strategie wählt, die zu beiden Szenarien kompatibel ist. Sie scheinen sich im Verlauf der Szenario-Arbeit auf ein einziges, ihnen am wahrscheinlichsten oder plausibelsten erscheinendes Szenario festzulegen und ihre Strategie daran zu orientieren. Nur 29,1% der befragten Nutzer wählen eine flexible und robuste Strategie, deren Erfolg auch unter den unterschiedlichsten Szenarien gewährleistet ist. Dieses Ergebnis ist überraschend und man könnte glauben, daß dies ein Instrument erfordert, um eine Abweichungskontrolle durchzuführen, um eine flexible Anpassung der Szenarien zu ermöglichen. Vergleicht man diese Antworten mit der Nutzung der Umfeldbeobachtungssysteme, dann zeigt sich, daß lediglich 30,6% dieser Nutzer über ein Umfeldbeobachtungssystem verfügen. Allerdings besitzen 53,3% der Nutzer, die eine robuste und unter beiden Szenarien passende Strategie verfolgen, ein derartiges System. Dieser Befund überrascht, da eigentlich diejenigen, die sich an *einem* Szenario orientieren, in weit höherem Maße ein solches Umfeldbeobachtungssystem benötigen.

Die Frage nach der Existenz und Integration eines Frühwarnsystems zeigt, daß nur 29,3% aller Nutzer über ein System zur systematischen Umfeldbeobachtung verfügen. Bei denjenigen Nutzern, die ein Frühwarnsystem besitzen, baut dieses häufig (64,7%) wenigstens zum Teil, bei wenigen (5,9%) sogar vollständig auf den in den Szenarien identifizierten Deskriptoren auf. Etwas unverständlich ist jedoch der relativ hohe Anteil (29,4% der Nutzer), deren Umfeldbeobachtungssystem keine Verbindung zu den entwickelten Szenarien aufweist.

Fazit: Hier scheint noch einiges an Aufklärungsarbeit und Integrationshilfen erforderlich zu sein.

Die nächste Frage zielt auf die Problembereiche der Integration der Szenario-Technik in die Planung hin. Hierbei gibt es zwei Hauptproblembereiche: Das intern vorhandene Know-how und die erforderlichen Ressourcen. Sowohl auf Seiten der Szenario-Bearbeiter als auch auf Seiten der Entscheider scheint es ein Defizit an Szenario-Know-how zu geben.

Dies ist sicher die Antwort dafür, daß die Integration der Szenario-Technik in die strategische Planung noch unbefriedigend ist. Zusammengefaßt kann man folgendes sagen: Bei der Integration der Szenario-Technik in die Planung erweist sich der von den Entscheidungsträgern empfundene hohe erforderliche Zeitbedarf als das größte Problem. Andere Problemfelder wie der oft nicht genügende Bekanntheitsgrad der Technik, das nicht ausreichende interne Know-how sowie eine zu geringe Ressourcenausstattung scheinen eher nur anfänglich und temporär beschränkte Probleme darzustellen.

Bei der Frage nach der Beurteilung der Szenario-Technik aus Sicht der Nutzer zeigt sich bei den unternehmensspezifischen Rahmenbedingungen, daß die Bereitschaft zur offenen Kommunikation der Szenario-Inhalte auf und zwischen allen Führungsebenen als die wichtigste Erfolgsvoraussetzung überhaupt angesehen wird. Neben dem reinen Kommunikationsaspekt scheint auch eine interne Akzeptanz des kreativen Arbeitens mit qualitativen Daten erforderlich. Hieraus kann man den Schluß ziehen, daß eine offene und kreative Unternehmenskultur als wichtige Voraussetzung für den Erfolg der Szenario-Arbeit wird.

Ein weiterer wichtiger Aspekt ist die aktive Beteiligung von intern starken bzw. akzeptierten Personen als Szenario-Teammitglied. Dies gewährleistet nicht nur einen besseren Zugang zu erforderlichen Daten und Know-how, sondern hilft gleichzeitig auch, das Projekt erfolgreich im Unternehmen umzusetzen. Eine geringere Bedeutung hat die aktive Beteiligung des Vorstandes bzw. der Geschäftsleitung. Weniger wichtig scheinen ausreichende Ressourcen für die Szenario-Arbeit sowie der Einsatz mathematischer Algorithmen zu sein.

Bei der Befragung nach dem konkreten Nutzen der Szenario-Technik zeigt sich folgendes Bild: Übereinstimmend positiv wurden die Aussagen beurteilt, die sich direkt auf planungsrelevante, inhaltliche Vorteile der Szenario-Technik beziehen. So stellt die Szenario-Technik für die Nutzer primär ein Instrument dar, mit dem sich signifikante Verbesserungen in der Qualität von Betrachtungen zukünftiger Umfeldentwicklungen erzielen lassen.

Die Planungsträger erzielen durch ihren Einsatz ein besseres, gemeinsames Verständnis des Umfeldes, werden sensibler in der Wahrnehmung potentieller Veränderungen und leiten korrigierende Maßnahmen frühzeitiger ein. Neben diesen inhaltlichen Auswirkungen zeigt sich auch, daß Motivation, Kreativität, Umfeldsensibilität und ein geschärftes Problembewußtsein bei den Szenario-Teammitarbeitern als positive Nebeneffekte hervorgehoben werden.

Betrachtet man die generellen Auswirkungen der Szenario-Arbeit auf die strategische Planung, so scheinen die Nutzer zu bestätigen, daß durch ihren Einsatz eine höhere Flexibilität in die Planung eingebaut werden kann.

Differenziert man bei dieser Betrachtung zwischen Langfrist- und Kurzfristnutzern, dann zeigt sich, daß Langfristnutzer der Szenario-Technik die Flexibilität und die Integration der Szenario-Technik in die strategische Planung besonders schätzen, während die weniger erfahrenen Nutzer dies noch nicht umgesetzt haben.

Auch die Auswirkung der Szenario-Arbeit auf Motivation, Kreativität, Umfeldsensibilität und besseres Problembewußtsein aller Beteiligten wird von den erfahrenen Nutzern sehr viel höher beurteilt als von den unerfahrenen.

Bei einer Frage nach künftiger Nutzung der Szenario-Technik zeigt sich, daß die überwiegende Zahl der heutigen Nutzer beabsichtigt, auch zukünftig die Szenario-Technik in ihrer strategischen Planung einzusetzen.

Konsequenzen aus der Befragung

Konsequenzen für die Unternehmenspraxis:

Die Befragung hat gezeigt, daß viele Unternehmen in der Szenario-Anwendung von den Vorgaben der Theorie abweichen und entsprechende Probleme dann auch in der Umsetzung haben. Den Unternehmen, die planen, die Szenario-Technik einzusetzen, ist daher dringend geraten, auf das theoretische Material zurückzugreifen bzw. sich bei der Erstanwendung eines erfahrenen Beraters zu bedienen, damit alle methodischen Unsicherheiten sowie Fehler in der Umsetzung vermieden werden können.

Ein weiterer wichtiger Punkt für die Unternehmenspraxis ist eine stärkere Verknüpfung zwischen Szenario-Technik, strategischer Planung, Implementierung der Szenario-Ergebnisse und Umfeldbeobachtung zu erzielen. Hierdurch dann die Qualität der Umsetzung erheblich verbessert werden. Weiterhin wichtig ist, daß die Szenario-Technik nicht nur fallweise, sondern als ein den Entscheidungs- und Planungsprozeß permanent unterstützendes Instrument verstanden, akzeptiert und genutzt wird.

In den Unternehmen selbst müssen geeignete Voraussetzungen intern geschaffen werden, um die Szenario-Technik erfolgreich umzusetzen. Ein hoher Stellenwert haben hier verhaltenswissenschaftliche Aspekte. Dies bedeutet, daß die Planer und Entscheider grundsätzlich fähig und bereit sein sollten, den Denkansatz der Szenario-Technik als Planungsgrundlage zu verstehen, zu akzeptieren und umzusetzen. Das Problem vieler Manager besteht darin, daß sie eher zu einem intuitiven Aktions- oder Eventdriven-Managementstil neigen und alles ablehnen, was sie nicht ganz verstehen. Hierdurch wird der Szenario-Denkansatz von manchen Planungsträgern oft nicht als Herausforderung, sondern eher als Bedrohung ihrer bisherigen Planungskompetenz aufgefaßt.

Um dies zu verändern, sind bewußtseinsverändernde Prozesse in Gang zu setzen und das Denken in Alternativen von Top-Down umzusetzen. Am besten hat Peter Drucker dies beschrieben, in dem er gesagt hat „the greatest danger in times of turbulance is not the turbulance; it is to act with yesterday's logic".

Konsequenz für die Theorie:

Das Problem der Szenario-Technik-Theorien besteht darin, daß es eine Vielfalt alternativer Vorgehensweisen und Methoden zur Nutzung der Szenario-Technik gibt, die zum Teil nicht nur unterschiedliche Methoden bevorzugen, sondern auch zu unterschiedlichen Schlüssen kommen. Zum Beispiel gibt es immer noch die Meinung, daß sich der Planer auf das wahrscheinlichste Szenario verlassen sollte, statt beide unterschiedlichen Szenarien zur Grundlage der Planung zu machen.

Eine weitere Herausforderung für die Theorie ist es, Instrumente zu entwickeln, die es auch dem Planer in kleinen und mittleren Unternehmen ermöglichen, die Szenario-Technik im Hinblick auf seine Planungsbelange erfolgreich umzusetzen. Dies bedeutet auch zum Teil eine Vereinfachung der Instrumente.

Ein weiterer Problembereich aus der Untersuchung ist die Integration der Szenario-Technik in die strategische Planung. Auch hier müssen weitere Schnittstellen geschaffen werden sowie eine Verknüpfung der Instrumente Szenarien, Leitstrategie und Umfeldbeobachtung. Erst wenn den Nutzern in aller Konsequenz klar ist, daß sie diese Instrumente nicht isoliert und unabhängig voneinander nutzen, sondern in einer Synthese, dann kann auch die Qualität der Ergebnisse verbessert werden und die Integration in einen permanenten Prozeß erfolgen.

Ein weiterer Problembereich, der sich aus der Untersuchung ergab, ist das mangelnde Know-how der Nutzer bzw. Noch-Nicht-Nutzer der Szenario-Technik. Auch hier kann nur wieder darauf hingewiesen werden, daß beim Erstfall der Anwendung ein erfahrener Berater hinzugezogen werden sollte.

Literaturverzeichnis

Literatur zur Szenario-Technik

Beck, P. W., Strategic Planning in the Royal Dutch/Shell Group, a paper presented on March 1, 1977, on the conference of Corporate Strategic Planning, Shell International Petroleum Co. Ltd.

Biberstein, V. R., Borman, W., Die Szenario-Methode als Verfahren zur zukunftsorientierten Untersuchung komplexer sozialer Probleme, in: Analysen und Prognosen, Januar 1985, S. 21–23.

Brauers, J., Weber, M., Szenario-Analyse als Hilfsmittel der Strategischen Planung: Methodenvergleich und Darstellung einer neuen Methode, in: ZfB, 1986, S. 631–652.

Ducot, L., Lubben, G. J., A Typology for Scenarios, in: Futures, 1980, S. 51–57.

Gomez, P., So verwenden wir Szenarien für Strategieplanung und Frühwarnsysteme, in: Management-Zeitschrift – Industrielle Organisation, S. 9–12.

Gomez, P., Escher, F., Szenarien als Planungshilfen, in: Management-Zeitschrift – Industrielle Organisation, 49. Jg. (1980), Nr. 2, S. 141–150.

Grimm, W., Reibnitz, U. von, Persönliche Zukunftsbilder: Die Nutzung der Szenario-Methode für die Lebens- und Karriere-Planung, Abdruck aus: Personalwirtschaft 3/85.

Hammer, R., Reibnitz, U. von, Strategische Unternehmensführung mit Szenario-Technik, in: Der Innovations-Berater, Freiburg i. B. 1984.

Hankinson, G. A., Energy scenarios – the sizewell experience, in: LRP, 1986, 5, S. 94–101.

Klein, H. E., Newman, W. H., How to Use SPIRE: A Systematic Procedure for Identifying Relevant Environments for Strategic Planning, in: Journal for Business Strategy, 1980, S. 32–45.

Leemhuis, J. P., Using Scenarios to Develop Strategies, in: LRP, 1985, 2, S. 30–37.

Linnemann, R. E., Klein, H. E., The Use of Multiple Scenarios by U. S. Industrial Companies, in: Long-Range-Planning, vol. 12 (1979), No. 2, S. 83–90.

Material-Manager-Seminar, ZP-Vortrag: Szenarien und langfristige Prognosen, 20. 6. 1984, Deutsche Shell AG, Hamburg 1984.

Meadows, D., Die Grenzen des Wachstums, Stuttgart 1972.

Mesarovis, M., Pestel, E., Menschheit am Wendepunkt, Stuttgart 1974.

Nair, K., Sarin, R. K., Generating Future Scenarios – Their Use in Strategic Planning, in: LRP, Juni 1979, S. 57–66.

Reibnitz, U. von, Szenarien-Optionen für die Zukunft, McGraw-Hill Book Company, 1987.

Reibnitz, U. von, Geschka, H., Seibert, S., Szenario-Technik als Grundlage von Planungen, Frankfurt a. M. (Battelle) 1982.

Reibnitz, U. von, So können auch Sie die Szenario-Technik nutzen – für mehr Handlungsspielraum in Ihren Marketingplanungen, in: Marketing-Journal, 14. Jg. (1981), Heft 1.

Reibnitz, U. von, Mit der Szenario-Technik die Zukunft bewältigen, in: Aigner, G. (Hrsg.): 90 Überlebenskonzepte für deutsche Manager, München 1982.
Reibnitz, U. von, Szenarien als Grundlage strategischer Planung, in: Harvard-Manager, 1/83.
Reibnitz, U. von, Vortrag zum Thema „Methoden der Unternehmensführung aus der Sicht der zukünftigen wirtschaftlichen und sozialen Entwicklung", Untertitel: Führung in der Zukunft: anläßlich der Tagung Innovation und Management des Wirtschaftsförderungsinstitutes der Bundeskammer der gewerblichen Wirtschaft in Wien, April 1986.
Reibnitz, U. von, Szenario-Technik – Optionen für die Zukunft, in: Der Controlling-Berater, Freiburg i. B., 4. Jg., September 1986, Heft 5, S. 167–187.
Stümke, W., Strategische Planung bei der Shell AG, in: Steinmann, 1981, S. 331–347.
Wack, P., Scenarios: Uncharted Waters Ahead, in: Harvard Business Review, 1985, a, S. 72–89.
Wack, P., Scenarios: Shooting the Rapids, in: Harvard Business Review, 1985, b, S. 139–150.
Wack, P., Learning to Design Plannung Scenarios: The Experience of Royal Dutch Shell, Working Paper, Harvard Business School, June 1984.
Zentner, R. D., Scenarios: A New Tool for Corporate Planners, in: Chemical and Engineering News, International Edition, vol. 53 (1975), Oktober, S. 22–34.

Literatur zur strategischen Planung

Albach, H., Beiträge zur Unternehmensplanung, 3. Auflage, Wiesbaden 1979.
Ansoff, H. I., The State of Practice in Planning Systems. Sloan Management Review, vol. 18, 1977.
Ansoff, H. I., Declerck, R. P., Hayes, R. L. (Hrsg.), From Strategic Planning for Strategic Management, London 1976.
Ansoff, H. I., Leontiades, J. C., Strategic Portfolio Management, in: European Institute for Advanced Studies in Management, Working Paper 76–16, May 1976.
Beck, P. W., Corporate Planning for an Uncertain Future. Interner Bericht der Shell UK Ltd., London (1981).
Bratschitsch, R., Schnellinger, W. (Hrsg.), Unternehmerkrisen – Ursachen, Frühwarnung, Bewältigung, Stuttgart (1981).
Clausewitz, C. von, Vom Kriege, Frankfurt a. M., Berlin, Wien 1980.
Gälweiler, A., Strategische Unternehmensplanung, in: Steinmann, H. (Hrsg.): Planung und Kontrolle, München 1978.
Hahn, D., Taylor, B., Strategische Unternehmensplanung, 2. Auflage, Würzburg, Wien 1982.
Hammer, R. M., Unternehmensplanung, München 1982.
Hinterhuber, H. H., Strategische Unternehmensführung, 2. Auflage, Berlin, New York 1980.
Kirsch et al., Unternehmenspolitik: Von der Zielsetzung zum Strategischen Management, München 1981.

KREIKEBAUM, H., Strategische Unternehmensplanung, Stuttgart, Berlin 1981.
LEONTIEF, W. W., Die Zukunft der Weltwirtschaft, Stuttgart 1977.
LINNEMANN, R. E., Shirt-Sleeve Approach to Long-Range Planning, Englewood Cliffs 1980.
PORTER, MICHAEL, E., Competitive Strategy, Techniques for Analyzing Industries and Competitors, London 1980.
PÜMPIN, C., Strategische Unternehmensführung, Die Orientierung, Nr. 76, 1980.
ROVENTA, P., Portfolio-Analyse und Strategisches Management, München 1979.
The New Breed of Strategic Planner, Cover Story in: Business Week, September 1984.
TRUX, W., KIRSCH, W., Strategisches Management oder die Möglichkeit einer „wissenschaftlichen" Unternehmensführung, in: DBW 39 (1979), S. 215–235.
ULRICH, H., Unternehmenspolitik, Bern, Stuttgart 1978.

Literatur zu Zukunftstrends

ALFELDT (Hrsg.), Bilder einer Welt von morgen – Modelle bis 2009, Stuttgart 1985.
DE BONO, E., Technology Today, London 1971.
DE BONO, E., Laterales Denken für Führungskräfte, Hamburg 1986.
BUCHINGER, G. (Hrsg.), Umfeldanalysen für das strategische Management: Konzeptionen – Praxis – Entwicklungstendenzen, Wien 1983.
CAPRA, F., Wendezeit – Bausteine für ein neues Weltbild, München 1983.
Die Bundesrepublik Deutschland 1990, 2000, 2010, Prognos Report Nr. 12, Basel 1986.
DÖRNER, D., Denkpsychologie und der Umgang mit Unbestimmtheit und Komplexität, 1983 (a), in: Dörner et al., 1983, S. 100–104.
DÖRNER, D., KREUZIG, H. W., REITHER, F., STÄUDEL, T. (Hrsg.) Lohhausen, Vom Umgang mit Unbestimmtheit und Komplexität, Bern, Stuttgart, Wien 1983.
DÖRNER, D., REITHER, F., Über das Problemlösen in sehr komplexen Realitätsbereichen, in: Zeitschrift für experimentelle und angewandte Psychologie, 1978, S. 527–551.
DRUCKER, P. F., Towards The Next Economics And Other Essays, London 1981.
Global 2000, Bericht an den Präsidenten 1980, Frankfurt a. M.
HAWKEN, P., OGILVY, J., SCHWARTZ, P., Seven Tomorrows, New York 1982.
KAHN, H., Vor uns die guten Jahre, Wien, München, Zürich, Innsbruck 1977.
KAHN, H., REDEPENNING, M., Die Zukunft Deutschlands, Wien, München, Zürich, New York 1982.
KAHN, H., WIENER, A., Ihr werdet es noch erleben, Wien, München, Zürich 1968.
LUTZ, C., Westeuropa auf dem Weg in die Informationsgesellschaft, Gottlieb Duttweiler Institut, Rüschlikon 1984.
NAISBITT, J., Megatrends, Bayreuth 1984.
TIETZ, B., Optionen bis 2030, Stuttgart 1986.
TOFFLER, A., Die dritte Welle – Zukunftschance, München 1980.
VESTER, F., Neuland des Denkens, Stuttgart 1980.
VESTER, F., Ballungsgebiete in der Krise, Stuttgart 1976.
ZIEGLER, A., Annahmen über zukünftige Entwicklungen, 1987.

GABLER-Bücher
zum Thema „Unternehmensführung"

Heinz Benölken / Peter Greipel
Dienstleistungsmanagement
Service als strategische Erfolgsposition
1990, 243 Seiten, 68,— DM

Walter Böckmann
Vom Sinn zum Gewinn
Eine Denkschule für Manager
1990, 196 Seiten, 58,— DM

Uwe Böning
Moderieren mit System
Besprechungen effizient steuern
1991, 224 Seiten, 74,— DM

Peter Heintel / Ewald E. Krainz
Projektmanagement
Eine Antwort auf die Hierarchiekrise?
2. Aufl. 1990, X, 254 Seiten, 69,80 DM

Hirzel Leder & Partner (Hrsg.)
Speed-Management
Geschwindigkeit
zum Wettbewerbsvorteil machen
1992, 269 Seiten, 89,— DM

Ingrid Keller
Das CI-Dilemma
Abschied von falschen Illusionen
1990, 146 Seiten, 68,— DM

Arthur D. Little International (Hrsg.)
**Management der
Hochleistungsorganisation**
1990, XXIII, 167 Seiten, 78,— DM

Rudolf Mann
Das visionäre Unternehmen
Der Weg zur Vision in zwölf Stufen
1990, 190 Seiten, 58,— DM

Ute von Reibnitz
Szenario-Technik
Instrumente für die unternehmerische und
persönliche Erfolgsplanung
2. Aufl. 1992, 280 Seiten, 138,— DM

Wolfgang Saaman
Effizient führen
Mitarbeiter erfolgreich machen
1990, 193 Seiten, 68,— DM

Christian Scholz / Wolfgang Hofbauer
Organisationskultur
Die vier Erfolgsprinzipien
1990, 229 Seiten, 68,— DM

Dieter Schulz / Wolfgang Fritz /
Dana Schuppert / Lothar J. Seiwert
Outplacement
Personalfreisetzung und Karrierestrategie
1989, 180 Seiten, 64,— DM

Gerhard Schwarz
Konfliktmanagement
Sechs Grundmodelle der Konfliktlösung
1990, 191 Seiten, 68,— DM

Zu beziehen über den Buchhandel
oder den Verlag.

Stand der Angaben und Preise: 1.4.1992
Änderungen vorbehalten.

GABLER
BETRIEBSWIRTSCHAFTLICHER VERLAG DR. TH. GABLER, TAUNUSSTRASSE 54, 6200 WIESBADEN